2018 年，林仁红（左三）参加第六届航天国际化发展论坛

2019 年，林仁红（左）参加巴黎商业卫星周活动

2019 年，林仁红参加航天助力联合国可持续发展活动

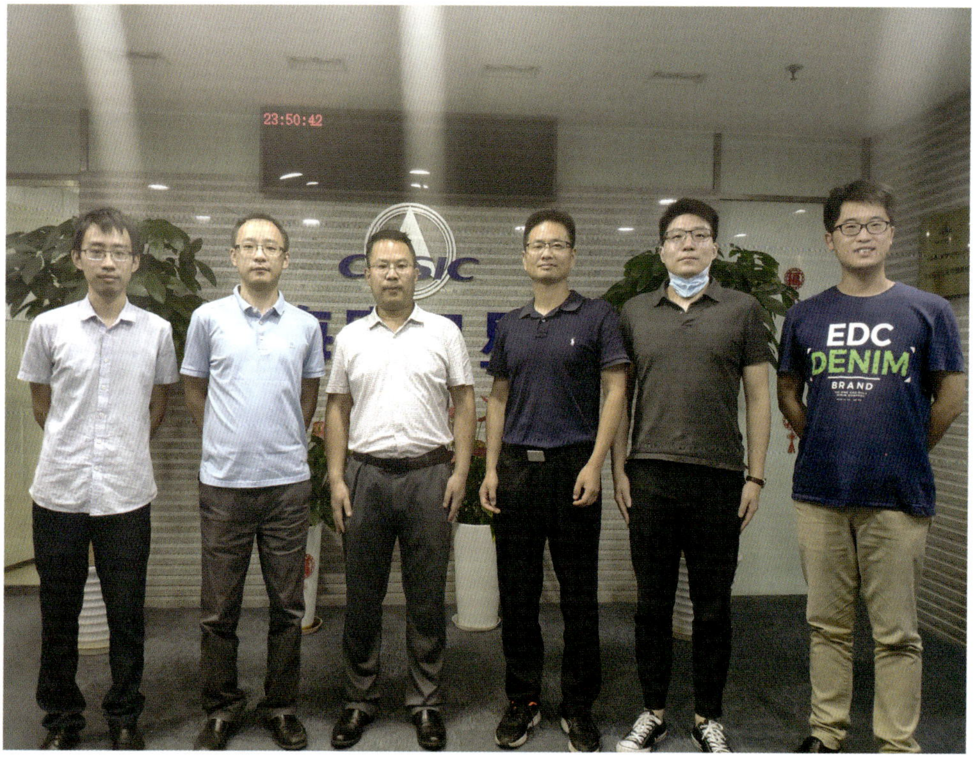

2020 年，林仁红（左三）拜访航天海鹰

2020 年，林仁红（右二）拜访西安运控

2021 年，林仁红（右一）参加中国航天日亚太空间合作组织（APSCO）活动

2021 年，林仁红在中国航天大会分论坛演讲

2022 年，林仁红（前排左一）参加国际月球科研站研讨活动

航天科技图书出版基金资助出版

商业航天工程项目管理

林仁红　编著

中国宇航出版社
·北 京·

图书在版编目(CIP)数据

商业航天工程项目管理/林仁红编著. --北京：中国宇航出版社，2023.3

ISBN 978-7-5159-2106-8

Ⅰ.①商…　Ⅱ.①林…　Ⅲ.①航天工业—项目管理—研究—中国　Ⅳ.①F426.5

中国版本图书馆 CIP 数据核字（2022）第 155273 号

责任编辑　张丹丹　　　**封面设计**　王晓武

出版发行	中国宇航出版社		
社　址	北京市阜成路 8 号　**邮　编**　100830 （010）68768548	**版　次**	2023 年 3 月第 1 版 2023 年 3 月第 1 次印刷
网　址	www.caphbook.com	**规　格**	787×1092
经　销	新华书店	**开　本**	1/16
发行部	（010）68767386　（010）68371900 （010）68767382　（010）88100613（传真）	**印　张**	13.75　　**彩插**　12 面
		字　数	335 千字
零售店	读者服务部　（010）68371105	**书　号**	ISBN 978-7-5159-2106-8
承　印	北京中科印刷有限公司	**定　价**	88.00 元

航天科技图书出版基金简介

航天科技图书出版基金是由中国航天科技集团公司于2007年设立的，旨在鼓励航天科技人员著书立说，不断积累和传承航天科技知识，为航天事业提供知识储备和技术支持，繁荣航天科技图书出版工作，促进航天事业又好又快地发展。基金资助项目由航天科技图书出版基金评审委员会审定，由中国宇航出版社出版。

申请出版基金资助的项目包括航天基础理论著作，航天工程技术著作，航天科技工具书，航天型号管理经验与管理思想集萃，世界航天各学科前沿技术发展译著以及有代表性的科研生产、经营管理译著，向社会公众普及航天知识、宣传航天文化的优秀读物等。出版基金每年评审1～2次，资助20～30项。

欢迎广大作者积极申请航天科技图书出版基金。可以登录中国航天科技国际交流中心网站，点击“通知公告”专栏查询详情并下载基金申请表；也可以通过电话、信函索取申报指南和基金申请表。

网址：http：//www.ccastic.spacechina.com

电话：(010) 68767205，68767805

《商业航天工程项目管理》
编　写　组

组长　林仁红

成员　高利春　王凤宇　何　星　管宏伟

高　妍　丁　洁　王　铮　田　昊

王　爽　周　倩　张　新　康　炎

钟鹏华　林志伟　赖积宝　杨瑞洪

林伯瀚　杨文博　王新荣　李　壮

裴照宇　林丽芳　蔡晶琦　周自宽

序　一

随着世界航天经济的发展，航天产业是当今世界上最具挑战性和广泛带动性的高科技领域之一，是国家综合国力的集中体现和重要标志，是国家战略新兴产业和先进制造业的重要组成部分。近几年来，随着航天技术的不断发展和航天产业规模的日益扩大，商业航天快速发展，以商业运载火箭、低轨互联网星座、亚轨道旅游、商业遥感等为代表的商业航天各领域得到迅速推进，航天产业呈现新的发展态势，成为推进全球航天产业经济发展的重要动力。

商业航天的发展催生了新的航天发展模式，培育了新型的航天企业主体，进一步激发了航天发展的新活力，展现出了旺盛的生命力和良好的发展势头。2021 年，全球航天产业收入已达 6000 多亿美元，其中商业航天占比高达 80%，商业航天产业已经成为世界发达国家备受追捧的战略性新兴产业，成为推进全球航天产业经济发展的重要动力，是建设现代化产业体系的新机遇、新动能、新赛道、新业态，也是世界大国战略竞争与博弈的主阵地、主战场。

作为航天产业的战略型先导产业，商业航天企业借鉴系统工程管理方法，并结合管理学、经济学、统计学、工程学理论加以创新，能够大幅降低成本、提高效率。这种新的管理模式和经营机制能够充分发挥民营效率优势，构建上下游产业链体系，整合技术降低成本；以航天技术成果转化与应用为特色的产业链条快速延伸，在信息安全、安防安保、空间生物、节能环保、物联网、新能源、软件、气象工程、特种装备等民用产业领域形成了一定产业规模，对于带动周边产业发展及升级具有十分明显的作用。商业航天的快速发展，使得系统工程理论得到进化和演变，新流程、新机制得到快速应用和催生。

本书从项目管理要素出发，对航天产业活动的组织管理深入分析，对商业航天从业者具有重要指导价值。

彭小波

序　二

20 世纪 60 年代至 70 年代初，随着美国阿波罗工程的实施，美国国家航空航天局（NASA）提出了最初的系统工程理念和理论方法体系。阿波罗工程开始于 1961 年 5 月，至 1972 年 12 月第 6 次登月成功结束，历时约 11 年，耗资约 255 亿美元。在阿波罗工程高峰时期，参加工程的有 2 万多家企业、200 多所大学和 80 多个科研机构，总人数超过 30 万人。为了保证这样一个复杂的、要求非常高的工程能够顺利、成功实施，NASA 将工程的组织和管理看作一项系统工程，提出了系统工程的概念和理论方法体系。可以说，阿波罗工程在技术、管理上的复杂性，以及工程成败对政治、经济、社会影响的深远性，决定了系统工程产生的必然性。

随着中国卫星由试验型向应用型的转变，系统工程的理论和应用研究工作在中国航天得到广泛开展。1984 年，中国空间技术研究院型号队伍设立总指挥、总设计师两条指挥线，明确了总指挥作为航天器型号负责人。在消化吸收国外经验的基础上，发布了一系列以计划管理为核心的管理规范。2004 年以后，中国航天各科研生产联合体进一步对项目管理组织体制、管理方式进行优化。中国空间技术研究院实施了技术抓总和项目管理抓总，使技术和计划更为有机地结合，在总体部内实行一级管理，实现了项目管理链条缩短、效率提高和业务流程再造。商业航天企业要实现航天型号经费的项目预算、分级核算、节点结算和完工决算制度，实行项目全周期预算和年度预算制度，实现整体经费预算与航天型号研制计划相协调，以提高商业航天运行效率、带动太空经济蓬勃发展，达到良好的经济社会效益。

太空经济已经成为世界经济发展新动能、人类美好生活新要素。《2021 中国的航天》提到，未来五年将培育壮大空间应用产业，支撑经济社会高质量发展；推动空间应用与数字经济深度融合，丰富应用场景，创新商业模式；培育发展太空旅游、太空生物制药、空间碎片清除、空间试验等太空经济新业态。全球太空活动创造的产品和技术正为人类在地球上的生活带来更多的实惠和便利，尤其是新兴的太空经济业态正在逐渐改变地球上人类生活的方方面面。《第五次工业革命》一书强调：太空探索正在塑造一个新的文明阶段，太空经济也将成为人类历史上第五次工业革命。

商业航天企业是发展太空经济的主力军，也是推动太空经济高质量发展的缔造者。商业航天企业在实践中不断创新系统工程理论，运用自身独特的经验，不断攀登一个又一个新高峰。本书从系统工程理论和方法出发，提出太空经济大背景下商业航天工程的项目管理理论与方法，供学者、业界和管理层借鉴参考。

齐国生

2023.2.10

前　言

中国航天经过60余年的发展，实现了从无到有、从小到大，在运载火箭、卫星、载人航天、探月工程及星际探测等各个领域取得了一系列举世瞩目的伟大成就。进入21世纪后，商业航天开始崛起，成为人类航天事业高速发展中的一大亮点。在国内，自国务院60号文件出台以来，明确鼓励和引导民间资本参与到商业卫星的设计、研制、发射与运营。截至2021年年底，国内已有300余家民营商业航天企业成立并运营，包含卫星制造、火箭制造、卫星测控和卫星运营等领域。商业航天工程项目管理与传统航天差异很大，研究商业航天项目管理的特点，探讨科学合理的项目管理，更有利于商业航天工程项目的实施与运营，具有重要的理论价值和实践意义。

项目管理是运用系统工程理论和方法，对项目涉及的全部工作进行管理，使项目从决策到实施全过程进行计划、组织、指挥、协调、控制和评价，以实现项目的特定目标。航天工程的大系统是一个由不同功能而又相互联系、相互制约的多个系统组成的庞大而复杂的系统，每个系统又由若干分系统组成，涉及众多单位和多种专业工程。著名科学家钱学森提出运用系统工程的观点与方法，树立总体概念，制定研制程序图，建立管理、技术两条指挥线并强化总体设计，对促进我国航天工程项目实施起到了决定性的作用。

商业航天项目管理的重要性，主要体现在应对国际商业航天环境的高度不确定性，以及提高航天工程管理效率、降低商业航天成本的需要等方面。与传统航天“保质量、保成功”的目标不同，商业航天追求“低成本、高可靠、快速响应”。项目管理是商业航天企业应对复杂多变环境的有力武器，也是一种行之有效的降本提效管理利器。项目管理的好坏直接体现为企业产品质量、运营成本、经营效益的高低。

新时期，在急剧竞争的全球航天发展环境中，商业航天项目的业务范围持续拓展，由火箭与卫星制造、测控服务、工程应用，再到卫星在轨交付、星座建设运营、商业载人航天任务等，项目管理的任务难度不断加大，项目管理范围和周期不断拓展。在项目管理阶段，由强调市场开发、合同执行拓展到航天器在轨维护和工程售后服务。商业航天企业项目管理所关注的要素也不断发展，由传统的项目管理方式逐渐发展到全要素、立体式项目管理模式；由合同管理、客户管理，向项目管理全要素并重并与国际接轨的全周期的项目管理演变。

商业航天企业进行项目管理的根本出发点，在于采用通用化、系列化、模块化的设计方案，通过开放创新、商业闭环、布局优化、配置高效的实施过程，形成“低成本、高可靠、快速迭代”的经营新局面。商业航天项目管理的灵魂在于重新定义“批量化”“流水线”的过程，真正形成航天技术快速迭代、产学研资用协同、产业链开放融合的新局面。

本书从卫星研制、星座运营、咨询服务、管理制度、地面设施等方面，针对项目管理的重点内容、关键事项、主要要素、操作实务等内容，进行了务实分析，对商业航天从业者、教育者、实践者具有指导价值。

感谢齐国生、王莉、高军等同志对本书部分章节内容的指导，感谢北京星际荣耀空间科技股份有限公司、银河航天（北京）科技有限公司、中国航天工业科学技术咨询有限公司、中国宇航出版社等给予支持。

目 录

第1部分 绪 论

第2部分 全球航天工程项目管理实践

第3部分 商业航天研制项目管理

第4部分 星座运营及应用项目管理

第5部分 项目管理咨询服务

第 6 部分　项目管理制度与标准

第 7 部分　地面设施及卫星应用

第8部分　附　录

第1部分

绪论

第 1 章　商业航天概念

1.1　商业航天内涵及外延

我国商业航天的发展存在着自身的独特性，中国航天科技集团和中国航天科工集团两大航天集团，更多的是在市场上寻求自身航天商业化的方式；而众多新进入航天领域的创新公司则是借助社会资本，开展商业航天活动。

（1）航天商业化

航天商业化：传统航天的商业化探索，指围绕进出空间和利用空间，在政府的支持与引导下，发挥市场作用，寻求传统航天资源商业化，以营利为目的的商业活动。国有企业在现行机制下探索商业航天，就是典型的“航天商业化”。航天商业化在实施操作过程中有以下表现形式：

一方面，原本只为政府、军队、国家安全需求服务的航天基础设施向商业市场开放，原本只为政府服务的航天制造企业、航天系统运营企业同时向商业市场寻求合同，而政府和军队作为大客户进入市场，按商业规律进行招标和采购。

另一方面，航天作为高科技代表，商业企业有的希望借助航天提升品牌知名度，有的希望承接航天技术转移到民用领域。近年来，一些具有远见的非航天企业和私人机构进入航天领域。有些开始研制航天产品，有些与航天企业合作推出新产品。这些企业希望依靠航天增加高技术的标签，提升企业价值，吸引风险投资，从中获利。

（2）商业航天

商业航天应该包括“商业”与“航天”两个方面的属性，需要从这两个方面来定义“商业航天”。

“商业”是一种有组织地为顾客提供所需的物品或服务的一种经营性行为。广义的商业是指所有以营利为目的的事业，而狭义的商业是指专门从事商品交换的营利性活动，其主要是为了满足人们的不同需要而进行各种交易的媒介活动。它能进一步搞活流通市场，促进人们生活生产水平和效率的提高，不断促进发展生产力。

“航天”在狭义上是指人类在太空的航行活动，在广义上是指人类探索、开发和利用太空以及地球以外天体的活动。这些活动必须借助航天器来实现。

商业航天这个词汇，以“商业”为先，“航天”为后。这意味着要跳出传统航天的思维循环，从商业的角度来审视自己的抱负和资源，然后再决定以什么形式投身航天。这是商业航天企业取得成功的先决条件。

基于对概念的分析，综合国情和航天特点，我国商业航天应具备以下特质：

一是企业要在市场中实现盈利，公司主体自负盈亏，政府负责法律、市场行为监管，但不参与管理和计划制定；

二是企业以控制成本、优化投资回报率为目标，积极探索多种模式，以创新驱动发展，而非以成功率为导向；

三是政府不再是主体，引入更多的非政府项目，即使是政府项目，其承接单位也应是非政府部门，以企业为主体。

综合以上特质，商业航天的概念可以定义为，是指围绕进入空间、利用空间、开发空间，以市场为导向，以企业为主体，以营利为目的，以航天产品开发、系统运营、应用服务为核心的商业活动。

商业航天活动，重视以商业化、市场化运作牵引投融资、公司治理、项目获取、利润分配等发展模式变革。严格区分政府采购和政府扶持，政府为特定的应用目的而向企业采购卫星属于商业行为。企业以自己投资或利用社会融资开展的航天活动属于典型的商业航天，政府通过市场渠道采购航天产品和服务也属于商业航天范畴。

1.2　商业航天范畴与特点

1.2.1　商业航天的范畴

从字面上看，商业是商品交换的经济活动，在法律准许范围内，遵循市场规律。商业航天是涉及航天领域的商品交换或服务的经济活动。换言之，发生在进入太空、利用太空、航天技术应用、民用技术向航天融合发展以及航天服务过程中的交换行为即属于商业航天范畴。

航天领域可归为五类：进入太空、利用太空、航天技术应用、民用技术向航天融合发展以及航天服务。

1）进入太空包括运载、发射场以及测控。

2）利用太空包括空间设施制造、空间科学探测、空间设施应用以及空间设施维护。

3）航天技术应用通常是航天技术产品转化于民用或者航天特种设施设备服务于民用，也就是航天技术延伸到民用领域。一个典型的例子就是太阳能电站，卫星在轨长期工作依赖于太阳光转化成电能，而用在地面则建成太阳能发电站，为民所用。又如气动脱硫技术、风洞技术等都在向民用转化。

4）民用技术向航天融合发展主要包括技术向航天延伸、为航天供货、为航天提供制造设备以及为航天技术提供解决方案。近几十年来，大量民用技术在航天中得以延伸和发展。比如航天育种，利用太空中宇宙粒子、微重力、弱地磁等综合因素，诱变农业生物遗传改良，从而培养出产量更高、质量更好、抗逆性更强的农作物品种。航天技术应用和民用技术向航天融合也可以逐步互相转化，互为促进，例如光谱探测技术原先在地面上得到应用，在探月工程重大需求的基础上，光谱探测技术实现了关键技术的突破，形成轻小型、高集成的先进仪器，成功应用于月球表面成分分析。同时，这项技术进一步扩展，返回到地面，研制了近红外光谱食药品现场检测仪。航天技术应用和民用技术向航天融合逐渐成为商业航天增长最快、最具活力的部分，在这种环境下，非常适合具备某一强项的航天领域企业，包括技术、成果、设施、产品和服务等，把自身优势向社会热点、需求方向等延伸，寻求扩大商业机会。

5）航天服务主要包括发射服务和为航天提供金融、保险和培训等配套服务。商业航天发射投入多、风险大、技术要求高，众多商业航天企业依然以与可靠的发射服务提供商合作为主。随着商业航天项目越来越多，为商业航天项目提供融资、保险和咨询等服务也成为航天服务中的重要组成部分。

1.2.2　商业航天的特点

商业航天在产业链、价值链、资金链、知本链上与传统航天差异巨大，商业航天是以市场经济为原则运行的航天产业。对于商业航天工程而言：

1. 产业链

商业航天产业链（图 1－1）可分为上中下游产业，上游产业主要是火箭制造业、卫星制造业，在产业链收入占比约为 8％；中游产业是卫星发射服务、地面设备制造，占比约为 44％；下游产业主要是卫星运营、卫星应用和卫星服务，占比约为 48％。

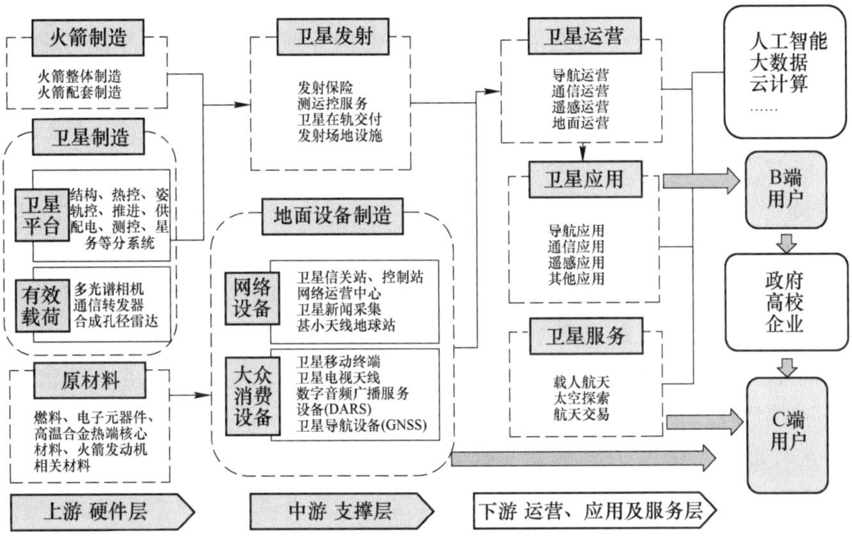

图 1－1　商业航天产业链示意图

商业航天更加注重细分领域的创造价值，以形成高度商业化的产业生态圈。在传统航天的生态体系中，大型的航天集团公司往往负责承接各类国家级任务，负责各类型号的研制，由于保密、技术封锁等因素的影响，往往可以独立完成从卫星研制到运营的各个环节工作，处于垄断地位。而对于商业航天而言，细分领域的公司变得更多，这是由于各环节的价值创造更受到重视。高度的专业分工带动集成、测试、运管、测控、咨询等专业公司的出现，这些环节在以往通常只是大型航天公司的一个部门。这是由于航天技术的发展，使得进入航天领域的门槛逐渐降低，同时航天技术的应用市场不断拓展，航天技术不断开放，技术人员也逐渐向市场流动，产生了航天产业的溢出效应，而且呈现出从边缘领域到核心领域开始溢出的趋势，这使得商业航天有着越来越好的生长土壤。传统航天制造以定制化任务为主，技术迭代不足，造成了较大的研发成本浪费，也影响了自身技术的可靠性和研制周期。而商业航天公司通过更加注重细分领域创造的价值，通过更多的重复性工作，促进技术的迭代，提升产品的可靠性，缩短研制及客户响应周期，使得单一领域的技术加快发展成熟，创造的价值更高。同时，通过成熟供应链和服务外包体系高效利用资源、占有市场、创造利润，更加符合市场化规律。

2. 价值链

商业航天会促进企业持续调整。运营、应用和卫星制造的壁垒对于商业航天企业逐渐模糊，价值链后端与前端互动，价值链条逐渐缩短。传统航天企业往往对于自身在价值链的定位比较明确，拥有军工背景的航天企业依托自身技术优势，往往只是着眼于飞行器的制造；而运营商负责具体的卫星运营，并不深入参与卫星的研制环节；处于后端的卫星应用企业向运营商采购产品或数据服务，并向广大应用客户提供各类增值服务。而商业航天公司却明显在打破这样的壁垒，以 Planet 公司为例，其由专业的研发团队自主研发卫星，通过全球采购货架产品，自行对卫星进行集成组装，通过全球寻找发射服务提供商并部署星座，然后自行负责星座的运营，建立全球数据销售网络。并通过与多家遥感数据应用企业和单位合作，提供相关数据应用服务。卫星产业的主要核心利润集中在价值链后端，即卫星应用和服务产业，这使得以追求利润为根本的商业航天公司更加注重后端，同时通过各类手段缩短产业链条，从而降低成本、缩短研制周期，最大限度满足客户需求，提升效率，占有市场。通过资本运作，促使制造业和服务产业形成利益共同体。这一趋势的实现主要得益于货架产品的成熟，使得运营商进入卫星制造的门槛降低，同时成本也更低廉。

3. 资金链

商业航天的投资主体从传统的以政府为主的单一化向以市场为主的多元化转变，随着低成本进入太空技术、低成本利用太空技术的快速发展，以及航天体制机制越发开放，航天准入门槛不断降低，航天越来越被大众所了解，以埃隆·马斯克（SpaceX 公司创始人）和威廉·马歇尔（Planet 公司创始人）为代表的一批有志于航天事业的企业家，凭借自身的企业家精神以及独特的领袖气质，不断拓展了商业航天市场，吸引了大量的资金。众多公司利用经济杠杆进行调节，特别是互联网经济的介入，商业航天市场开放，吸引了大量企业家和资本家的介入，使项目资金来源、规模和运作方式出现巨大的改变。同时，由于当前国际上普遍缺乏优质的投资资源，大量的闲置资金也将航天视为理想的投资对象，风险投资、债券融资、公开募股、私募投资、种子基金以及众筹投融资模式在初创航天领域频繁应用，培育并壮大了大批初创航天企业。此外，航天产品与服务逐渐从政府高端用户向大众消费市场倾斜，众多新兴航天应用符合市场需求，迎合了市场的想象力，与最终用户走得更近，注重将航天产品与服务同互联网技术结合，强调“个性化”，利用“小利润大市场”的“长尾效应”实现从大众消费市场盈利。

然而，需要注意的是，商业航天的资金链在稳定性上无法与传统航天相比，初创企业通常是通过在市场上进行事先融资，获取启动资金，但是在商业模式或者技术逐渐不被认可时，就会出现资金链断裂的情况，这对于企业而言是非常致命的。由于航天产业具有高投入和长周期的特点，决定了商业航天企业必须有充足的资本。航天领域并非是企业通过各种资本途径筹措几千万元甚至几亿元资金便可以轻易涉足的，为了形成自身知本链的核心竞争力，必须保证前期在研发上的持续投入和经费支持。OneWeb 正是通过软银集团等大股东的资金支持，筹措到了大量的资本，启动庞大的星座计划，从而带动了整个产业链的发展。

4. 知本链

知本即“知识＋资本”，航天产业的本质依然是高科技产业。航天器研制和技术创新需要知识，知识已成为最重要的航天经济资源。SpaceX 公司实现了史上第一次火箭回收、重复使用，其技术创新震撼了全球航天界，使得其具备了核心竞争力和吸引力，走在了全球前列，成为各个航天企业纷纷效仿的标杆。在国内，以中国科学院、长春光学精密机械与物理研究所、长沙天仪研究院为代表的一批研究院所，以及以清华大学、武汉大学、哈尔滨工业大学为代表的一批高校，便以知识为资本，开展了自己的航天探索，吸引到了资金，发射了卫星。

传统航天与商业航天都重视知本，传统航天重视知本主要集中于技术发展，而不擅长将知本转化，甚至在产业链构成中，由行政决策而非依靠知本。而商业航天则以知本为资本，把知本与资本等同。成功的商业公司在产业链构成中，一定会注重知本链，知本可作为资本折价入股，更要把资本转化为利润效益。SpaceX 公司以及其他国内外商业航天公司的 CTO 和其他主要技术人员，都通过自身的技术实力取得了公司相应的初始股权，此种方式吸引到了传统航天中的许多技术人才。同时，企业通过提供充分的试错空间和物质激励，调动技术人员的工作积极性，更加快速高效地将“知本”转化为产品和利润，形成企业赖以生存的核心竞争力。

第2章　商业航天发展态势

根据美国航天基金会《航天报告》的定义与分类，航天经济由政府航天预算和商业航天收入两部分构成。其中，商业航天由商业基础设施与支持活动、商业航天产品与服务构成。在防疫支出增加和经济衰退等综合因素的影响下，2020年全球政府航天预算减少。商业航天经济则在收入规模、业务融合和产品服务创新等方面取得了令人瞩目的新突破。

2.1　商业航天经济规模加速增长

根据美国航天基金会2021年《航天报告》发布的数据，得益于商业航天收入的加速提升，2020年全球航天经济规模达到了4470亿美元，收入较上年增长4.4%，航天经济增长幅度超过疫情爆发之前2019年2.2%的年增长率。2020年，全球政府航天投入为903.3亿美元，较上年降低了1.2%，期间全球商业航天创造了3566.9亿美元的收入，占全球航天经济的79.8%，较上年增长6.6%，高于疫情前2019年6.3%的年增长率。2020年，商业航天产品与服务收入为2194.5亿美元，占全球商业航天收入的61.5%，年增长率为1.2%。其中，包括定位导航与授时、卫星直播到户、卫星通信、卫星广播和对地观测服务；商业基础设施与支持活动的收入为1372.4亿美元，占全球商业航天收入的38.5%，创造了16.4%的高年度增长率，主要涉及地面站与设备、卫星制造、发射、保险、空间态势感知和商业载人航天。

2.2　商业航天细分领域增长特点

1. 细分领域收入趋势

根据《航天报告》的数据，在发射活动方面，2020年全球共进行了114次发射，比2019年多17.5%，其中38次为商业发射，比2019年的27次增加了40.7%。尽管政府发射的次数仍占全球发射次数的60%，但商业发射次数增速明显，其中美国SpaceX公司的发射活动尤其频繁。2020年，美国的商业发射次数为23次，明显高于11次政府民用航天发射任务和10次军事航天发射任务。

《航天报告》数据显示，2020年中国39次发射任务中8次为商业发射任务，非商业发射任务次数占绝对优势。在收入方面，2020年的全球发射价值增长14.2%，从2019年的81亿美元增至2020年的92.5亿美元。这一增长是由商业航天发射服务带动起来的——2020年全球商业航天发射收入为20.7亿美元，较上年增长78.5%。尽管商业发射服务仅占所有发射服务价值的22.4%，但增长态势迅猛。2021年上半年全球航天发射次数为61次，商业发射占48%；2020年上半年全球航天发射次数为45次，商业发射占33%，2019年上半年全球航天发射次数为41次，商业发射占27%。根据《航天报告》的数据，在卫星制造方面，2020 年全球发射航天器共 1230 件，较 2019 年增加 184%。其中，商业航天器共 1098 件，占 89.3%。2020 年，美国商业星座计划进入大规模部署阶段，促使全球航天器发射数量激增。2020 年发射的商业航天有效载荷制造业收入共计 161.7 亿美元，比 2019 年高出 3 倍以上。由此可见，2020 年商业航天器制造数量和收入规模都获得了突破性进展。这是美国商业航天活动迅猛发展的缩影，也可能成为未来的全球趋势。在年度通信卫星发射数量方面，在 2016—2020 年期间，2020 年发射的商业通信卫星数量占比首次超过 90%，政府民用通信卫星发射数量首次为零，政府军用通信卫星发射数量首次不足 5%。在卫星广播通信领域，直播到户广播电视收入继续保持小幅负增长，收入规模跌破 900 亿美元；卫星通信服务没有充分享受到疫情带来的远程通信增加所创造的红利，负增长达 7.8%。随着 2021 年星链星座投入运营，一网星座在轨部署卫星数量具备运营规模，低轨卫星通信带来的收入有望遏制卫星通信收入下跌幅度和持续下跌趋势。与往年一样，以手机导航芯片为主的全球导航卫星系统部件收入、手机导航定位授时服务和直播到户服务作为距离大众应用最近的航天产品与服务，是商业航天最大的收入来源，分别保持在 900 亿美元左右的收入规模。这三个细分业务领域的收入共计 2713 亿美元，占全球商业航天收入的 76.0%。在对地观测方面，随着卫星遥感数据和图像跨界应用日渐广泛和深入，2020 年对地观测收入增长继续保持良好势头，从 33.9 亿美元增加到 37 亿美元，增速达 9.1%，是商业航天细分领域增长最快的业务。

在轨卫星服务和载人航天服务作为商业航天新业态在 2020 年获得了经济回报，也引起了更多的公众关注和投资者兴趣。近年来，出现了多家提供空间态势感知数据和产品的商业公司，为卫星运营商提供轨道避碰、异常诊断、维修和推进剂加注服务。2020 年 2 月，美国诺格公司的 MEV-1 航天器为国际通信卫星公司的 Intelsat 901 卫星提供了在轨推进剂补给服务，卫星寿命可延长五年。该公司的 MEV-2 航天器于 2020 年 8 月发射，于 2021 年 4 月与国际通信卫星公司的 Intelsat 10-02 对接并提供推进剂补给服务。北方天空研究公司（NSR）《在轨服务市场》第五版报告预测，在同时考虑市场需求和供给能力情况下，未来 10 年有太空服务采购意愿、且有供应商可满足其需求的航天器数将以平均每年 15%的速率递增，累计市场收入将达到 143 亿美元，其中航天器延寿服务收入约 47 亿美元。在太空旅游方面，维珍银河（Virgin Galactic）在其创始人布兰森于 2021 年 7 月的亚轨道飞行体验前向 58 个国家出售了 600 多张票，每张票价高达 25 万美元。随着需求的增长，行业观察人士预计新乘客将支付 50 万美元以上的票价。布兰森在完成亚轨道载人飞行当天即宣布维珍银河的载人商业航天服务销售额已经接近 1 亿美元。除了个人体验服务外，维珍银河还获得了意大利空军和 NASA（美国国家航空航天局）的载人飞行服务订单，商业载人航天服务政府民用和军事用户的商业模式已经出现。蓝色起源公司和美国 SpaceX 公司均已开展过面向非商业用户的载人航天飞行，很快也将实施面向付费个人用户的商业载人航天飞行服务。2021 年 9 月 15 日，美国太空 SpaceX 公司实施了面向个人的入轨型商业航天飞行任务。

2. 细分领域收入增减特点

在亿级用户的巨大市场需求保障下，全球导航定位设备和服务收入是仅有的既能保持良好增长势头，又具有领先经济规模优势的商业航天细分领域。商业卫星制造和发射服务与政府卫星制造和发射服务相比，尽管在收入方面仍有较大差距，但前者增长迅猛，与后者的差距在快速拉近。2020 年，商业卫星制造和发射服务在商业航天收入规模的占比分别为 4.5%和 0.58%，与上一年分别为 3.19%和 1.02%占比水平相比有显著变化，扭转了 2019 年均呈现负增长的局面，这标志着近些年来商业卫星制造和发射服务合计收入首次突破在商业航天收入占比 5%的门槛。商业发射服务价格降低或可解释商业卫星与发射服务收入和占比差距拉开的原因。空间态势感知和在轨服务以及太空旅游成为商业航天收入来源的新力量，增长潜力已逐步释放。市场收入达到亿美元级的规模化商业载人航天服务市场已经形成，增长态势明显。

2.3 美欧俄商业航天发展历程

1. 美国商业航天发展历程

美国的商业航天发展主要经历了三个发展阶段：

第一阶段是从 20 世纪 60 年代至 80 年代后期。随着 1962 年《通信卫星法案》的颁布，美国广播公司、西联电报公司、美国卫星公司和通信卫星公司纷纷成立，1965 年“德尔它”D 运载火箭成功发射国际通信卫星组织的“晨鸟”卫星（休斯公司制造），开创了卫星商用通信的新时代，商业航天逐渐繁荣。但美国国家航天政策对航天运载器发射商业卫星有着严格的限制，其开展商业航天活动更多的是从政治和国家安全的角度，并不是从经济的角度出发。

第二阶段是从 20 世纪 80 年代后期至 21 世纪初。随着卫星技术商业化、运载火箭技术逐步提高并发展起来，产业之间的竞争日趋激烈，通信卫星公司数量减少，卫星资源逐步集中；卫星制造业经历了并购和重组，逐渐形成了波音公司、洛克希德·马丁公司和劳拉公司等几个主要的卫星制造商；1986 年“挑战者号”航天飞机的失事，航天飞机逐步退出商业发射服务市场，美国再次开始重视商业一次性运载火箭的发展，开始研制一次性运载火箭，期望大幅度降低发射成本，提高竞争力。

第三阶段是 21 世纪初至今，随着美国大力推进私营企业进军商业航天领域，美国逐步真正实现航天商业化。在多年鼓励私营航天发展的良好环境下，蓝色起源公司（Blue Origin）、SpaceX 公司、天盒成像（Skybox）、行星实验室（Planet Labs）等相继成立，与老牌的波音公司、轨道科学公司、内华达山脉公司等私营公司一起在商业航天领域发挥了举足轻重的作用。通过大力支持私营企业，培育一个有竞争、有活力的市场，美国重获商业航天市场领先地位，推动整个航天工业繁荣发展。

2. 欧洲商业航天发展历程

欧洲的商业航天发展主要经历了两个发展阶段：

第一阶段是从 20 世纪 70 年代后期到 20 世纪末。欧洲逐步开展研制阿里安系列运载火箭，并于 1980 年正式成立阿里安航天公司，积极推动航天活动向商业化过渡。因“挑战者号”航天飞机失事，“大力神”“德尔它”火箭相继失利，国家发射服务市场出现了大量卫星排队等待发射的现象，阿里安航天公司在任务失败的情况下，仍向用户承诺发射机会，并逐渐占领商业发射服务市场。

第二阶段是从 20 世纪末至今。国际海事卫星组织、欧洲卫星通信公司、欧洲卫星公司相继开始实现商业化经营；卫星制造业开始合并重组，逐渐形成了空客防务与航天公司、泰雷兹·阿莱尼亚宇航公司两家大型欧洲企业；而近些年新兴 O3b 公司、一网公司（OneWeb）等公司为欧洲商业航天进一步繁荣做出了重要的贡献。

3. 俄罗斯商业航天发展历程

俄罗斯主要以自上而下的机构改革为牵引，以对内提升效率、对外扩大出口为主要途径来推动航天商业化。商业化发展路径正在探索中。从俄罗斯在“市场化”和“国有化”两条道路上的争议和摇摆情况，可以看出俄罗斯对中央集权和计划经济传统治理模式的高度依赖。

1）以机构改革推动航天商业化进程。2000 年，俄罗斯航天局改组为航空航天局，将航天和航空工业合并一家；2004 年，原航空航天局的职能拆分为航天和航空两部分，成立联邦航天局和联邦工业局；2015 年，成立俄罗斯国家航天集团公司。目前，以国家集团公司的形式改变了国家对众多企业扁平式的管理模式，重新形成了硬性垂直管理权。同时，俄罗斯对航天企业进行股份制改革，建立现代企业制度，最终实现从封闭军工企业到公众企业的转变，增强了企业活力。

2）以对内提升效率、对外扩大出口推动航天商业化。目前，俄罗斯一是通过提高国防预算、强化采办管理巩固现有航天工业基础，支持航天企业向商业化逐步过渡；二是将众多不同所有制的公司合并成为一家，将原来各自为营的航天企业整合成超大型集团，减少企业内部竞争，将大量专业化企业集聚在一地，以达到提高生产效率、实现企业规模效益最大化的目的；三是国家主导，集中力量，有效利用资源，更积极投入国际竞争中，力图进一步抢占国际市场份额，使技术力量和成果得到更有效的利用，以逐步形成内生式发展模式，推动航天产业可持续发展。

第 3 章　项目管理技术与方法

3.1　系统工程方法

系统工程（Systems Engineering）是从需求出发，综合多种专业技术，通过分析—综合—试验的反复迭代过程，开发出一个满足使用要求、整体性能优化的系统。系统工程一词在国外有明确的内涵和相关的标准。美军定义系统工程是“一系列逻辑相关的活动和决策，把使用要求转换为一组系统性能参数和一个系统配置”。国际系统工程协会定义系统工程是“实现成功系统的一种跨学科的方法”“系统工程注重定义用户需求，集成所有学科和专业，构造一个从概念、生产到运行的结构化过程，目的是提供一个满足用户需求的优质产品”。系统工程在国外重大国防和航天项目的推动下迅速发展，从军用标准演化到商用标准，在军用和民用工程技术领域都取得了很大的成功。

中国航天创业初期，在总结研制实践成功经验与失败教训的基础上，提出来的“强调总体设计，严格执行研制程序，充分进行地面试验”，以及“探索研究一代，设计试制一代，定型生产一代”的要求和原则，是对航天系统研制科学规律认识的深化，同时也奠定了中国航天系统工程方法的基础。以强调总体设计为核心的系统工程方法，一直是中国航天系统研制与管理实践不变的主旋律，是航天弹、箭、星、船研制成功的保证。航天系统工程管理过程是对系统工程技术的计划、控制和评估过程。一般情况下，航天系统工程管理过程分为八个子过程：技术计划管理、技术要求管理、系统接口管理、技术风险管理、技术状态管理、技术数据管理、技术评估、质量保障。系统工程管理过程和系统设计过程如图 3－1 所示。

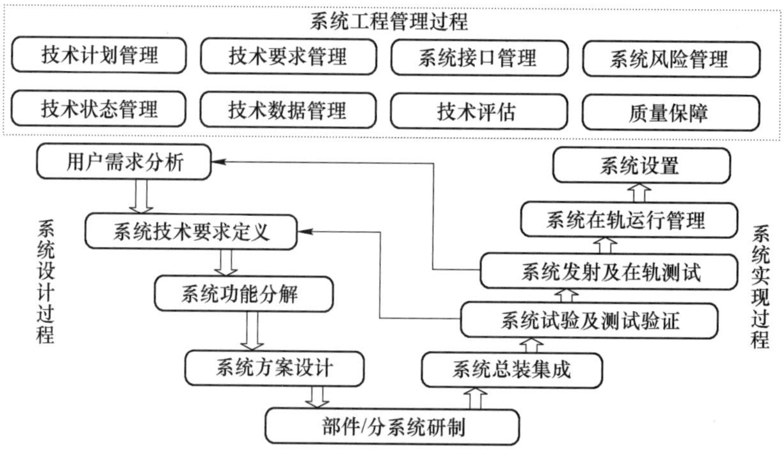

图 3－1　系统工程管理过程和系统设计过程

“系统工程”是一套既有中国特色、又有普遍科学意义的系统工程思想方法，它倡导开放的复杂巨系统研究，并以社会系统为应用研究的主要对象。正如中国航天创始人钱学森所说，这实现了人类认识和改造客观世界的飞跃。系统论方法吸收了还原论方法和整体论方法各自的长处，也弥补了各自的局限性，既超越了还原论方法，又发展了整体论方法。经过40余年的应用和发展，系统工程已经从概念走向理论、从理论走向实践，从航天型号研制部门走向国家决策机构、从工程技术型号设计走向国家管理顶层设计。

3.2　质量问题双归零管理方法

“双归零”或“双五条”作为航天领域的一项行业质量控制方法，是航天60多年来质量管理经验的总结，其科学性、先进性和有效性，被越来越广泛地应用于其他各个技术领域，成为质量管理的一种有效方法。

中国航天是中国质量管理工作的试验田，从全面质量管理、ISO9000体系到产品保证、“零缺陷”，中国航天一直是中国质量管理工作中最早的探索者和实践者。总结提炼出质量问题归零管理方法，成为中国式质量管理的领航者。航天发展的进程并非一帆风顺，特别是20世纪90年代初期，航天发射出现了多次重大失利。面对重大挫折，航天人吸取教训、深刻反思，系统地总结了自1996年以来航天质量管理的经验，充分吸取了国内外成功企业质量管理经验；针对航天型号研制生产任务的新特点，不断丰富航天质量管理理念和方法，形成了“航天型号精细化质量管理要求”以及一系列配套制度、标准。“质量问题双归零”管理方法就是在此背景下形成并不断完善的精细化管理方法之一。

双归零的方法是按照戴明、朱兰、克劳士比和费根堡姆共同创建的“质量改进”主题，遵循戴明循环（PDCA），从出现的质量问题入手，通过技术上的分析、管理上的改进，达到系统预防的目的，从而提高航天产品的质量水平。

所谓“技术归零”，就是针对发生的质量问题，从技术上按“定位准确、机理清楚、问题复现、措施有效、举一反三”的五条要求逐项落实，并形成归零报告或技术文件的活动。这五条要求环环相扣。定位准确是归零的前提，机理清楚是归零的关键，问题复现是归零的手段，措施有效是归零的核心，举一反三是归零的结果延伸。

1）定位准确：就是确定解决问题的对象，首先找到问题发生在哪个环节、部件。

2）机理清楚：在定位准确的情况下，分析问题发生的根本原因和演进过程。

3）问题复现：复现质量问题发生的现象，验证定位和机理的准确性与正确性。

4）措施有效：通过采取纠正措施，确保质量问题得到解决。

5）举一反三：就是把发生的质量问题反馈给本型号、本单位和其他型号、单位，使具有相同原理设计的产品都能避免同类问题的发生。

“管理归零五条”则是针对质量问题，从管理上按“过程清楚、责任明确、措施落实、严肃处理、完善规章”的五条要求逐项落实，并形成管理归零报告和相关文件的活动。

1）过程清楚：查明质量问题发生、发展的全过程，从各有关环节中分析问题产生的原因，查找管理上的薄弱环节或漏洞。

2）责任明确：在过程清楚的基础上，根据质量职责分清造成质量问题的责任单位和责任人应承担的责任，并从主观和客观、直接和间接方面区分责任的主次、大小。

3）措施落实：针对出现的管理问题，制定并落实有效的纠正和预防措施。

4）严肃处理：对由管理原因造成的质量问题应严肃对待，从中吸取教训，以达到教育人员和改进管理工作的目的。对重复性故障以及有章不循、违章操作等人为责任原因造成质量问题的责任单位和责任人，按照情节和后果，给予经济处罚或（和）行政处分。

5）完善规章：针对管理上的薄弱环节或漏洞，完善质量管理体系和各项规章制度并加以落实，从制度上防止质量问题重复发生。

它们之间的关系，过程清楚是基础，责任明确是前提，措施落实是核心，严肃处理是手段，完善规章是结果。

从相互的关系上看，大多数的技术问题或多或少均存在管理上的不足，所以，查摆质量问题，既要开展技术归零，也要开展管理归零。管理归零是技术归零的延续，是技术归零后在更深层面上铲除质量问题重复发生根源、提高质量管理水平的重要手段。

例如，美国 SpaceX 猎鹰九号事故总结的质量归零报告如下。

针对 2016 年 9 月 1 日猎鹰九号火箭发射失败，美国东部时间 2017 年 1 月 2 日上午 9 点（北京时间 2 日晚上 10 点）美国 SpaceX 公司更新了 AMOS－6 任务失败调查进展，并决定于 1 月 8 日进行 2017 年的首次发射。

归零专家组组成：美国联邦航空管理局（FAA）、美国空军（USAF）、美国国家航空航天局（NASA）、美国国家运输安全委员会（NTSB）和工业界专家。

归零闭环周期：4 个月。

归零过程简述：

技术归零：

1）审查了 3000 个通道的视频和遥测数据（从出现异常到失去信号只有 93ms），查看了塔架数据、地基视频和碎片。

2）SpaceX 组织在他的 Hawthorne，California 和 McGregor，Texas 实验室试验进行故障复现。

3）问题定位：归零专家组采用了故障树分析（FTA）方法，得出二级火箭液氧容器中三个混合包覆压力容器（COPVs）中的一个失效了。专家分析很可能是由 COPV 的衬底和搭扣之间的含氧量堆积造成的。

4）机理分析：猎鹰九号的 COPVs 用来存储冷氦以调节压力，每个都有铝制内衬和碳包覆层。冷的液氧可以堆积在包覆层下面的搭扣中。当加压时，这些淤积在搭扣中的液氧成为麻烦，因摩擦力而点燃。另外，液氦温度低产生固态氧（SOX），加大了因摩擦力点燃的可能性。

5）纠正措施：短期措施——改进 COPV 配置，提高氦加注温度，进行 700 次成功加注试验。长期措施——对 COPV 进行设计变更。

管理归零：

1）过程清楚：液氦加注过程温度控制过低。疑点：工艺实施文件有没有规定温度？如果规定了，那么专家评审把关力度如何？没有考虑到与液氧甚至固态氧的耦合性？氧的聚集是一个危险源，安全性分析不到位。要梳理工艺专家岗位任职能力、RMS 工程师岗位任职能力。

2）责任明确：液氦加注操作工程师无责，主要责任是液氦加注工艺文件关于温度的控制。

3）措施落实：短期措施——改进 COPV 配置，提高液氦加注温度，进行 700 次成功加注试验。长期措施——对 COPV 进行设计变更。此举相对于传统有些冒进，没有彻底解决问题就要发射。马斯克扣款 200 万美元。

4）严肃处理：对于火箭历史上很少遇到的这个问题，建议奖励找到问题的专家。

5）完善规章：从工艺流程上，进行了改进；长期计划进行设计状态变更。

3.3　基于模型的系统工程

我国航天工业经过近几十年的发展，逐步形成了一套独具特色的航天器系统工程研制模式，有力地支撑了航天器研制任务的圆满完成。随着航天技术的快速发展，航天器系统复杂度显著提升，各专业的耦合性越来越强，传统的基于文档的系统工程越来越难以满足后续复杂航天任务的研制需求，采用基于模型的系统工程（Model - Based System Engineering，MBSE）理论和方法在国外已经用于复杂工程系统开发，典型的有猎户座任务、木卫二轨道器任务、好奇号、毅力号等。国内对 MBSE 方法的研究起步较晚，在航天领域，随着对 MBSE 方法的不断探索和实践，正逐渐被用户和各级承研单位所接受，普遍认为是科研生产模式转型升级和手段方法改进的重要抓手。中国航天科技集团有限公司第八次工作会议指出："基于模型和数据驱动的科研生产数字化体系亟待构建。"吴燕生董事长在《全面实施数字航天战略 为航天强国建设提供坚强支撑》一文中，要求采用基于模型的系统工程方法，完善航天型号产品数字化协同研制环境，强化虚拟设计与仿真验证应用。

1．MBSE 的定义与内涵

国外自 20 世纪 70 年代以来，在数字化先进设计制造应用方面，经历了从点（数字化单技术应用）到线（型号总体设计全过程数字化）到面（数字化企业）的发展，有力地推动了世界经济和相关技术的发展。当前，在系统研制过程中，数字化技术与模型化技术的应用理念已经从设计、仿真等单一领域拓展到了工程研制全寿命周期。

传统的系统工程都是基于文档的，很容易产生理解的不一致性，在产品设计过程中经常出现反复迭代修改等情况。虽然近年来，已从过去的纸质形式转换为电子形式，但并未从根本上改变这一状况。

基于模型的系统工程则通过模型贯穿产品总体设计始终，它从需求阶段开始即通过模型（而非文档）的不断演化、迭代递增而实现产品的系统设计，通过模型的结构化定义可以清晰地表达产品设计初期结构、功能与行为等各方面的需求，在设计初期就能通过仿真来发现大量不合理的设计方案。同时，由于模型的唯一性，还为各方提供了一个统一的、无二义性的设计信息交流工具。MBSE 已成为近几年来系统工程界研究和应用的热点。

通过 MBSE 的定义可以得出，MBSE 的核心思想是以模型的方式，通过对跨学科的专业知识统一表示来控制复杂系统的研发过程，强调的是系统工程过程中信息传递的模型化。与传统的基于文档的系统工程的区别见表 3 - 1。MBSE 有广义和狭义之分，广义的 MBSE 覆盖产品设计、生产、装配、测试、试验、维护、报废等全寿命周期阶段，而狭义的 MBSE 仅指产品的方案设计阶段。

表 3 - 1 从“基于文档”向“基于模型”的转变

区别类型	基于文档的系统工程（TSE）	MBSE
模型与文件关系	文件为主，模型为辅	模型为主，文件为辅
模型作用方向	各专业/学科的设计分析	系统（总体）的设计分析
模型作用阶段	重点是设计的末端、底层	重点是设计的前端、顶层
模型间关联性	弱	强

根据规划，MBSE 主要经过三个阶段：2010 年实现 MBSE 的标准化；2010—2020 年是 MBSE 理论体系走向成熟化阶段，在系统的架构模型中集成分析、仿真、可视化，并定义出完善的 MBSE 理论体系；到 2025 年，在各个领域应用 MBSE 方法。

为了支持 MBSE，国际系统工程学会（International Council On System Engineering，INCOSE）和对象管理组织（OMG）提出了一种新的系统建模语言（Systems Modeling Language，SysML）。

MBSE 是系统工程发展的大趋势。国际系统工程学会综合最近 20 年来各方面提出的基于模型的技术，提出了 MBSE 的概念及框架，并加以推广应用。INCOSE 在 2007 年发布的《系统工程 2020 年愿景》指出：从很多方面看，系统工程的未来可以说是“基于模型的”，该《愿景》也规划了 MBSE 未来 20 年的发展路线图。MBSE 不是建模仿真，MBSE 从工程系统初期就开始进行并一直持续到后续阶段，是工程系统全寿命周期的工作。MBSE 中的模型主要是指系统模型，是系统层面的描述性的模型，概念理解上应当与专业的分析模型区别开。同时，MBSE 不仅是信息化，现有的产品数据管理等信息化工具仅仅是对人头脑中思考的东西、设计结果的一个记录，从过去的纸笔画图到现在的电子化、信息化、网络化、集成化，而 MBSE 是研制流程的再造和优化，不仅仅是信息化工具的应用。

需要指出的是，MBSE 并不是要颠覆现有的系统工程体系，而是在原有的基于文档的基础上，通过统一建模语言对文件中隐含的设计要素进行显性化的关联建模，通过模型的不断迭代、演化，最终形成一个具有和实物产品完全一致且经过虚拟试验仿真验证的整个航天器数字样机，避免因后期总装和测试试验不满足而导致设计更改的问题，确保航天器研制“一次成功”。

2. 航天领域 MBSE 实践

近年来，在航天领域开展了 MBSE 应用实践，初期重点围绕 MBSE 语言工具培训、型号试点应用、建模方法研究等方面开展工作，在过程中统一理解和认知；在广泛调研与理论探索的过程中不断与现有流程相印证，梳理、总结、提炼出了基于模型的航天器系统设计与验证过程及 MBSE 初步工作指南；将 MBSE 正向设计流程逐步引入型号研制中，在典型应用实践中不断完善航天领域的 MBSE 方法，为后续的推广应用打下了基础。

以载人月球探测飞行器研制为例，由于系统复杂度高，为提高研制与管理水平，正在推行MBSE方法在型号研制全周期的应用，探索制定数字化研制工作规范，推进数字化手段与工程现有研制流程的有机融合。目前，初步开展了基于模型的需求分析、系统设计与仿真验证工作。在需求建模方面，实现了多级需求的分解和追溯关系的建立；在系统设计方面，完成了基于模型的功能、架构分解和飞行方案设计，并开展了基于模型的设计评审；在系统级仿真验证方面，正在开展基于Modelica语言的多学科建模和多专业耦合仿真验证工作，目标是在方案阶段完成基于MBSE的数字化设计闭环仿真验证。

在深空、遥感和通信等领域，不同航天器研制过程中均开展了MBSE实践。实践证明，MBSE在航天领域的发展趋势是明确的，但初期由于建模工作量大、周期长，应用效果不容易体现，导致推广过程中不可避免地会存在一些质疑与异议，例如：

1）语言过于抽象，工程人员学习和理解困难，未掌握前反而影响设计效率。

2）工具难掌握，模型资源匮乏，设计缺少基础库的支撑，导致设计效率低、模型质量差。

3）方法普适性强，但专业性不足，缺少针对行业领域特点本地化的方法论。

为了进一步促进MBSE在航天领域的应用推广，迫切需要解决在研制管理流程、队伍组织、方法论、工具和模型库等多个方面存在的问题。

3. 推广应用建议

（1）设计与建模人员必须统一，业务与信息化有效融合

一方面，型号设计师团队必须掌握MBSE方法、语言和工具，伴随型号研制实际进展开展建模工作，避免设计与建模“两班人马”，型号研制与MBSE应用“两张皮”。另一方面，业务人员与信息化人员应紧密融合，发挥各自专长，信息化人员侧重标准规范、工具软件、基础模型库的建设工作，共同促进MBSE在型号研制中真正落地。

（2）总体与分系统协同论证，建模方法论因地制宜

为保障总体的集成设计与验证工作有序开展，需要各分系统共同开展MBSE建模工作，总体与分系统的技术状态管理应该一致推进，在总体与分系统协同设计与建模过程中，要对设计流程进行有针对性的设计和区分。在总体层面，侧重多专业的协同和设计权衡；在分系统层面，侧重变更管理和快速方案的设计迭代。

（3）MBSE与MBD（基于模型设计）打通，虚实验证闭环

在未来基于模型的数字化研制体系下，在每个阶段都要进行相应的仿真迭代，充分验证，然后再向下一个环节推进，将问题提前暴露和解决，模型相互关联，逐步细化完善，最终形成型号模型库，形成可复用的知识。模型的贯通能力至关重要，包括系统设计模型（SysML语言）与系统验证模型（Modelica语言）的打通、系统设计模型与CAD模型的打通、系统设计模型与CAE专业仿真模型的指标验证打通、系统设计模型与CAM实物模型的打通，以及各模型间数据的同源贯通，从而形成一个以模型为牵引的数字主线，让工程数据都有源可依，设计变更都有据可查，虚实测试都能闭环验证。

（4）模型库统一规划建设，知识经验充分复用

由总体单位牵头统一规划和建设基础共用的模型库，对航天领域标准和规范进行模型化呈现，包括：基础模型库（接口、量纲、信息流、物质等基础元素）、飞行时序库、任务场景分析库和约束规则库的建设等。总体和分系统研制人员基于这些共性的基础模型库来进行MBSE模型的构建，从根本上保证设计术语统一。

(5) 培育自主可控生态，掌握核心发展竞争力

MBSE 工具软件在工业软件领域属于新兴板块，目前国内具备一些功能完善的 MBSE 建模工具。立足长远，从工具语言的原生适用性、安全性和自主定制的可控性等方面，自主软件都有着超越国外软件的优势。建议在 MBSE 系统建模与仿真领域，结合行业应用，在使用国际主流工具的同时，支持和培育国产自主可控工具生态，加强自主工具的应用验证和型号应用，通过工具固化工程知识经验。

3.4 全寿命周期管理技术

工程项目寿命周期可为管理者提供更加直观的工程项目进展情况，更加及时地反映管理状态。将项目寿命周期分解成不同阶段，使整个过程更容易管理。项目寿命周期包括七个阶段，即零阶段、A 阶段、B 阶段、C 阶段、D 阶段、E 阶段、F 阶段。这里所描述的工程项目阶段是 NASA 的一般性分类，一些工程项目的阶段视情况可以合并执行。下面分别阐述 NASA 每个阶段的目的、活动与产品、控制门。

3.4.1 零阶段——概念研究

零阶段通常由概念研究小组执行，其目的在于设计出不同可行性概念，依据这些概念，可供选择出新的工程项目。它主要的成果是通过对与 NASA 的任务、能力、财产与资源相适应的需求的识别和机会的发现，来提出一系列建议的工程。

零阶段的目的是提出大量的可从中选择出的新的项目/工程观念和可供选择的方案。零阶段活动、产品和相关控制门见表 3-2。

表 3-2　零阶段活动、产品和相关控制门

主要活动和产品		控制门
✧ 鉴别与合同一致的任务	✧ 确定任务合理性和目标	正式建议
✧ 鉴别和选用用户	✧ 可能的运行方案	非提倡性评审
✧ 对可能的任务进行预审	✧ 可能的系统体系结构	任务概念评审
	✧ 成本、进度和风险估计	

3.4.2 A 阶段——概念与技术开发

A 阶段的目的是确定一个新提出的可行的较大系统，并建立一个与 NASA 战略计划相适应的初始基线。基线（Baseline）是项目储存库中每个工件版本在特定时期的一个“快照”。它提供一个正式标准，随后的工作基于此标准，并且只有经过授权后才能变更这个标准。建立一个初始基线后，以后每次对其进行的变更都将记录为一个差值，直到建成下一个基线。A 阶段活动、产品和相关控制门见表 3-3。

3.4.3 B 阶段——完成初步设计与技术

B 阶段的目的是建立一个初步工程基线，它包括满足性能需求的正式流程和相应的初步设计，以满足一整套完整系统和子系统兼具飞行和地面设备的设计规格要求。B 阶段活

动、产品和相关控制门见表 3－4。

表 3－3　A 阶段活动、产品和相关控制门

主要活动和产品		控制门
✧ 准备和启动项目计划 ✧ 确定顶级要求及限制 ✧ 定义文件系统要求（硬件和软件） ✧ 分配初步系统要求到系统一个较低层次 ✧ 定义系统软件功能说明和要求 ✧ 定义文档内部和外部接口要求 ✧ 确定综合后勤保障要求 ✧ 制定相应的评价标准和指标 ✧ 行动计划 ✧ 基线任务概念报告 ✧ 论证可信性、可行性设计 ✧ 交流研究的执行和归档 ✧ 开发任务架构 ✧ 启动环境评估/国家环境政策法案程序 ✧ 开展轨道碎片的初步评估（NASA 安全标准 1740.14） ✧ 建立技术资源评估	✧ 定义寿命周期成本估计和开发系统级的成本效益模式 ✧ 定义工作分解结构（WBS） ✧ 获取系统工程工具和模型 ✧ 确定系统工程管理计划（SEMP）的基线 ✧ 进行系统风险分析 ✧ 初步制定风险管理计划 ✧ 制定配置管理计划 ✧ 制定数据管理计划 ✧ 准备工程专业计划（例如，污染控制计划、电磁干扰/电磁兼容性控制计划、可靠性计划、质量控制计划、零件管理计划） ✧ 初步制定安全和任务保证计划 ✧ 初步制定软件开发或管理计划 ✧ 初步制定科技发展计划和启动先进技术的发展 ✧ 定义核查和验证的方法并将其记录在核查和验证计划之中	系统需求评审 任务定义评审（针对机器人任务） 系统定义评审（针对载人飞行）

表 3－4　B 阶段活动、产品和相关控制门

主要活动和产品		控制门
✧ 确定项目基线 ✧ 评审和更新 A 阶段确定为基线的文件 ✧ 在行动计划基础上制定科学的探索行动计划 ✧ 更新工程专业计划（例如，污染控制计划、电磁干扰/电磁兼容性控制计划、可靠性计划、质量控制计划、零件管理计划） ✧ 更新技术成果 ✧ 更新风险管理计划 ✧ 更新成本和进度数据 ✧ 最后确定批准的顶级要求和满足下一级要求的流程	✧ 建立基线设计规格（硬件和软件）和图样，建立核查和验证计划以及较低水平的接口文件 ✧ 执行和归档权衡研究结果 ✧ 执行设计分析，并报告结果 ✧ 进行工程开发测试，并报告结果 ✧ 选择一个基线设计方案 ✧ 确定初步设计报告的基线 ✧ 定义内部和外部接口设计解决方案（如接口控制文件） ✧ 定义系统操作，并获得应急计划 ✧ 制定适当的安全级别的数据 ✧ 开展轨道碎片的初步评估	初步设计评审 安全评审

3.4.4　C 阶段——最终的设计与制造

C 阶段的目的是建立一个完整的设计（分配有基线）、生产出硬件和代码软件，为集成做准备；继续进行权衡研究，建立更加接近实际硬件的工程测试单元，并测试性能，确保设计能在规定的环境中提供功能作用。C阶段活动、产品和相关控制门见表3-5。

表3-5　C阶段活动、产品和相关控制门

主要活动和产品		控制门
✧ 更新文件制定和B阶段基线 ✧ 更新接口文件 ✧ 更新任务操作计划 ✧ 更新工程特性计划（例如，污染控制计划、电磁干扰/电磁兼容性控制计划、可靠性计划、质量控制计划、零件管理计划） ✧ 更新基线文件，以反映该日趋成熟的系统，包括系统结构、工作分解结构、工程计划 ✧ 更新并将产品计划基线化 ✧ 提炼整合程序 ✧ 将后勤保障计划基线化 ✧ 将其余的低层次设计规格增加到系统中 ✧ 完整的制造和装配计划与程序 ✧ 建立和确定集结规格基线（硬件和软件）和图样，核查和验证计划以及所有层次的接口文件 ✧ 将详细设计报告基线化 ✧ 维护需求文档 ✧ 维护核查和验证计划	✧ 针对工程计划监测工程进度 ✧ 制定核查和验证程序 ✧ 开发硬件和软件的详细设计 ✧ 开发系统集成方案和系统操作方案 ✧ 开发终端到终端的信息系统设计 ✧ 开发备件 ✧ 开发指挥和遥测清单 ✧ 准备发射场清单和行动计划 ✧ 准备行动和活动计划 ✧ 为F阶段使用，准备系统退役/处置计划，包括人力资本过渡 ✧ 最终确定适当水平的安全数据包 ✧ 制定初步行动手册 ✧ 执行和归档交流研究 ✧ 组装产品或为产品代码 ✧ 在组件或子系统级执行测试 ✧ 为预先计划产品改进识别机会 ✧ 将轨道碎片评估基线化	关键设计评审 生产准备工作评审 系统集成评审 安全评审

3.4.5　D阶段——系统组装、集成、测试和发射

D阶段的目的是进行组装、集成、测试和系统发射。这些活动侧重于为飞行评审做准备，包括在留有一定余地的预定环境中测试飞行系统。其他活动包括操作人员的初步培训以及后勤和备件方案的实施。对于飞行工程而言，活动重点转移到发射前集成和发射。D阶段活动、产品和相关控制门见表3-6。

表3-6　D阶段活动、产品和相关控制门

主要活动和产品		控制门
✧ 按照整合和验证计划集成和验证物料项目，得到验证过的元件和子系统 ✧ 针对工程计划监测工程进度 ✧ 细化核查和验证各级程序 ✧ 执行系统资格核查 ✧ 执行系统接受核查和验证（例如，终端到终端的测试，包括所有要素，即空间要素、地面系统和数据处理系统） ✧ 执行系统的环境测试 ✧ 评估和审批核查和验证结果 ✧ 解决核查和验证的不符合之处 ✧ 将核查和验证的文件进行存档 ✧ 把核查和验证报告作为基线 ✧ 将"已建成的"硬件和软件文档基线化	✧ 更新后勤保障计划 ✧ 将经验教训归档 ✧ 准备和制定运营商手册基线 ✧ 准备和制定维护手册基线 ✧ 批准和制作操作手册基线 ✧ 培训最初的系统经营者和维护者 ✧ 应急计划培训 ✧ 最后确定和实施备件方案 ✧ 确认遥测验证和地面数据处理 ✧ 确认系统，并为飞行准备支持要素 ✧ 通过与发射火箭集成和发射，执行插入轨道等，来实现系统部署 ✧ 执行初步业务核查和验证	各级试验准备评审 系统验收评审（针对载人飞行） 操作准备评审 飞行准备评审 系统功能和实际技术状态评审 安全评审

3.4.6　E 阶段——运营与维持

E 阶段的目的是安排任务满足最初确定的需要，并确保提供为满足这些需要所需的支持。这个阶段包括系统的改进，这里仅仅指系统改进，不涉及系统结构的较大变化。系统范围内的变化构成了新的需要，于是工程寿命周期重新开始。对于大型飞行工程，有可能是一个长时间的巡航、插入轨道、在轨组装和最初的调整行动。首要任务接近结束时，该工程可以申请任务延长，继续任务活动，或试图执行额外的任务。E 阶段活动、产品和相关控制门见表 3－7。

表 3－7　E 阶段活动、产品和相关控制门

主要活动和产品		控制门
✧ 安排运载火箭的性能评估 ✧ 安排在轨航天器校验 ✧ 授权和启动科学仪器 ✧ 安排预期的主要任务 ✧ 收集科学工程数据 ✧ 培训替换操作人员和维护人员 ✧ 为将来任务阶段培训飞行队伍（例如，行星着陆操作人员） ✧ 维护和批准操作和维修记录 ✧ 维护和更新系统	✧ 设法解决问题/进行故障报告 ✧ 处理和分析任务数据 ✧ 如有必要，申请任务扩展；如果授权，执行任务活动 ✧ 准备停用、拆卸、按计划退役（视任务延长而定） ✧ 完成飞行后评估报告 ✧ 完成最终的任务报告	发射后评估评审 关键事件准备评审 飞行后评估评审（针对载人飞行） 系统更新评审 安全评审

3.4.7　F 阶段——最终处理

F 阶段的主要活动为实施系统退役处理方案，并分析任何返回的数据和样品。当系统完成它的任务时，F 阶段完成系统的最终处理。什么时候最终处理依赖很多因素：对于一个短期内回到地球的飞行系统而言，最终处理依赖的因素也许很少；针对长期飞行工程，最终处理可以按照既定的方案进行，或者由于没有计划到的事情（例如失败）而开始。F 阶段活动、产品和相关控制门见表 3－8。

表 3－8　F 阶段活动、产品和相关控制门

主要活动和产品	控制门
✧ 处理系统和支持流程 ✧ 总结经验教训 ✧ 把最终任务报告作为基线 ✧ 存档数据 ✧ 如果合适，开始人力资源变革	退役评审

通过工程效能评价，加快实现项目全周期闭环管理，为卫星用户带来一站式的卫星资源应用新模式。针对卫星星座的批量化生产，需要对模块化、标准化的管理过程进行经验总结，提出工程管理程序和国际通用做法。鉴于卫星（星座）低成本、快速、灵活配置，着重开展工程效能评价与监理（第三方视角），包括明确建设星座试验验证、建设和运营维护等阶段星地系统任务目标分解、工程效能评价内容和程序、工程效能评价管理和责任分工、指标体系和评价方法等。

第2部分

全球航天工程项目管理实践

第 4 章　国际航天工程项目管理实践

4.1　国外航天工程项目管理发展

20 世纪 60 年代至 70 年代初，随着美国阿波罗工程的实施，NASA 提出了最初的系统工程理念和理论方法体系。阿波罗工程开始于 1961 年 5 月，至 1972 年 12 月第 6 次成功登月结束，历时约 11 年，耗资约 255 亿美元。在阿波罗工程顶峰时期，参加工程的有 2 万多家企业、200 多所大学和 80 多个科研机构，总人数超过 30 万人。为了保证这样一个复杂的、要求非常高的工程能够顺利、成功实施，NASA 将工程的组织和管理看作一项系统工程，提出了系统工程的概念和理论方法体系。可以说，阿波罗工程在技术、管理上的复杂性，以及工程成败对政治、经济、社会影响的深远性，决定了系统工程产生的必然性。

航天工程是高投入、高风险、高效益的高技术项目，很多项目是政府行为，因而，项目的实施往往以任务或合同的形式进行。但对航天工程项目的管理往往是政府机构（如 NASA）或一个组织机构［如欧空局（ESA）］提出一个带有指导性甚至从雇主要求出发提出带有强制性的工程项目管理要求，要求工业企业的总承包商、分承包商执行。事实上，以合同形式承担航天工程项目的各有关企业，其符合有关政府组织或机构的系统工程管理的技术、方法或标准，往往被上述组织或机构“吸收”，纳入其相应的管理要求或标准内。因此，本章重点深入研究、分析 NASA 和 ESA 关于航天工程的系统工程管理方法，不必研究相关宇航企业的航天工程项目管理要求及内容。

4.2　NASA 航天工程项目管理

美国航天管理体制分为三层：总统与国会为决策层，主管最高决策以及立法和预算审查；国防部与 NASA 分别为军工项目和民用项目的计划层；承包商（工业企业）、科研部门、大学等为实施层。可以说，美国航天工业是一个以国防部、NASA 进行宏观管理，以承包商、科研单位、大学为基础的公私结合的综合体系。对于如此庞大复杂、相互制约的体系，美国政府则采取集中决策、分散实施的方法，以合同管理为手段，对美国的航天企业进行管理。

4.2.1　NASA 组织结构及主要职能

NASA 是美国民用航天的总管单位，属于“独立政府机构”，负责计划并执行美国民用航天任务，其主要任务包括：进行研究工作，解决大气层内外的飞行问题；研制、建造、试验、使用航空器和航天器；进行载人与非载人空间探测活动；为和平目的进行空天活动，并最有效地使用美国科学技术和工程资源；对本局活动成果及资料进行最广泛、最适当的推广与交流，以提高社会科技水平等。

NASA是美国民用航天活动的具体组织、领导和实施机构，既是项目承担者，承担概念研究和关键项目研制；又是采购者，采购工业界生产的航天产品用于完成自身任务；同时，也是委托者，将各种研究、研制项目委托给工业界、其他政府部门、学术界和民间机构进行研究、设计、试制、试验与生产；此外，还是出售者，出售导弹、航天产品、技术，服务于国内外，谋取经济利益和军事、外交利益。NASA每年预算的80%以上以合同款或赠款形式转拨至航天工业界、科技界、学术界和有关部门，约有20万人从事研制工作。

4.2.2 NASA对航天工程的项目管理

1995年，NASA正式出版《NASA系统工程手册》（NASA Systems Engineering Handbook SP-6105，June 1995)，1995年版的《NASA系统工程手册》将“工程项目周期”修订为“工程项目寿命周期”，各个阶段“控制门”的评审有所调整，同时增加了第六章：系统工程与工程特殊性的融合。但就《NASA系统工程手册》总体结构内容叙述上，与1992年版几乎没有变化，连章节编号都与1992年版相同。时隔12年，NASA再次修订并出版了《NASA系统工程手册》（NASA Systems Engineering Handbook 2007-6105 Rev1）。由此可见NASA对系统工程管理方法的重视。十几年来，NASA一直致力于系统工程的不断研究与完善。2007年版的《NASA系统工程手册》丰富了系统工程寿命周期内的活动和产品，但是系统工程管理方法并没有发生变化。

在工程系统的工程项目寿命周期内，通常可以分为以下阶段：零阶段——概念研究，A阶段——概念与技术开发，B阶段——完成初步设计和技术，C阶段——最终的设计与制造，D阶段——系统组装、集成、测试和发射，E阶段——运营和维持（操作和维护系统)，F阶段——最终处理，共七个阶段。NASA工程项目寿命周期如图4-1所示，具体内容将在后续章节详述。

4.2.3 NASA航天工程质量管理

NASA航天工程项目管理，涉及技术状态、经费、进度等众多管理要素，但首先是质量管理。在NASA系统工程手册中，没有单独的章节描述工程的质量管理，实际上质量管理贯穿在其预先研究及其工程项目寿命周期的六个阶段中。本节根据有关资料，综述NASA有关航天工程项目的质量管理。

美国航天型号和产品研制工作由NASA和承包商共同负责。由于一个大型航天型号的研制生产往往要由几个甚至十几个机构共同完成，所以美国的大型航天项目产品生产过程中的质量管理一般呈矩阵型分级进行，主要有两条线：一条是生产过程的全面质量管理线，另一条是由各级管理机构参与形成的质量检查线。

4.2.3.1 工程系统研制过程中的质量管理方法

NASA对其负责的每个大型航天项目进行一系列严格评审，确保NASA管理部门及其承包商采用有效的方法、计划和设计。

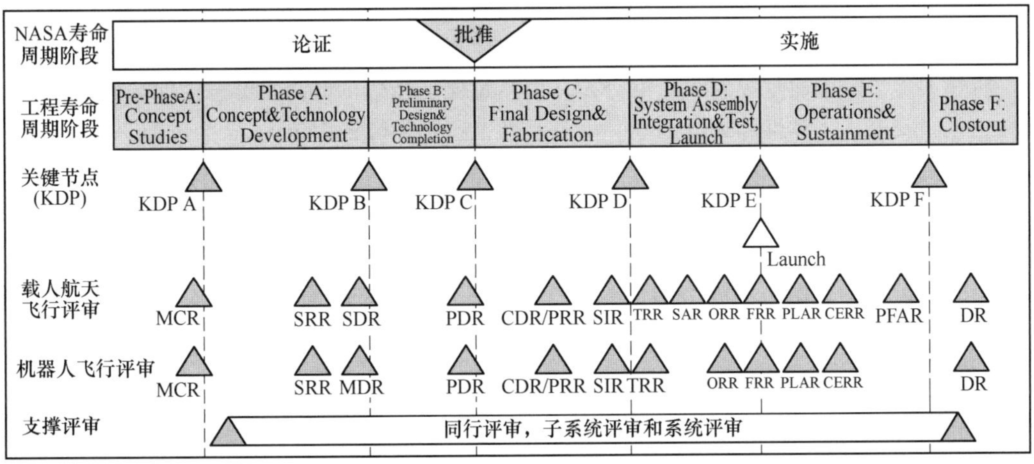

图 4-1　NASA 工程项目寿命周期

CDR（Critical Design Review)—关键设计评审；CERR（Critical Events Readiness Review）—关键事件准备评审；DR（Decommissioning Review)—退役评审；FRR（Flight Readiness Review)—飞行准备评审；MCR（Mission Concept Review)—任务概念评审；MDR（Mission Definition Review)—任务定义评审；ORR（Operational Readiness Review)—运行准备评审；PDR（Preliminary Design Review)—初步设计评审；PFAR（Post-Flight Assessment Review)—飞行后评估评审；PLAR（Post-Launch Assessment Review)—发射后评估评审；PRR（Production Readiness Review)—生产准备工作评审；SAR（System Acceptance Review)—系统验收评审；SDR（System Definition Review)—系统定义评审；SIR（System Integration Review)—系统集成评审；SRR（SystemRequirements Review)—系统需求评审；TRR（Test Readiness Review)—试验准备评审

评审有助于促进任务或工程项目参加人员之间更好的沟通，开辟交流渠道，向工程项目参加人员和管理部门提出问题，并寻找解决问题的途径。工程项目或任务行动中可能出现的大多数评审种类包括：生产准备评审（PRR）、初步设计评审（PDR）、关键设计评审（CDR）、试验准备评审（TRR）、系统正式鉴定评审（SFQR）、功能和物理技术状态审核（FCA）、系统验收评审（SAR）、安全性评审［包括概念设计安全性评审(CoDSR)、工程项目要求安全性评审（PRSR）、初步设计安全性评审（PDSR）、关键设计安全性评审（CDSR）、系统验收安全性评审（SASR）］。

4.2.3.2　工程系统生产过程中的质量管理方法

1. 设置专门的质量管理机构

美国大型航天项目质量管理一般呈矩阵型分级进行，因此其质量管理机构也分为临时性质量管理机构和永久性质量管理机构两种。前者随着型号研制的开始、矩阵式管理结构的建立而建立，在型号完成后即撤销；后者则是承包商管理机构中的一个固定组成部分。

NASA 的总安全和任务质量办公室，即为 NASA 负责安全、可靠、维护和质量保证的副局长的主要固定办事机构，通过对项目的开发与实施进行评估，以确定机构范围内的安全性、可靠性、可维护性和质量保障方针，并在此问题上作为行政长官及其他高层官员的主要建议者，确保项目活动过程的稳健性。

2. 健全的质量保证体系

军用和民用航天承包商承包美国政府的航天项目时，都被明确要求建立质量保证机构。各承包商执行 NASA 标准 NHB53004（1D－1）的相应条款。这一质量保证体系包括质量控制、质量工程、采购质量控制和污染分析，由质量保证经理负责。而可靠性保证体系包括材料和工艺、安全、可靠性和可维护性，由可靠性工程和保障经理负责。

3. 质量监督员制度

NASA 对航天项目承包商的质量监督管理，一般采用派遣质量监督员的做法。其主要职责如下：

1）代表 NASA 中心的安全与质量保证机构与承包商的质量经理联系，监督产品的质量是否符合合同要求。

2）为分承包商提供质量标准方面的技术指导。

3）与国防合同管理司令部（DCMA）的代表配合，共同提出安全性、可靠性、可维护性和质量保证方面的要求。

4）作为美国材料与试验协会（ASTM）代表，ASTM 标准被美国国防部和联邦政府各部门机构广泛采用。

5）监督不同报告系统对情况解释的不一致性。

6）在系统某一硬件重新测试前，评价其改善的程度。

7）参与 NASA 中心安全性、可靠性、可维护性和质量保证的调查、设计评价、被评价项目差异性分析和总体管理审计。

承包商的质量经理每周要通过 NASA 的质量监督员向 NASA 提供产品评价报告，内容包括进度、存在的问题，关于质量保证、可靠性、安全性、可维护性、材料和工艺等方面的情况。

4.3 ESA 航天工程项目管理

ESA 目前共有 22 个成员国：德国、奥地利、比利时、丹麦、西班牙、芬兰、法国、希腊、爱尔兰、意大利、卢森堡、挪威、荷兰、葡萄牙、英国、瑞典、瑞士、捷克、波兰、罗马尼亚、爱沙尼亚、匈牙利。法国是其主要成员国。目前，ESA 与欧盟没有直接关系，ESA 成员国中还包含非欧盟国家，如瑞士和挪威。

ESA 的目标是和平促进欧洲国家在空间研究、空间技术和应用方面的合作。ESA 的主要职能如下：

1）制定和实施长期的欧洲空间政策，对成员国空间目标提出建议。

2）在空间领域制定和实施活动及方案。

3）协调欧洲空间计划和国家方案，并尽可能完整地将后者整合到欧洲空间计划中，特别是关于应用卫星的发展。

4）制定和实施适当的产业政策，向各成员国提出连贯的工业政策。

4.3.1 ESA 与欧洲空间标准化合作组织（ECSS）

ESA 作为负责组织、管理、协调与统一各成员国航天产品研制、生产、发射活动的机构，为保证其航天产品的高质量、高可靠和低成本，制定了比较系统、全面的标准体系。ECSS、ESA 是其牵头单位。ECSS 标准化活动涉及项目管理、产品保证、工程三个部分和研制、生产、使用的全过程。

ESA 最初的标准体系是 ESA/PSS（程序、标准和规范的英文缩写）。由于 ECSS 的建立，ESA/PSS 标准体系转为 ECSS 标准体系。ECSS 标准体系建于 1996 年，在原 ESA/PSS 标准体系的基础上，结合法国航天局、德国宇航公司（DASA）等航天公司的标准形成。ECSS 标准体系分为项目管理、产品保证和工程三个部分，其标准体系结构图如图 4-2所示，它与欧洲各航天公司的管理现状相一致。项目管理包括项目工作分解结构、项目组织、项目阶段和计划、技术状态管理、信息和文件、成本和进度、综合后勤保障七个部分，空间项目管理分支体系结构图如图 4-3 所示。产品保证分为质量保证，可靠性，安全性，EEE 元器件，零件、材料和工艺，软件产品保证六个部分；工程部分分为系统、电子和电气、机械、软件、通信、控制、地面系统和运行七个部分。该标准体系是在 ECSS 创建之初就确定的方案，是在调研 ISO、NASA、ESA/PSS 及航天公司标准的现状基础上而确定的，具有一定的先进性和实用性。

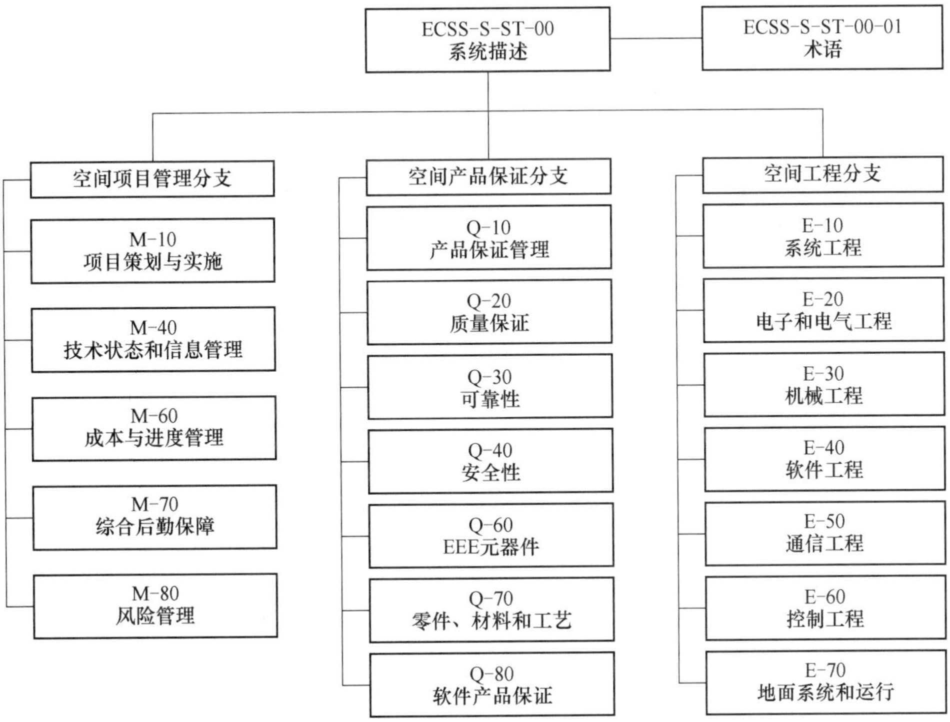

图 4-2　ECSS 标准体系结构图

4.3.2　ESA 航天工程项目系统工程管理

ESA 航天工程项目系统工程管理方法及技术在其编制的《欧空局计划项目管理手册》中得到体现。该手册由 ESA 管理标准指导小组（MSSG）编写而成，主要描述了 ESA 内部计划项目管理规程对工业合同的外部管理要求，它是 ESA 内部管理和工业承包商管理

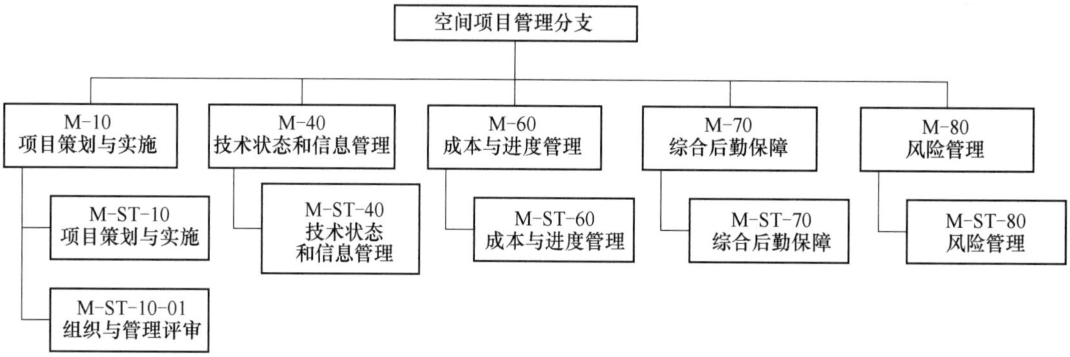

图 4-3　ECSS 空间项目管理分支体系结构图

的手册。为进一步规范对工业承包商的管理，ESA 还采用了 ECSS 的空间计划项目管理标准作为强制性要求。

《欧空局计划项目管理手册》对外部计划项目的管理主要包括以下几个核心部分：计划项目管理方法与技术、投标要求、合同执行要求、ECSS 空间计划项目管理标准，以及文件要求清单、文件要求说明和 PSS 价格表。它们的主要内容如下：

1）计划项目管理方法与技术。ESA 通常使用这些方法和技术对计划项目进行管理，以获得预期的结果。这些方法和技术详细描述了计划项目管理概念，并说明了 ESA 与承包商、承包商与分承包商之间对合同项目进行管理的规定方式。

2）投标要求。主要叙述了投标管理要求，投标人必须根据招标要求在他的投标书中的管理部分响应相应要求，以便真实评估报价质量。

3）合同执行要求。主要阐述了 ESA 在合同执行过程中各种计划项目管理职能对计划项目管理要求，以及各项要求的目的和有关可交付内容。

4）ECSS 空间计划项目管理标准。为了规范计划项目管理并作为强制性要求，ESA 采用了 ECSS 空间计划项目管理标准，并以表格化形式说明其关系，即在阐述了需执行的 ESA 相关要求之后，在每项要求后均有相对应的 ECSS 标准要求，作为其交付内容。

5）文件要求清单。它构成合同的一部分，并确定了可交付的文件，其中包括计划内容与报表。文件要求清单在本研究报告中以附件形式提供，它包括投标和合同执行的文件要求清单（DRL）样板。

6）文件要求说明。它明确了要交付的文件内容（报表、计划等）。它也作为本研究报告的附件一并提供。

7）PSS 价格表。它是在合同执行期间，提交财务建议和财务报表时使用，也作为本研究报告的附件一并提供。

上述这些内容及其关系将在本书第 5 章进行详细阐述。

4.3.3　ESA 对航天工程的质量管理

ESA 目前以“空间产品保证”所规定的质量管理体系作为对众多承包商进行质量管理的主要模式。所谓产品保证，就是为了使产品达到规定的质量要求，在产品的研制和生产全过程所进行的一系列有计划、有组织的技术和管理活动。

ECSS 的产品保证管理一般包括六个方面：产品保证，质量保证（QA），可靠性、维修性、安全性（RMS）保证，EEE 元器件保证，机械零件、材料和工艺（MMP）保证，软件产品保证。

1. 产品保证

对产品保证的各项工作项目进行计划、组织和管理，确保充分、有效地协调和实施各项产品保证活动，实现产品保证工作的目标要求。

产品保证的管理主要工作内容如下：

1）建立产品保证工作系统；

2）供应商管理；

3）关键项目管理；

4）技术评审；

5）报告产品保证活动；

6）重大故障的分析和处理；

7）产品保障的审核；

8）人员培训和认证。

ESA 产品保证管理部分的文档代号为“Q－10”和“Q－ST－10”。

2. 质量保证（QA）

QA 是 ESA 产品保证管理模式的核心内容。所谓 QA，是指编制质量保证大纲，策划质量保证活动，保证产品制造过程全面受控，减少变异。

QA 活动的目的是通过策划和实施相应的质量保证、质量控制措施和方法，保证产品在所有阶段的硬件、软件和相关文件的质量要求是明确的。力求这些质量结果在产品的研制和生产过程中得以实现，进而降低风险和成本。供应商通过 QA 活动让用户确信最终产品能满足规定的要求。

QA 的主要控制和规范对象有：设计过程（按照规定的标准、设计规范、设计准则进行），元器件、原材料和配套产品的采购和招标，制造、装配、总装及测试过程，检验、测量和试验过程，产品的标识、运输、储存、包装和防护、服务过程，不合格产品的处理和纠正措施，质量记录的保持和分析。

3. RMS 保证

RMS 保证是指制定和实施 RMS 大纲，贯彻“风险控制”的要求。从设计、管理和试验三方面进行 RMS 的管理。RMS 保证将形成“关键项目清单”和“危险源清单”，通过严格的评审和试验，改进和增长可靠性，使可能导致失败的潜在风险最小化。

RMS 保证的具体工作项目见表 4－1。

4. EEE 元器件保证

EEE 元器件保证是指对 EEE 元器件的选择、采购、监制、验收、筛选、保管、选用和失效分析的过程所进行的规范和监管活动。EEE 元器件保证包括制定元器件保证大纲，明确元器件选用的一般要求和详细要求、采购原则、技术标准、采购规范、采购评审、装机前检验测试和失效分析的程序报告等。

表 4-1 RMS 保证的具体工作项目

	工作项目	研制阶段					输出形式
		论证	方案	初样	试样	定型	
RMS 管理	建立并运行 RMS 工作系统	○	☆	☆	☆	☆	组织结构
	建立并运行 FRACAS	○	☆	☆	☆	☆	运行报告
	建立并运行故障审理委员会	○	☆	☆	☆	☆	运行报告
	制定和实施 RMS 保证大纲	○	☆	☆	☆	☆	大纲
	制定并执行 RMS 工作计划	○	☆	☆	☆	☆	工作计划
	RMS 培训	○	☆	☆	☆	☆	培训总结
	对分包商的监督和控制	○	△	☆	☆	☆	报告
RMS 设计分析	制定并贯彻 RMS 设计准则	○	☆	☆	☆	☆	符合性报告
	RMS 评审	○	☆	☆	☆	☆	评审报告
	论证可靠性指标	☆	☆	○	○	○	论证报告
	建立并修改可靠性模型	○	☆	☆	☆	△	建模报告
	可靠性、维修性指标分配	○	☆	☆	☆	☆	分配报告
	可靠性、维修性预计	○	☆	☆	☆	☆	预计报告
	公差分析	○	○	☆	☆	△	分析报告
	潜在电路分析	○	○	☆	☆	△	分析报告
	维修性分析	○	☆	☆	☆	☆	分析报告
	保障性分析	○	☆	☆	☆	☆	分析报告
	维修方案与综合保障准则	○	○	☆	☆	○	技术文件
	确定可靠性关键件、重要件	○	○	☆	☆	☆	分析报告
RMS 试验	环境应力筛选和环境试验	○	○	☆	☆	☆	试验报告
	可靠性研制试验	○	○	☆	☆	☆	试验报告
	可靠性增长试验	○	○	△	△	☆	试验报告
	可靠性鉴定试验	○	○	○	○	☆	试验报告
	维修性与测试性试验与评价	○	○	☆	☆	☆	试验报告
	保障性试验与评价	○	○	☆	☆	☆	试验报告

注：○——不需要，△——根据需要选用，☆——必须。

5. MMP 保证

MMP 保证是在“风险最小化”原则的前提下，向产品的设计和生产过程提供成熟、先进的技术和应用平台，控制新材料和新工艺的使用比例，要求所有零件、材料和工艺都必须经过试验验证。

6. 软件产品保证

软件产品保证将软件作为独立的产品进行工程化管理。软件生产商按照软件产品保障要求标准，规范地进行软件的开发，实行设计、编程、测试三分开，各阶段的输出成果均应形成文档并经评审和确认。此外，产品保证还要求第三方对软件产品进行测试和验证。

软件产品保证的主要内容包括：

1）项目的组织和责任；

2）软件产品保证的一般管理要求（质量要求、计划、控制、报告、报警、变异事件处理审核等）；

3）风险和关键事项管理；

4）供应商的选择和控制；

5）招标和采购程序；

6）支持工具和环境；

7）评估和升级程序。

4.4 美国 SpaceX 项目管理实践

太空探索技术公司（SpaceX）是一家由 PayPal 创始人及特斯拉 CEO 艾伦·马斯克于 2002 年建立的美国太空运输公司，SpaceX 开发出猎鹰系列运载火箭及龙系列飞船，用于运送荷载至地球轨道。SpaceX 推动技术突破，通过产业链垂直一体化自研掌握了火箭回收、一箭多星等关键技术，同时公司大量选择消费电子产业链制作火箭核心部件（如发动机、涡轮泵、电气设备和主板、飞行计算机和太阳能板等）代替宇航级设备，并优化火箭装配过程，从而不断刷低发射成本。同时，SpaceX 利用星链等项目作为试点，大幅提高火箭发射频度，通过规模效应进一步摊薄发射成本，由此带来了发射价格的不断下降。商业火箭价格的下降将带来一系列行业的颠覆，如通信、旅行、交通和深空探测等。

SpaceX 秉承硅谷企业简约、高效的运行模式，通过对内缩减管理层级、对外尽量减少产品外包的方式，在降低成本的同时，简化了决策制定和传递的流程，以此加快研制生产进度，提高效率。

SpaceX 采取扁平化的管理模式和垂直一体化的项目管理，在管理层级上只有三层。在项目管理实践中，公司内部按照项目组成若干个团队，由对应的副总裁直接领导。团队设一名领导工程师，管理具体事务，副总裁和领导工程师拥有非常大的管理权限，可以控制整个团队的情况。

项目团队根据工作需要组建，没有明确的界限划分，人员自由度和流动性较好，项目完成后可以投入其他团队。这种扁平化组织带来项目管理的很大创新，提高了团队合作效率，进一步降低了冗员成本。

第 5 章　国内航天工程项目管理实践

5.1　两总系统项目管理实践

20 世纪六七十年代，中国航天科技集团作为我国卫星研制的牵头抓总单位，研制的卫星基本为单一、小容量和低性能指标型号，主要目标是技术探索。中国空间技术研究院设立了计划、质量、物资、人事等职能部门，对航天器研制采取职能式管理。这段时期可以称为卫星工程管理的萌芽阶段。

自 1985 年以后到 20 世纪 90 年代，进入探索时期。随着卫星型号由试验型向应用型转变，系统工程的理论和应用研究工作在中国航天得到了广泛开展。1984 年，中国空间技术研究院型号队伍设立总指挥、总设计师两条指挥线，明确了总指挥作为航天器型号负责人。在消化吸收国外经验的基础上，发布了一系列以计划管理为核心的管理规范。

2002 年，在实践五号小卫星和神舟一号试验飞船试点成功后，中国航天在科研生产联合体全面推行了项目管理，实行了项目经理负责制。其中，中国空间技术研究院成立了载人航天器、返回卫星、通信卫星、遥感卫星等项目办公室；成立了项目管理部，对多个项目办和全院科研实施综合管理，项目管理的地位越来越强。

自 2004 年以后，中国航天各科研生产联合体进一步对项目管理组织体制、管理方式进行优化，自此进入项目管理成熟阶段。中国空间技术研究院实施了技术抓总和项目管理抓总，使技术和计划更为有机地结合，在总体部内实行一级管理，实现了项目管理链条缩短、效率提高和业务流程再造，对各项目开始进行评估和考核，逐渐摸索并实践完成了国家不同期间上百颗航天器任务的项目群管理、项目组合管理方式，数千人通过了各类项目管理资质认证，项目管理成熟度不断提高。中国空间技术研究院推行《宇航科研生产管理若干规定》及院长三、四、五号令和“二十二条”等规章制度，开展航天器关键产品“三再”工作和可靠性增长专项工作，使宇航产品质量和系统在轨运行能力显著提升。具体来说包括：院长一号令《关于编制型号技术流程和计划流程的规定》；院长二号令《关于推行表格化管理的实施办法》；院长三号令，即星（船）故障模式影响分析及其电子设备产品的抗力学环境设计、热设计、电磁兼容设计等可靠性管理；院长四号令强化型号过程质量控制，实现质量管理重心前移，规范型号关键项目、不可测试项目、关键件与重要件管理等；院长五号令，即推动产品保证建设；院长六号令，即中国空间技术研究院宇航型号软件研制工作规定，加强宇航型号软件研制。

近年，中国空间技术研究院坚持实施相关型号的管理机制、流程和制度，积极采用 AVPLAN、AVIDM 等工程信息化管理软件系统，以“宇航智造”工程为抓手，通过基于模型的数字化协同研制平台建设，从数字化设计与仿真验证、制造集成、数字化测试试验、信息化全寿命周期管理等方面推进工作，提升宇航产业生产整体效能。

中国运载火箭技术研究院作为中国最大的导弹武器和运载火箭研究、设计、试制、试验和生产基地，近年来调整科研生产管理模式，为构建项目管理体系提供组织保障，并做了以下调整：强化科研生产管理的整体策划能力、顶层设计能力和综合管理能力，对已立项的在研型号成立型号办公室，强化院长领导下的总指挥负责制；提高型号科研生产综合管理能力，逐步理顺型号管理与本部综合管理的关系，并逐步向项目管理模式过渡等。通过调整，使型号管理过程中的“职能”“事权”相对集中，信息流通与处理效率得到提高，初步达到了职能完备化、界面清晰化、管理流程化、结构扁平化、考核明确化的既定目标。

中国运载火箭技术研究院在科研生产模式调整中融合项目管理理念，颁布了《型号管理办法》，作为型号研制生产中开展各项活动的原则性、纲领性文件，为院项目管理体系的构建提供了指导依据。目前，中国运载火箭技术研究院已编制完成具有代表性的某型号全寿命周期 WBS 六万余条、某型号研制及应用发射 WBS 五万余条、某型号批生产 WBS 近万条，这些型号的 WBS 精细编制赋予了项目管理理论实质性内容。

1）基于全要素、模块化思考。中国运载火箭技术研究院建立了 30 余个标准模块，重新修订了型号项目 WBS 编制实施细则，并以此为基础全面启动了所有型号项目的 WBS 编制及修订维护工作。明确建设项目管理信息系统目标，为项目管理有效运行提供科学平台。

2）项目管理信息系统建设的稳步推进。中国运载火箭技术研究院在以项目管理信息系统建设为核心的项目管理构建过程中，以价值链为切入点，在设计、工艺、计划管理、综合管理等多个业务范畴对 178 个流程进行了工作接口再梳理与工作信息流再规范。其中，中国运载火箭技术研究院将计划管理流程作为核心内容，对其进行了信息化基础上的全面优化。

中国运载火箭技术研究院已初步建立基于项目管理环境，应用 AVIDM 系统的全院多项目、多单位、多层级的计划管理协同平台，实现了院、所（厂）两级计划编制、分解、汇总、审核、下发、执行、跟踪、反馈、控制、调整、考核的协同平台，以及统计查询功能。由于该系统能够动态地反映型号项目的进展情况，使中国运载火箭技术研究院的型号项目管理部门与各型号研制单位之间能够快速、及时、动态地进行项目计划监控和协调。

5.2　航天器型号项目管理

航天器系统复杂、受重视程度高、社会影响大，项目管理围绕组织战略目标和项目团队目标，以战略目标为牵引，以单项目、项目组、多项目综合为对象，以项目组织、项目管理支撑为保障，以航天特色文化和企业愿景为支撑。航天器型号项目管理包括管理组织、研制生产管理、计划管理、质量管理和成本管理等内容。

航天器型号任务管理由企业决策层抓总，实行分级负责的管理组织架构，一般实行企业职能管理与型号项目管理相结合的矩阵管理模式，坚持型号与产品并举，型号按照项目制管理、产品按照专业化管理实施。型号任务要落实项目责任人制度，企业主要领导一般是型号任务的首要责任人，对型号任务负总责，然后按照责任制的要求确定执行责任人，执行责任人负责直接实施型号研制任务。

型号总指挥是型号任务第一责任人，总设计师是型号技术的总负责人，产品负责人是本领域产品第一责任人，具体对产品实施全过程进行管理。企业总体设计部门负责体系论证、总体设计、技术抓总；分系统单位具体承担专业领域发展、分系统研制；单机研制单位负责产品发展、产品研制；车间负责型号集成和产品生产，提供满足需要的合格产品。

型号研制生产按照用户需求，结合型号自身特点，采用系统工程方法，系统策划型号研制方案，制定技术方案和计划流程，经决策层批准后严格执行，不得随意变更或裁剪，确需修改的必须履行审批手续。研制任务应开展项目管理策划，编制项目管理目标，分解项目具体内容，明确系统级、分系统级和单机级项目管理界面，围绕项目范围、进度、质量、风险、成本等管理要素，实行项目制管理。按照项目管理任务要求，一般按照方案阶段、初样阶段和正样阶段开展型号研制工作。方案阶段主要做好任务分析和通用质量特性分析，即可靠性、维修性、安全性、测试性、保障性和环境适应性分析。初样阶段做好设计正确、测试覆盖全面、试验验证充分、建立产品数据包，并完成型号工程的复核复算工作。正样阶段做好技术状态固化、工艺稳定、产品数据包完善、系统级测试验证充分、产品实现过程控制精细量化等。

根据型号特点和任务要求，企业决策层组织各单位编制型号任务全寿命周期计划、年度计划和专项计划。具体承担任务的各单位按照研制生产计划实施、考核与评价。

首先，商业航天企业应结合企业使命与产品特征，编制企业质量管理制度和标准规范，贯彻落实精细化质量管理要求，对研制单位质量管理体系运行情况进行监督、检查和考核。企业要加强内部审核和外部审核相结合，针对薄弱环节落实预防、纠正措施，对发生质量问题的单位组织专项审核，对体系运行中存在的问题和不合格项责令整改，确保质量管理体系运行持续有效。其次，企业应建立外协外包产品质量控制标准和外协外包质量评价及管理制度。严格按照“定位准确、机理清楚、问题复现、措施有效、举一反三”和“过程清楚、责任明确、措施落实、严肃处理、完善规章”的归零“双五条”要求，对产品质量问题进行技术和管理归零；对于管理原因造成的质量问题严格落实归零措施，明确责任；对主要因技术原因造成的质量问题开展技术原因分析。再次，企业研制单位也应加强质量文化的学习宣传，表扬先进事迹、先进个人，传承优秀质量文化，形成质量文化建设长效机制。

商业航天企业要实现型号经费的项目预算、分级核算、节点结算和完工决算制度，实行项目全周期预算和年度预算制度。经费预算与型号研制计划相协调。

商业航天案例：航天东方红型号研制流程管理

中国东方红卫星股份有限公司是专业从事小卫星及微小卫星研制、卫星地面应用系统集成、终端设备制造和卫星运营服务的航天高新技术企业。其已发展成为具有天地一体化设计、研制、集成和运营服务能力，专注于宇航制造和卫星应用两大主业的企业集团，形成了航天东方红、航天恒星、深圳东方红等一系列知名品牌。

通过对国内外宇航型号研制管理进行调研发现，影响整个周期的型号项目管理的属性既有系统级、分系统级、单机级等层级属性，又有全过程、阶段性、专项等过程属性。各类属性对于项目管理的重点、影响程度均不相同，且存在多项耦合交叉。经梳理归集，形成了“四个流程”的整体体系结构。

四个流程中技术流程是核心，技术流程要分层次、分阶段编制。产品保证和技术安全流程中各个工作项目的实施时机要与技术流程协调匹配，重要项目要纳入技术流程中；计划流程要覆盖技术、产品保证、技术安全工作，做到合理调配资源、精细安排计划、强化短线识别、梳理细化保障条件，确保工作项目全面。

按规范组织编制“四个流程”是型号项目办公室的职责。技术流程由设计师队伍负责编制，产品保证流程由产品保证队伍负责编制，技术安全流程由计划管理队伍组织相关专业人员负责编制，计划流程由计划管理队伍负责编制。同时，要求“四个流程”必须经过严格审批，重要流程需经过评审。

四个流程管理主要内容：技术流程作为“四个流程”的核心，综合考虑航天器研制的质量、进度和成本，以航天器研制程序为基础，满足任务需求。工作内容必须全面，梳理细化保障条件、注意事项等内容，确保无漏项，其增删及次序更改应纳入技术状态控制。在技术流程的管理要求中应充分考虑产品保证和技术安全要求。

产品保证流程是适用于高风险复杂产品的先进质量保证工作模式，产品保证管理以技术流程为依据，分阶段、分层次开展，同时应覆盖产品保证全要素，将型号本阶段任务特点和难点以及技术风险作为重点，以“主流程＋专项流程＋工作程序”的模式形成覆盖本阶段、本级产品保证工作项目的阶段产品保证流程，使得航天器产品设计、制造、测试及试验等全过程质量得到充分保证，指导型号产品保证工作顺利开展。

5.3　商业卫星货架式项目管理

随着我国空间事业的快速发展，通信、导航、遥感、载人等空间技术进入高速发展时期，宇航产品越来越明显地呈现出型号数量多、发射密度高的特点，并逐渐由研制应用向装备和业务服务转变，由单星运行向星座系统运行转变，由国内市场服务向国际国内市场服务转变。

在新形势下，航天企业走向市场化道路，实现产业化发展是提升核心能力、向国际一流宇航公司迈进的重要战略举措。中国空间技术研究院（本节以下简称研究院）在优化、整合专业技术资源的基础上，充分利用已有技术成果，生产了支持选用、可靠性高、适应性强、质量稳定、经济性好的货架式产品，同时建立了与生产技术水平相适应的生产管理模式，保证了生产过程中各项生产要素的协调。

1. 形势分析

随着国家和其他社会用户需求的不断增长，任务目标的持续升高，宇航业务系统复杂程度及难度的不断增大，以及国内外宇航市场竞争的日趋激烈，为保证企业长期可持续发展，研究院必须实施产品化发展战略，打造货架式产品，实现产业化转型升级。

(1) 市场竞争激烈

国际上，各国对宇航产业的投入迅速增长，欧美国家在宇航等战略性产业上不断扩张，研究院宇航产品的出口面临着更为激烈的竞争环境；在国内，随着宇航市场的逐步放开，一些高校、企业纷纷涌入，市场竞争态势已经形成，极大的市场需求及日益严峻的竞争形势更要求研究院按照产业化发展的思路打造货架式产品，提升核心竞争力，做大做强宇航产业市场。

（2）航天器研制生产任务繁重

随着军事航天装备、民用空间基础设施、国际商业卫星和临近空间飞行器等领域业务的全面展开，研究院航天器研制生产任务大幅增长。“十二五”期间，航天器发射数量比“十一五”期间增长一倍以上，达到百余颗。

2. 综合管理措施

面临严峻的形势和挑战，研究院强化了单机产品业务的生产管理体系与机制建设，建立了面向产品的管理机制，即转变物资配套模式，按卫星平台和单机产品开展物资提前采购和滚动储备；打造货架式产品，实施“采购-生产”管理模式，从而推动型号管理与产品管理的有机结合和协调发展，全面促进生产能力的提升。

（1）明确产品责任界面，面向产品实施计划管理

按照“‘两总’抓型号，厂所长抓产品”的工作思路，研究院对原有计划管理模式进行了调整和完善。自 2010 年起，在原有型号研制计划的基础上编制发布了《中国空间技术研究院单机生产计划》，对全院各单位的单机产品研制交付进行了综合策划，进一步明确了单机研制单位在产品交付方面的责任，并通过专题调度例会和网上发布系统进行调度和考核。

各单位根据单机生产计划按产品开展年度生产策划，实施组批生产。研究院各主要产品研制单位普遍建立了包含需求计划、生产计划及部门实施计划的三级生产计划管理机制，落实了责任，加强了生产计划的统筹协调与跟踪控制，同时超前开展了生产保障条件的清理分析工作，全面推行生产准备和开工审查制度，统筹安排生产计划，从而实现均衡生产。

（2）转变物资管理模式，面向产品实施物资配套

随着产品研制责任界面的明确及多星、组批生产任务的增多，研究院对物资配套管理模式进行了相应调整，逐步建立起面向产品研制的物资配套体系，推行按产品实施物资保障。各承制单位作为产品研制的责任主体也承担着物资配套的主体责任，要从产品角度统筹考虑质量、进度和成本等因素实施物资采购。同时，研究院成立了宇航物资保障事业部，负责按照各单位需求进行采购和实施质量保证工作。

研究院开展了航天 EEE 保证要求与元器件合格证“去型号化”工作，推动了物资配套模式由以型号为导向转变为以产品为导向。各单位根据产品需求量，实施物资的组批采购，为产品或模块的组批生产提供物资保障。2010 年，各单位根据研究院《型号物资储备指导意见》，进行了多颗卫星的物资储备。同时，根据型号引进元器件储备需求计划，对长周期、高风险引进元器件进行了协议储备，有效降低了物资采购风险，保证了物资的供应。

（3）打造货架式产品，建立“采购-生产”模式

为建立面向产品的生产管理模式，加速产业化转型，研究院在产品定型、生产线建设和精细化生产管理的基础上，选取成熟产品作为试点，开展了以“去型号化”为核心的货架式生产管理模式研究，探索打造货架式产品，推动型号对成熟产品的选用，逐步建立适合“采购-生产”的管理模式，实施产品的组批生产和集中采购，提升产品的生产效率与效益。

3. 货架式产品管理模式要点

研究院从 2009 年起以 10N 推力器组件、GPT－1407 贮箱等典型产品为试点，结合具体产品特点，开展了货架式产品管理模式研究，重点解决了产品技术状态控制、产品队伍组织、外协质量控制、元器件/原材料采购、文件系统管理、产品交付验收等突出、共性问题，显著提升了产品质量和交付能力。

（1）货架式产品的要求

国际上，货架式产品是指为特定的应用目的而研制的拟用于满足其他应用的现有产品。研究院的货架式产品是指按照用户的要求可实现现货提供或在一定生产周期内按客户订单要求可重复生产的成熟产品。

货架式产品一般应满足以下要求：

1）成熟度高。按照航天产品成熟度的要求，地面验证试验全面充分，经过两次以上实际飞行考核，并完成全寿命的考核，满足飞行应用要求的性能，与国内外同类产品进行对标，产品的主要性能指标至少应与先进水平相当，能够满足后续一段时间宇航任务的需求。

2）通用性强。产品性能覆盖用户需求，性能、接口具备一定的适应性，能在不改变硬件、接口等的情况下，通过补充必要的试验等满足大部分用户对产品的需求。

3）质量稳定。有固化完整的生产指导文件体系，并能用于产品生产、试验和检验等工作，包括工艺文件、产品保证数据包、试验细则等，产品质量稳定，一致性好。

4）产能满足需求。各种物资配套渠道畅通，有运行稳定的产品生产线，生产流程优化，过程控制严格，产品生产周期稳定可控，生产能力满足市场需求。

（2）货架式产品实现途径

为实现货架式产品的“去型号化”生产，推动生产模式由型号管理向产品管理的转变，研究院从产品生产管理、技术状态控制、批次管理等八个方面实施改进，摸索出了一套货架式生产管理模式，实现了全流程瓶颈分析和能力提升。

1）统一产品生产管理。货架式产品的生产重点是如何实现产品的重复稳定生产，因此，必须围绕产品实现过程组建专业化生产队伍，强化队伍专业化建设，实现开发与制造队伍分离。同时，在产品生产队伍中设置专职产品调度，对产品生产进行统一管理，改变过去由各型号调度分别负责各自产品生产的模式。

2）统一产品批次管理。在年度产品需求计划的指导下，根据生产线的生产能力合理组批。制定全年的生产批次，将型号任务转化为产品生产任务以及零件生产任务，从而实现产品的均衡化生产。由于各类产品特点和需求存在一定的差异，具体的生产组织模式也会进行相应调整，并不局限于整机产品组批投产。

例如，某航天压力容器生产单位将原有的型号管理模式转变为零部件货架式生产管理模式，淡化生产过程，尤其是零部件生产过程的型号归属。零件生产阶段按照零件特点，运用成组技术组织批量生产，设置货架式零件库；在产品装配阶段，以产品为对象，从货架式零件库领取合格的零部件进行组装，完成后入产品库，最后按需求计划出库。

3）统一产品技术状态控制。为确保货架式产品状态稳定，产品研制单位制定了专门的管理办法和规范，明确由专门的组织机构严格控制产品技术状态变更。货架式产品的技术状态变更需向技术状态管理机构提出更改申请，并邀请用户参与讨论，经管理机构批准后，以文件版本升级的形式完成更改。

4）统一物资采购方式。物资采购方式由型号采购模式转变为产品采购模式，统一元器件、原材料等级和规格，按照产品生产批次实施物资的组批采购，并建立有效的物资储备机制，做好超前、滚动、精细、及时的储备工作，加强物资策划与精细化管理，做好风险分析和应对措施。

5）统一外协关键点控制方法。针对部分产品因外协问题而影响质量的情况，研究院进一步强化了外协工作管理要求，加强产品设计、工艺、过程控制三类关键特性识别，并针对关键环节细化生产流程，量化检验和控制措施，形成有针对性的产品保证文件，确保外协产品保证要求和航天产品数据包管理要求准确、充分、逐级分解传递到外协单位。同时，强化外协产品关键检验点、强制检验点的现场检查，确保产品质量稳定受控。

6）统一产品测试方法和环境试验条件。产品研制单位要加强与卫星总体单位的沟通，分析产品在卫星上的工作环境，在满足产品规范和任务书要求的前提下，统一环境试验条件（鉴定级和验收级），加强产品的通用性和适应性，从而提升产品测试环节的效率。

例如，模拟太阳敏感器在各类卫星上应用广泛，但由于不同卫星对环境试验的要求不同，无法并行、组批开展环境试验，加之产品对环境试验设备要求高、占用周期长，导致生产效率低下。为解决上述问题，产品研制单位与总体单位通过协调统一了产品环境试验条件，大幅度提高了产品生产效率。

7）统一产品交付流程。货架式产品的验收交付流程可以分为两个部分——产品入库验收和交付用户验收。产品入库验收是产品生产完成后根据产品规范的要求对产品进行验收，合格后入库成为货架式产品；交付用户验收是根据用户订单的要求，从货架式产品中提取产品，交付用户验收。全部货架式产品的验收标准流程要一致，标准要统一，单机研制部门在完成相应的产品生产后不再直接参与复查工作，由专职部门负责与用户进行沟通。

8）统一产品文件管理。产品文件是产品生产过程控制的依据性文件，决定了产品的可重复生产性、生产过程受控程度、质量与可靠性量化和可控程度。因此，必须对文件在生产线上进行合理配置和严格管理，确保指导文件的正确性和唯一性。同时，应重点解决货架式产品文件的归档问题，做好与型号产品文件的映射关系。

例如，10N 推力器的生产将生产线文件体系分为生产指导性文件（静态文件）和生产过程类文件（随产品流动类文件）。生产指导性文件主要包括产品生产所使用的设计类文件、工艺类文件、产品保证类文件和管理类文件等，它们不随产品流转，状态相对固化，保存在各个工位指导相应的生产操作；生产过程类文件主要包括各类记录文件，它们随产品流动和交付，通过标识或编号等进行区别，与产品一一对应，保证产品信息的可追溯性。同时，要编制型号文件映射表，便于型号查询相关文件。

货架式产品生产管理工作虽然已经取得了一定成绩，但这只是一个开始，仍有很多问题尚未解决，如货架式产品的采购、定价、推广等，还需要在更广的范围进一步研究和实践，探寻解决途径，更好地发挥货架式产品的作用。

商业航天案例：天仪研究院标准化研制

天仪研究院是 2016 年成立的中国商业航天公司。公司专注于研制面向商业市场的航天系统与载荷，通过微小卫星为国内外的科学家、科研院所、企业和个人提供短周期、低成本、一站式的空间科学实验和技术验证服务。天仪研究院拥有多颗在轨遥感小卫星，并获取了大量遥感应用成果，其中包括海事应用服务、极地遥感服务等，提供从需求分析及论证—总体方案设计—分系统详细方案设计—部组件测试—桌面联试到卫星装配测试及相关的环境试验等一站式服务。

当前天仪研究院在全球 126 个国家/地区中，共有超过 150 件申请专利，为中国科学院、中国航天科技集团有限公司、清华大学等十几家科研院所、大学和商业企业提供短周期、低成本、一站式的微小卫星整体解决方案。

标准管理：2018 年，实现了 10 颗小卫星的小批量生产。同时，在航天质量和商业效率的平衡方面走出了自己的路。航天产品在强调质量的同时往往意味着高成本，所以在质量和效率之间，通过标准化、模块化的设计，以及大量的在轨测试，在有效控制质量的前提下，确实把效率提升上来了，将卫星总装时间由 30 天压缩到了 3 天。

整体管理：除了平台功能模块化之外，还将卫星、适配器，甚至离轨帆进行一体化设计，使整个卫星的制造过程更加灵活、高度集成，同时降低成本。

快速迭代：在遥感领域，利用多颗遥感卫星进行各种在轨试验，实现持续数据的积累。

5.4　经验小结

项目管理是在市场经济竞争中产生的一种行之有效的管理模式，不仅过去和现在是航天大型工程的主要管理方法，也是未来航天重要工程管理的发展趋势，对提高我国航天事业的整体管理水平有着重大意义。未来的发展趋势是将项目管理进一步应用到供应链上下游的关联企业，形成宇航公司特有的以项目管理知识体系为核心的供应链管理体系，实现宇航公司供应链体系的动态战略联盟。

综上所述，可以借鉴的国内外经验包括：

一是制定项目管理手册和规范。项目管理体系的规范化、标准化在国外宇航公司中受到广泛重视，它们通常都制定有相应的项目管理手册和规范，作为项目管理实施的标准，以及在企业中推广项目管理理念的工具。

二是重视项目管理信息化。通过与信息化的结合，不但可提高项目管理的效率，还大大提高了整个企业的生产和管理效率。信息化手段是项目管理的助推器。现代项目管理应用已经离不开信息化技术和手段的支撑。国外宇航公司项目取得巨大成功的主要原因之一就是与信息化的有机结合。国外宇航公司项目管理与信息化结合最早可以追溯到 20 多年前，如波音公司采用 Welcom 公司的项目管理信息系统，洛克希德·马丁公司采用 Artemis 的项目管理信息系统。

三是注重合格供方的质量控制要求。供应商必须按照规范进行管理和控制。各主要系统集成宇航公司在对一级供应商的质量保障文件中，一般都加入了项目管理的要求，如波音公司，在对供应商项目管理要求方面制定了“项目管理要求”规范，供应商必须按照规范进行管理和控制。“项目管理要求”是公开的，在波音公司的网站上可以下载，从而现有的供应商和潜在的供应商都知道波音公司对项目的期望。

四是总结项目管理过程中的经验。通过项目历史数据分析，不断积累经验。国外宇航公司在项目管理收尾阶段，都有一系列的讨论和学习会议，总结项目管理过程中的经验：一方面是对项目管理过程中方法的提炼；另一方面是管理水平的提升。比如，国外宇航公司重视项目历史数据分析，不断积累项目成功经验与失败教训；逐渐建立系统的数据保存机制，为以后的项目提供可靠的历史资料。

五是注重项目管理成熟度模型的应用。国外宇航企业积极引入项目管理成熟度模型。在项目管理成熟度的每一层级上，需要不断地转化和提升，力求逐步达到项目管理成熟或卓越的水平，因此每一层级都有自身的一些特征和转化升级的标准。一般来说，项目管理成熟度按照从低到高分为初始级、规范级、组织化管理、集成级、持续改进级五个层次。

1）初始级（就事论事）。项目的执行因人而异。公司项目管理规范未能覆盖基本的关键过程要求，且执行没有政策、资源等保证。

2）规范级（程序规范）。焦点集中在项目管理过程规范上，项目是一个按计划执行且阶段可控的开发过程。

3）组织化管理。制定组织范围的项目化标准，无论是管理还是项目开发，都需要根据这个标准过程，或经批准地剪裁出与项目适宜的过程，并有效执行。

4）集成级（整体化管理）。项目各要素的执行过程在统一的平台下，并有相应的度量方式，所有产品有明确的度量指标。这些度量可用于理解和控制项目过程和产品。

5）持续改进级。可根据过程执行的反馈信息来改善下一步的执行过程，优化执行步骤。组织可根据实际的项目性质和技术等因素，不断地调整项目管理过程，以求达到项目管理实施的最佳效果。

项目管理成熟度等级的典型特征归纳见表 5-1。

表 5-1 项目管理成熟度等级的典型特征归纳

等级	名称	描述	典型特征	标志性文档
1	初始级	混乱的，因人而异的个性化管理	无统一的管理模式和方法	无统一的标志性文档
2	规范级	有组织、有意识的管理	全面的管理策划 全面的计划管理 全寿命周期的动态策划 任务明确、落实责任、措施有保障	项目管理计划
3	组织化管理	全面的规范化管理	强调体系的完整性 职责定义规范化 管理过程规范化 方法与工具规范化 文档规范化	项目管理手册

（续）

等级	名称	描述	典型特征	标志性文档
4	集成级	精细化管理，可量化、可追溯、可预算、可控制	决策有依据、经验有积累 应变有预案、检查有标准 控制有措施 有项目管理信息系统支持	项目管理知识库
5	持续改进级	动态优化的管理	项目管理改进工作制度化 关注动态的项目管理评估 关注项目独特性、原则性管理要求与最佳实践相结合，提倡创新	项目管理指南

第3部分

商业航天研制项目管理

第6章　商业航天研制项目管理

卫星研制是商业航天产业链的关键环节之一，而且是企业集聚数量较多、创造价值很高的航天活动。它是一项巨大的复杂系统工程，研制周期较长、收益大、投入多、风险大，需要利用系统工程的思想、项目管理的方法对卫星研制进行管理。一些新理论和新方法的出现为系统工程在卫星研制管理中的应用提供了新思路。基于航天系统的规模庞大、技术复杂、质量可靠性要求高、投资大、研制周期长的特点，本书从项目管理的合同管理、整体管理、范围管理、进度管理、沟通管理、分包商管理、产品保证管理、风险管理、综合管理等九大要素出发，阐述了卫星研制项目管理的基本思路与实践要求。

6.1　项目管理要素

按照项目管理的一般理论，项目管理要素包括合同管理、整体管理、范围管理、进度管理、分包商管理、产品保证管理、风险管理、沟通管理、综合保障，见表6-1。

合同管理包括合同签订管理、合同履行管理、合同变更管理以及合同档案管理。作为一个重要的管理过程，合同管理有自己的依据、工具和技术，以及交付物。

整体管理包括项目整体策划、明确项目目标要求、项目组织（人力资源）管理，并进行系统性总结。

范围管理包括编制项目全周期的WBS、项目阶段工作分解、年度工作分解，运用WBS等工具进行任务/合同分解。

进度管理包括项目计划的制定与执行、项目里程碑节点控制、偏差分析与处理。

分包商管理包括分包商选择、分包商合同管理、分包商产品成本管理、分包商技术状态管理等。

产品保证管理包括专项审核与技术评审、关键点与关键项目管理、重大故障处理、产品保证活动报告、文档管理、验收管理等。

风险管理包括建立风险管理计划并执行，风险专题策划，风险识别与控制评估，风险项目清单管理。

沟通管理包括客户管理、信息管理、会议管理、简报管理、客户满意度评价等，所有这些管理过程必须有效执行而且所涉及信息须以一种可追溯的方式记录、检索，包括项目周报、季报等，以及会议组织与安排。

综合保障包括AIT、KHTT、客户培训、产品运输、保密支持、项目宣传、发射场活动等。

传统航天工程的大系统是一个由不同功能而又相互联系、相互制约的多个系统组成的庞大而复杂的系统。与传统航天工程不同，商业航天寻求满足市场需求的低成本、高效率、高回报的经济活动。商业航天系统工程方法紧密围绕商业用户需求，以项目为管理对象，在项目管理与技术研发过程中优化流程并权衡成本代价、时间代价、系统性能等要素。商业航天对卫星（星座）系统的服务质量要求更高，但允许单星失败，星座的冗余会带来单星可靠性要求的降低，从而带来星座成本的下降。商业航天企业利用科学的项目管理方法开展商业航天活动，并降低成本、提升效率，这是一个非常重要的问题。

表 6-1 项目管理要素及其内容分解

序号	要素	内容
1	合同管理	合同谈判、签署、生效、履约、变更、收汇结汇等
2	整体管理	项目策划、项目组织（人力资源）管理、系统工程（含大总体协调）、明确目标要求等
3	范围管理	WBS、项目阶段工作分解、年度工作分解
4	进度管理	项目计划的制定与执行、里程碑节点控制、影响进度的关键事件监管
5	分包商管理	相当于采购管理，包括分包商选择、技术状态管理等
6	产品保证管理	专项审核与技术评审、关键点与关键项目管理、重大故障处理、产品保证活动报告、文档管理、验收管理
7	风险管理	建立风险管理计划并执行，风险专题策划，风险识别与控制评估，风险项目清单管理
8	沟通管理	客户沟通、信息管理、会议管理、简报管理、客户满意度评价等
9	综合保障	KHTT、客户培训、产品运输、保密支持、项目宣传、发射场活动、客户活动安排等

6.2 合同管理

1. 合同管理的内涵及特点

合同管理是当事人双方或数方确定各自权利和义务关系的协议。依法成立的合同具有法律约束力。宇航贸易类合同具有涉外合同的特征。我国《合同法》提到，合同以是否有涉外因素，分为国内合同和涉外合同两类。所谓涉外合同，是指具有涉外因素的合同，即合同的当事人、合同的客体或者产生、变更、终止合同关系的法律事实中任何一个具有涉外因素的合同。

合同管理全过程就是由洽谈、草拟、签订、生效开始，直至合同失效为止。不仅要重视签订前的管理，更要重视签订后的管理，具有系统性、动态性的特点。系统性就是凡涉及合同条款内容的各部门都要一起来管理。动态性就是注重履约全过程的情况变化，特别要掌握对合同方不利的变化，及时对合同进行修改、变更、补充或中止和终止。

在项目管理中，合同管理是较新的管理职能。最早人们重视研究合同事务管理，后来开始从项目管理的角度研究合同管理问题。近年来，合同管理已经成为系统工程和项目管理的一个重要分支领域和研究热点。

2. 合同管理的操作要求与方法

合同管理遵循预控风险和提高效率并重、合同审查和合同管理合一的原则，对合同的起草、审查、预立、履行、变更、解除及纠纷处理等各个环节进行严格管理。合同管理内容包括合同签订和履行过程中的必要配套文件，如构成邀约的招投标文件、保函、意向书、佣金协议等。

合同的日常管理包括合同台账管理、合同编号管理、合同文档管理、合同授权委托书管理、合同用印管理、合同保密管理等。

合同的流程管理包括合同起草、合同审查、合同签署、合同履行、合同纠纷处理等。

合同洽谈、合同签约、合同执行过程中需要注意的因素包括：

1）资信条件，包括对合同当事人的资质、资格和信用情况进行审查，建立相应的客户资信档案。

2）约束条件。商业航天合同内容应包括频率协调、空间物体登记、保险等前置条件，在签订合同前应完成工程项目的可行性研究报告。

3）专业性条件，包括涉及宇航产品与服务的性能指标、技术能力、质量保证、标准体系、配套设施、达成效果等因素。

4）项目管理因素，包括进度要求、交付条件、价格因素、保密要求、知识产权、HSSE 要求等。

5）合同内容应初步确定总承方、分承方、付款方式以及合同金额。合同价格影响因素包括航天器性能参数、研制周期、交付物、数据共享、预期应用效果以及商业收益等。

3. 经验借鉴

在一般情况下，通信卫星系统合同包括以下四部分内容：

第一部分　合同形式

第二部分　合同通用条件

1. 一般条款

包括：定义、合同-非代理商或合作伙伴、合同中止、完整协议、副本、履行期限等。

2. 工作范围

包括：基线结构范围、选择权等。

3. 合同时间进度

包括：合同的确立、合同生效日（EDC)、工作开始、合同的完成周期、合同的完成等。

4. 保密

包括：保密、私有信息、信息发布、知识产权等。

5. 法律问题

包括：许可证、清算、执照和遵循的法律，物权与损失风险，文件的物权，合同与项目文件的语言，合同应依据的法律，通知，弃权，所有权或控制权的转让或变更，继承者和受让人，非强制性项目，不可雇佣规定，仲裁等。

6. 用户方职责

包括：用户方责任、服务和设施、境内外货物运输的安全护卫、付款责任、业绩奖励等。

7. 承包商的职责

包括：关键人员、承包商的承诺，CMFM 的组装、集成和测试，相互矛盾的任务，知识产权赔偿，损失和赔偿的责任，保险，分包和检查，合同保证金和预付银行保证金，陈述和保证，报告职责，交付职责，工程监造，数据与文件的使用权，行业补偿条款等。

8. 检验和最终验收——交付条款

包括：卫星交付项目、非卫星交付项目等。

9. 合同修改

10. 合同暂停

11. 合同停止

12. 合同终止

包括：方便终止、因承包商过失导致的合同终止、因双方违约而终止合同、因不可抗力事件而终止合同。

13. 不可抗力（可原谅之延期）

14. 交付进度

15. 规定的违约赔偿金（不可原谅之延期）

16. 延长完工期

17. 财务效应

包括：合同货币、合同总价、付款与开票程序、暂停支付、抵消权、逾期付款等。

18. 其他事项

19. 通知和报告

第三部分　合同专用条款

第四部分　附录清单

6.3　整体管理

1. 整体管理的内涵及特点

项目整体管理，即项目整体策划工作，是完成项目签单/签约后很重要的一项工作。这是在管理领域新兴的管理方法，并应用在项目管理方面的一种管理方法和体系。其可避免具体工作管理的片面性，平衡项目范围、质量、时间、费用、沟通、风险、人力资源管理等不同目标之间的冲突。

项目整体策划工作是以达成总体目标为先决条件，以完成项目整体目标为根本目标，针对项目管理全过程进行全面管理和控制的综合性、协调性的管理过程。项目整体管理要求充分考虑项目的内、外部影响因素，包括项目组织的上级主管部门、项目的相关利益者以及有关政府主管部门对项目提出的要求，并以协调和统一项目内各方面专项管理为主要内容。

项目整体策划工作，初步确定商业航天工程项目的技术路线、产品路线和融资计划等安排。这是在商业航天企业的愿景使命下进行的关于项目实施的系统性策划。

2. 整体管理的方法与经验

在项目启动阶段，项目启动会议要形成书面的文件纪要或由其产生的项目章程，这是正式下发的项目管理文件，包括对项目所产生的产品或服务特征，以及所要满足的商业的简单描述，也包括管理层给项目经理的任命，授权给项目经理调用各种资源。在合同环境下，所签的合同常被作为总承包方的项目合法性纲要文件。

第一步，编制项目范围说明书。

项目范围说明书确定了需要完成的项目事项，包括项目目标、项目工作内容和项目可交付成果等。对于项目可交付成果，这是总承包商开始实施项目后最关注的方面，所以在制定范围说明书可交付成果上一定要细之再细，并且对相关功能予以说明和对相关交付物注明质量要求等。

第二步，制定项目管理计划。

在项目计划阶段，项目计划通过使用其他专项计划过程所生成的结果，用来协调所有项目文档的工具手段，用于指导项目执行和管理的整体性、综合性和全局性。项目计划可以帮助项目经理领导项目组并评估项目状态。

项目计划包括：项目的目标、项目的任务和工作范围、项目的进度安排和质量要求、项目的成本预算成本要求、项目的风险控制和变动控制要求与措施、项目的各种应急计划等。

项目计划中最主要的是大量地收集有关项目的信息和数据。只有对准确、实用的信息源进行分析才能做好下一步工作。在做项目计划的时候，邀请与项目相关的人员参与，以提高项目计划的实用性。

第三步，指导和管理项目执行。

在项目执行阶段，项目计划的实施过程是项目组完成整个项目计划任务的过程。项目的各项任务需要在这一过程完成，各种目标需要在这一过程中实现，各项专项计划要在这一过程中落实，大量的资源都将在这一过程中被消耗和占用，项目可交付成果也将在这一过程中形成。

项目计划实施过程是项目组在实际工作中最不容易控制的过程，一切的问题也都会在这一过程表现出来。能否按照计划在实施中完成工作，直接反映着计划中的有效程度和项目组成员执行项目中的控制能力。

第四步，监督和控制项目。

在项目控制阶段，要对项目实施过程进行监控，对照项目管理计划来评价项目绩效，并且采取纠正或预防措施来评价项目效果。

第五步，整体变更控制。

在项目控制阶段，整体变更控制要确保产生变更的因素是有益的，并且拿出更新的项目计划和项目变动的行动方案，还要吸取教训进行讨论，找出变更的原因，整理成项目实施过程的历史资料，供后续项目参考和借鉴。

第六步，项目收尾。

在项目收尾阶段，整体管理完成了所有的项目活动，正式结束项目或项目阶段，移交已经完成的项目或取消项目。对于项目行政收尾，要整理项目文件，评估项目完成的情况和质量，总结项目活动中的收获及经验教训，并且妥善安排项目组成员。对于项目合同收尾，要结清所有合同内容，或合理处理合同条款的验收条件。

整体管理框架图如图 6 - 1 所示。

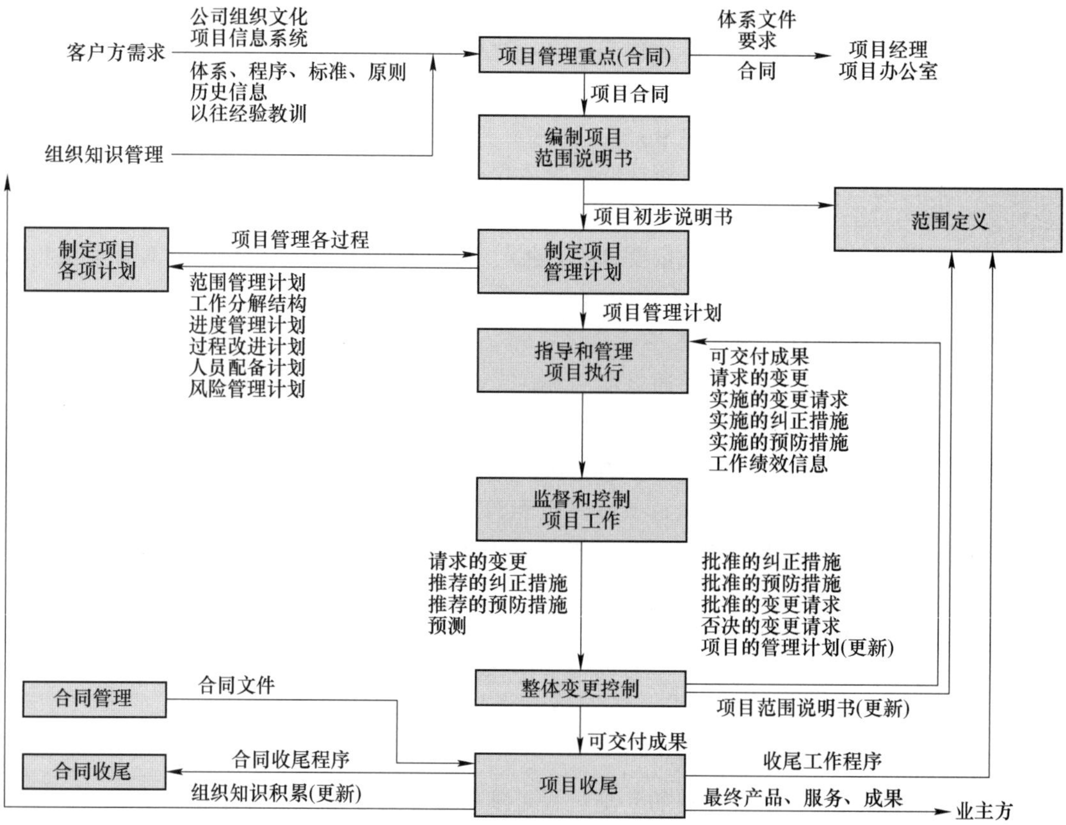

图 6 - 1　整体管理框架图

在整体管理阶段，最重要的事情就是做好项目策划。项目策划是项目管理纲领性文件。确保工程项目的实施符合质量、环境和职业健康安全管理体系的要求，使项目成本得以有效控制。

3. 经验借鉴

按照与商务合同节点的要求，某卫星 AIT（集成-总装-测试）项目的设计工作分为初步设计阶段、详细设计阶段、设备调试测试阶段、国内初步验收阶段和最后现场验收交付阶段。卫星设计中心和总装测试试验中心建设项目，同时为其技术人员提供设计和总装测试试验技术培训，使客户方初步具备研制生产小型卫星的技术。该项目主要包括建设两个中心，内容有土建设计并配合相关施工工作、工艺设备设计、工艺设备研制和购置、技术人员培训以及相关后续服务工作。

（1）整体管理流程

项目整体目标：按时保质完成 AIT 项目设计中心、总装测试中心相关工作，为客户提供优质产品和服务；按时保质完成 AIT 项目交付软硬件产品调试、测试工作；按时保质完成学员的培训工作；确保 AIT 项目按时交付，满足客户需求。

项目简介：按照与商务合同节点的要求，AIT 项目的设计工作分为初步设计阶段、详细设计阶段、设备采购集成阶段、设备调试测试阶段、国内初步验收阶段和最后现场验收交付阶段。

项目办公室专栏

项目办公室简称为项目办，代表项目承接方行使具体项目的研制组织管理职能。项目办在商业航天企业中的角色定位应该是，在企业战略指导下，对业务单元、资源和项目进行综合协调的机构。它是企业内部管理组织，可以计划和评价一个项目和项目群，并从本质上加强对项目和项目群的控制和管理，帮助统筹企业内部的意见并且与所涉及的每个业务单元的领导取得沟通，以期对项目取得更好的执行效果。项目办岗位设置根据项目特点、项目技术与产品成熟度、项目风险大小等而有所不同。一般情况下，项目办包括项目经理、项目技术经理、产品保证经理、计划经理等岗位。项目办主要由以下两类群体组成：项目管理专家，即由一群有项目管理经验的人组成，可以提供培训并为正在进行项目实施活动的人提供指导；项目分析专家，即收集、编辑文件资料并向高级管理者报告项目的进度情况。一般来说，公司级/组织级项目办的主要职责包括：

1. 负责代表组织对项目实施全过程、全要素的管理。

2. 负责与工程各系统开展有关的技术、计划接口协调，与客户进行沟通协调，与项目承研单位进行协调。

3. 负责组织项目总体和分系统方案设计，编制相关规范要求，负责项目各分系统技术接口协调和技术状态管理，对分系统间接口的正确性、协调性负责。

4. 负责编制、下达项目工作分解包，编制项目进度计划、研制技术流程，并对项目各阶段研制生产进行组织、协调、监督和检查等管理工作，负责航天器总装、测试、试验、飞行任务的组织实施。

5. 负责项目物资配置相关信息统计，对项目资源配置风险进行识别并评估，并制定相应的对策。

6. 负责组织对各项项目制度和规范标准的督促落实。

双方签署的合同文件包括：商务合同，主要包括合同款额、合同付款节点、付款方式、违约赔偿、双方责任等；工作说明书（Statement of Work，SOW），主要包括项目主要工作内容、初步技术流程和初步计划流程以及项目主要里程碑，同时叙述合同方的管理机制、组织机制等；技术规范文件，描述交付产品清单，以及各个交付产品的技术指标；人员往来计划，描述在合同实施过程中双方管理、技术人员往来两国的工作计划；产品交付计划，描述合同中设计交付设备的基本情况；土建设计计划，描述给客户进行土建设计的工作方式、土建设计的主要工作；培训计划，描述在项目实施过程中需要给客户工程师进行培训的主要内容、实施初步计划等。

AIT 项目组成与分工情况如下：设计中心主要包括系统设计仿真分系统、电源分系统、姿态轨道控制分系统、推进分系统、测控分系统、数管分系统、结构与机构分系统、热控分系统、信息中心；AIT 中心主要包括总装大厅，EMC 实验室，噪声、振动、质心测试，电性能测试，热真空、检漏、管路焊接；土建设计主要包括建筑图样设计。

工作重点如下：

1）设计中心与 AIT 中心的设计。依据合同附件开展的详细设计，各分系统需要对附件要求进行细化、完善，评审通过后的方案确定了项目状态及配置，作为今后工作的依据。

2）设备采购、验收。AIT 项目需要采购、研制的设备较多，设备的齐套直接影响后续系统调试与人员培训工作。

3）设备调试测试与系统集成。由于设备调试测试周期长、不确定因素多，是本项目主线上的关键环节。

4）交付验收。按时完成现场安装、调试工作，提前做好现场验收测试准备，提前准备好验收设备、文件配套表，确保按计划完成最终验收交付。

（2）范围管理计划

AIT 项目范围管理计划确定总体部工作范围，明确 WBS。

某总体部负责本项目的系统设计仿真分系统、电源分系统、姿态与轨道控制分系统、推进分系统、测控分系统、数管分系统、结构与机构分系统、热控分系统、信息中心、EMC 实验室、电性能测试等 11 个分系统的设计、配置及相关专业知识的培训。

对有关单位的范围管理要求：具体承担 AIT 项目研制任务的总体部各室，应根据各自分工进行本部门本项目的范围策划，编制本部门项目研制工作的 WBS，将所负责的工作分解成具体的交付物。

（3）团队管理计划

确定项目团队主要成员和主要项目干系人。

开展项目团队人力资源需求和冲突分析。

（4）进度管理计划

进度目标，按计划完成合同附件所列节点：

1）保证××时间完成设计中心 DC 初步验收。

2）保证××时间完成设计中心 DC 最终现场交付验收。

3）保证××时间完成 AIT 中心初步验收。

4）保证××时间完成 AIT 中心最终现场交付验收。

（5）质量管理计划

质量目标：技术方案合理可行、选型选厂调研充分、合同条款全面具体、技术指标准确、各方职责明确；设备性能指标符合技术要求，无人为质量、安全事故，档案资料系统完整。

质量保证措施包括：

1）评审，评审程序严格按照相关文件评审管理规定执行。

2）验收，按合同、技术要求及验收大纲组织验收组测试验收。

3）过程质量控制，组织有关人员对承制单位的重要试验、测试以及关键检验点进行跟产，对研制过程的技术状态控制等。

（6）资源管理计划

关于人员需求，包括设计人员、专家队伍等。

（7）风险管理计划

风险管理计划包括 AIT 项目风险管理目标、AIT 项目风险管理流程、AIT 项目风险管理组织、AIT 项目风险汇总分析等。

（8）信息、沟通和文件管理计划

根据部对信息报告的有关要求，结合 AIT 项目管理工作实际，制定沟通管理计划。

6.4　范围管理

1. 范围管理的内涵及特点

在项目管理中，范围管理包括项目 WBS（Work Breakdown Structure）、项目阶段管理、年度工作分解等，在航天项目管理中常用到工作说明书（SOW）和 WBS。

其中，SOW 是基于要执行的为交付最终产品所做的工作而建立的，是一个用清楚、可理解的术语来描述要完成什么项目工作、要交付什么产品以及要提供什么样的服务的文档。

WBS 还可以作为编制合同工作说明书（SOW）的基础，帮助业主与承包方进行沟通。在一般情况下，项目 WBS 包括编码、工作包描述（内容）、成本预算、时间安排、质量标准或要求、责任部门或外协单位、资源配置情况、其他属性等。

每一个项目 WBS 的排列以及具体的工作包都不一样，这取决于以下几个因素：项目的规模和复杂程度、项目所在的组织结构、项目所处的阶段、项目经理对分包给分包商的工作的判断、项目所涉及的不确定性和风险的程度、用于计划的时间。

WBS 必须是一个最终产品或面向可交付成果，WBS 更适宜由那些用形容词修饰的名词来描述元素组成；更倾向于遵循集中于输出产品的原则，这些输出产品通常用修饰后的名词描述；活动是在 WBS 结构中最底层以下的作业层执行的。项目经理能够合理地保证对所有为了成功完成项目所必需的工作已经做出规划和进度安排。

在每一层中都要问到的下列问题：每一个子级元素表示的工作的总和是否等于父级元素中汇总的百分之百的工作？是否有遗漏的工作？经验表明，问过这些问题后，总会导致活动的增加，WBS 结构开发可能要反复几次，直到开发出一个可靠的 WBS。

2. WBS 的操作方法和经验

商业航天工程有不同类型的项目，就有不同类型的 WBS，每一个 WBS 又有独有的元素。但是，所有的 WBS 结构都有图 6－2 所示的五种类型中的两种或更多种第二层元素。

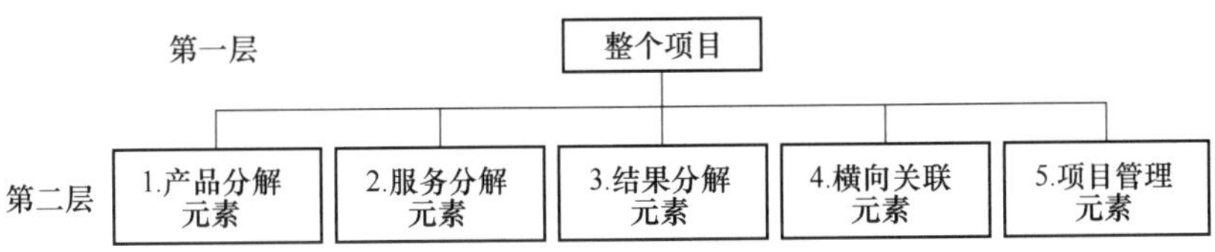

图 6－2　一般的工作分解结构

这五种类型的元素如下：

（1）产品分解元素

对可交付产品物理结构的细分是最通用和最容易开发的 WBS。所有这类项目都有一个有形的输出产品：航天器、分系统、设备、火箭、用户手册等，所有这些都有一个自然结构。

(2) 服务分解元素

服务项目没有有形的、结构性的可交付成果。它的输出是一个为别人做的工作实体:会议、数据、信息、频率咨询、培训服务等。工作分解是关于相关工作领域的一个逻辑集合。

(3) 结果分解元素

结果性的项目也没有一个有形的、结构性的可交付成果。它的输出是一个过程的结果,这个过程产生一个产品或一个结论:分系统、单机产品、载荷等。该工作分解是一系列可接受的步骤。

(4) 横向关联元素

横向关联元素是横跨产品所有内容的一种分解,如总体策划、安装或系统测试。这些元素通常是技术性的或支持性的。在第二层中可能有不止一个这种类型的元素。虽然没有什么限制,但这种类型的横向关联元素在服务性项目或结果性项目中很少见。

(5) 项目管理元素

项目管理元素是一个项目的管理责任和管理活动的分解。它包括以下一些内容,如报告、项目审查以及项目经理或他们的团队成员的一些活动(从概念上来说,这些都属于项目的上层活动)。通常,仅有一个这种类型的 WBS 元素,但是在所有的项目中它都属于第二层。

WBS 审查表见表 6-2。

表 6-2 WBS 审查表

项目小组和其他利益相关者参加 WBS 的开发了吗?有专家参与吗?
WBS 能反映商业航天项目组织是怎样工作的吗?
每一个元素的描述都能清楚地表明什么工作将要做吗?
所有的最终产品或交付都能在 WBS 中被明确识别吗?
在第二层中有项目管理元素吗?
在第二层中所有元素代表的工作的总和是项目的全部工作吗?
每一个父级元素下的所有子级元素所代表的工作总和是父级元素的全部工作吗?
有没有在需要代表“集成”类型的工作的地方加上综合元素呢?
看上去工作包的大小合理吗?
WBS 元素编码与其他组织编码相关吗?
有任何父级元素代表组织的吗?如果有,要考虑重新分解哪部分 WBS?
如果存在外包或分包,是不是一个具体组织的所有承包的工作都在一个单独的、离散的元素下呢?
每一个元素的名字是不是都能被理解呢?或者是不是需要一个 WBS 字典呢?

3. 经验借鉴

根据项目实现目标及项目实施的需求,项目组采用现代项目管理方法与手段对项目的任务进行了分解与落实。为此,进行项目 WBS 的设计与制定,从而将各项任务与工作分解、细化,并落实到各个工作包中。

此后,再依据确定的 WBS 中所明确的任务,编写了工作包描述(WPD,Work Package Description),即各工作包的任务单。在工作包描述中详细写明了承包方、工作包负责人、任务目标、输入需求、任务/工作描述、输入来源、输出去向、交付物/输出清单、开始时间、结束时间、开始事件、结束事件。通过 WBS 和 WPD 的确定与编写，为项目实施与管理奠定了良好的工作基础。

项目 WBS 是以项目管理架构及项目工程实施过程的需求为依据进行设计和确定的。一般包括：

1）项目管理部分（以 WP0000 表示）；

2）系统工程与技术总体部分（以 WP1000 表示）；

3）分系统研制与开发部分（以 WP2000、WP3000、WP4000 表示）；

4）系统集成部署联试部分（以 WP5000 表示）；

5）测试评估部分（WP6000）与演示与体验部分（以 WP7000 表示）。

同时，在上述划分的基础（一级包）上进行了详细的分解，从而确定了数十个工作包，其中大多数为实际工作包，包括管理包、工程实施包、项目保障包、演示与体验包。

6.5　进度管理

1. 进度管理的内涵及特点

进度管理在国际上也称为“项目时间管理”。进度管理是指确保项目准时完工所必需的一系列管理的过程与活动。

进度管理的内容包括：

1）界定和确认项目活动的具体内容，即分析确定为达到特定的项目目标所必须进行的各种作业活动。

2）项目活动内容的排序。

3）估算工期。

4）制定项目计划。

5）项目进度的管理与控制等。

进度管理是航天器项目管理的重要要素之一，影响航天器项目目标的实现。各商业航天项目必须进行科学合理的进度策划和计划，并进行实时有效的进度控制。进度管理遵循近细远粗、时间与实施主体和考核标准相统一、针对具体问题寻求解决方案的基本原则。

进度管理通常包含以下特点：

1）进度管理的地位是项目管理的“龙头”。与项目质量控制、经费控制并称为“项目三大控制”。进度管理在整个项目控制目标、控制体系中处于协调、带动其他工作的龙头地位。

2）进度管理的目标是减少偏差。

3）进度管理的重点是做好计划，进度管理人员应该是项目的指挥员，分析项目实施过程中对进度影响的原因，并适时地调整和修改进度计划，确保项目按计划进度完成。

4）进度管理的关键是管好变化，使任何变化都在项目进度管理的控制之下。

5）进度管理的核心是强化计划、关注变化，在计划的同时关注变化，追求的目标是“让变化都是按计划去变化”。

6）项目进度计划的本质是对未来的工作进行安排，应用系统观点去思维推理，在未来的确定和不确定的条件下，探索可能采取的最优方案，制定项目进度计划。

7）项目进度计划的基础是航天器技术方案和流程的基本确定。技术方案的不同，项目的工作内容就不同，因而计划所安排的活动就不同。

8）项目进度控制的要点是“事前控制”。控制可分为事前控制、事中控制、事后控制，强调事前控制也就是把进度控制工作的中心由传统的“事后纠偏”变为“条件保障”。

9）项目进度控制的方向是“可视化”控制。可视化控制方法是应用图形、图表和表格等形式简洁、直观地清晰表达航天器项目进度的进展情况，存在的问题和原因，问题的责任单位和责任人。

2. 进度管理的方法与经验

航天器项目进度管理的工作基本过程如图 6－3 所示。

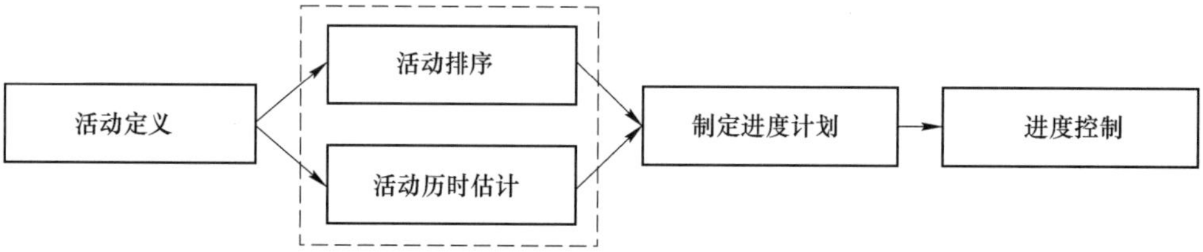

图 6－3　航天器项目进度管理的工作基本过程

1）活动定义。活动定义就是确定完成项目产品或者项目交付物所必须开展的各项活动的过程。活动定义要对 WBS 中规定的可交付成果或半成品的产生所需进行的具体活动进行定义，并形成文档。WBS 是活动定义的依据与基础。

2）活动历时估计。活动历时估计是指估计完成各单项工序所需要的工时数。项目或活动历时估计作为项目管理工作的重要内容，是项目计划制定的基础，也是给各种项目活动分配相应资源的依据。活动历时估计的方法主要有专家判断、类比估计、单一实际估计、时间估计。

3）活动排序。活动排序的确定涉及各种活动之间相互关系的识别和说明。任何活动的执行必须依赖于一定的活动的完成，也就是说它的执行必须在某些活动完成之后才行，这就是活动的先后依赖关系。一般来说，活动排序的确定首先应分析确定活动之间本身存在的逻辑关系，在逻辑关系确定的基础上再加以充分分析，以确定各项活动之间的组织关系。

4）制定进度计划。进度计划是表达项目中各项活动的开展顺序。进度计划的方法主要包括甘特图、里程碑图、关键路径法、计划评审技术等，见表 6－3。

5）进度控制。进度控制是通过比较实际进度与进度计划，掌握计划的实施情况，发现实际进度与计划进度的偏差，及时地采取措施调整实际进度。

表 6－3　常用的项目进度方法

序号	方　法	特　　点	用　途
1	分解法	通过进一步分解和细化 WBS，直至具体活动	活动定义过程
2	模板法	借用以前项目的活动清单或部分清单作为一个新项目的活动清单样板	活动定义过程

（续）

序号	方　法	特　　点	用　途
3	网络图	用节点和箭线代表活动及活动之间的关系	活动排序过程
4	节点图法	节点代表活动，箭线代表关系，活动关系由四种类型表示	活动排序过程
5	关键路径法（CPM）	利用网络图找出项目关键路径，各活动时间确定	活动排序过程、制定进度计划
6	计划评审技术（PERT）	同样找出关键路线，但针对活动时间不确定的情况，估算项目定期完成概率	活动排序过程、制定进度计划
7	专家判断法	当项目涉及新技术的采用或者某种不熟悉的业务时，邀请专家评定估算	活动时间估算
8	类比估计法	将当前进行估算的活动和以往所完成的项目中相似的某些活动进行对比估算的方法	活动时间估算
9	甘特图	以日历的形式列出项目工期和开始结束时间，用以描述项目进度信息，并将其可视化	活动进度计划
10	里程碑图	描述项目阶段性目标的图，便于控制项目各阶段目标，以保证总目标的实现	活动进度计划
11	调度会议	集中相关人员，进行进度安排讨论和决策，完成绩效测量和偏差分析	进度控制过程
12	进度变更	制定一套进度变更管理规范，严格控制	进度控制过程

在航天项目中，按照不同管理层次对进度控制的要求，可将进度控制分为三类，即项目总进度控制、项目主进度控制和详细进度控制。

1）项目总进度控制。项目经理等高层次管理部门对型号项目中各里程碑事件的进度控制。

2）项目主进度控制。主要是项目部门对项目中每一主要事件的进度控制。在航天型号这种多级项目中，这些事情可能就是各个分项目。通过控制项目主进度使其按计划进行，就能保证总进度如期完成。

3）详细进度控制。在项目实施过程中，为了收集反映项目进度实际情况的信息，以便对项目进展情况进行分析，掌握项目进展动态，应对项目进展状态进行观测。动态监测方法主要包括甘特图法、S形曲线法、“香蕉”曲线法、单代号时标网络计划法和进度前锋线法等几种。

其中，甘特图用于进度控制时，用不同颜色或线条将实际进度横道线直接画在代表活动计划进度的横道下，从而反映实际进度与计划进度的关系。

S形曲线法和“香蕉”曲线法主要反映计划进度与实际进度的差异随时间的变化关系。

单代号时标网络计划法和进度前锋线法是利用网络图和时间轴的融合来控制进度的方法。

表示实际进度时，前者用数字注明，后者用连接各活动实际进度的折线——“进度前锋线”表示。单代号时标网络计划法是国外进度控制的流行方法，例如：MS—Project、P3、Project Scheduler 等都使用该方法控制进度。

根据实际进度线提供的信息，可以对计划的进度情况做出合理处理。如果有些活动虽然拖后，但有足够的机动时间可供利用，或者可以预见赶上来。按实际进度线对项目计划进行动态调整步骤如下：

1）明确各活动的进度情况，并输出实际进度线。

2）将各活动的实际进度与计划进度进行比较，得出其超前或滞后的数量值——进度状态数组。

3）根据进度状态数组，对活动工期做出调整，并根据网络计划预计项目工期。若发现预计的项目工期拖后，则根据进度线分析项目存在的问题，并采取相应的管理措施解决问题。

结合航天系统在建项目管理中的成功经验，航天项目进度控制可主要采取以下措施：

1）合理制定项目进度计划。进度计划的编制问题，是航天项目拖期严重的一个最有代表性的原因。航天项目进度计划的编制依据包括：批复文件、合同文件、项目管理规划文件、资源条件、内部与外部约束条件等。任何一个商业航天项目都具有其唯一性和独特性，是不可复制的，航天系统项目更是如此。因此，项目进度计划的编制，必须由顶层的控制性计划逐步向下层的实施性计划延伸，直至具体到可直接操作的工作单元。

2）优化工作流程。航天系统项目的实施过程，具有严格的工作流程要求，尤其是涉及报批手续、招投标管理、资金审批及支付、合同管理等方面。因此，要在严格遵守制度规定的基础上，分析项目实际情况，进行工作流程的优化。

3）调整工作关系。调整工作关系是指将某些串联的关键工作调整为平行作业或者交替作业。

4）强制缩短工期。包括顺序法、加权平均法、选择法等方法。强制缩短工期可以针对持续时间对质量影响不大的工作，通过充足的资源支持，使工作尽可能快地完成。一般来说，需要付出成本增加的代价，但也可考虑时间-成本平衡的方法进行工期压缩。

5）利用时差缩短和控制工期。利用非关键工作的时差，用其中的部分资源加强关键工作，以缩短关键工作的持续时间，使工期缩短。

3. 经验借鉴

某遥感卫星主要应用于国土资源普查、环境保护、灾害监测和管理、农作物估产和城市规划等领域，对用户发展国民经济、改善人民生活、促进社会进步等将发挥积极作用。以合同生效日期（EDC）为 VRSS－1 卫星计划的起点，承包商将在 EDC＋23 个月内制造并在轨道上交付卫星。

项目管理主计划见表 6－4。

表 6－4　项目管理主计划

合同生效日期	里　程　碑
EDC＋1	Kick-Off Meeting
EDC＋3	PDR

（续）

合同生效日期	里　程　碑
EDC+9	CDR
EDC+19	Spacecraft PSR
EDC+20	Launch
EDC+23	IOAR

在各分计划中，飞行器计划见表 6-5。

表 6-5　飞行器计划

完成日期	里　程　碑
EDC	TBD
EDC+1	Kick-Off Meeting
EDC+3	PDR
EDC+9	CDR
EDC+10	Start AIT
EDC+19	PSR
EDC+20	Launch
EDC+23	IOAR

在各分计划中，地面应用计划见表 6-6。

表 6-6　地面应用计划

完成日期	里　程　碑
EDC	TBD
EDC+3	PDR（Preliminary Design Review）
EDC+5	CDR（Critical Design Review）
EDC+15	FAR（Factory Acceptance Review）
EDC+17	FGS/IPS/PSS Arriving On-site
EDC+19	GAS OST（On-Site Integration）
EDC+19.5	GAS OSAR（On-Site Acceptance Review）
EDC+20	IOT
EDC+21	Commissioning
EDC+22	FAR（Final Acceptance Review）

根据合同，某遥感卫星项目由商业航天企业担任主承包商，协同运载方、研制方、地面建设方以及中国卫星发射测控系统部共同完成。

6.6 沟通管理

1. 沟通管理的内涵及特点

沟通管理是对项目信息进行及时、恰当的收集、规划、生成、发布、存储、检索、管理、控制、监督和最终处置的各个过程，主要包括规划沟通管理、管理沟通和控制沟通三个过程，并贯穿于项目整个寿命周期。识别和记录与项目干系人之间最有效率和效果的沟通方式，这对规划沟通过程起到主要作用。管理沟通是实现项目干系人之间最有效率、最有效果的沟通。控制沟通能够实现所有沟通者之间项目信息流动的最优化。

常见的沟通问题包括：

1）有效沟通不足。项目管理过程中经常出现这样的现象：客户在检查项目阶段成果时，指出曾经要求的某个产品特性并没有包含在其中，客户认为已用口头的方式反映给项目组的成员，而项目经理却一无所知等。这些问题都是由于沟通引起的，有效沟通不足导致信息没有传达到位。

2）沟通成本过大。沟通可以通过交换信息来拓宽思路和统一认识，其作用巨大。但与此同时，沟通要付出两方面的成本：一是沟通所花费的时间和精力，二是在沟通过程中信息的失真和损失。很多情况下，即使是两个同样具有很强的表达和理解能力的人，他们通过沟通达成一致所需要花费的沟通成本是巨大的，而且很可能是沉没成本。

3）沟通时过于执着。聪明而执着对于沟通而言，有时候是相当危险的。很多人渴望说服别人而且不愿意被别人说服。项目经理最重要的工作之一就是沟通，通常花在这方面的时间应该占到全部工作的75％～90％。良好的交流才能获取足够的信息、发现潜在的问题和控制好项目的各个方面。

2. 沟通管理的方法与经验

在商业航天项目实施过程中，制定沟通计划、灵活运用沟通方式、积极主动沟通、畅通沟通渠道、提高沟通技巧等方法，是解决沟通不足、沟通成本过大等项目沟通管理问题的有效途径。

沟通过程主要包括型号项目组、型号项目干系人、型号项目文件、工作绩效信息、反馈、编码、渠道、解码、噪声、沟通背景和沟通目的等，如图6－4所示。

编码、解码和渠道，各型号项目成员根据型号项目沟通管理计划和型号项目干系人的情况，将所需发布的信息进行“编码”。型号项目干系人则根据型号项目、信息发送者和所接收信息内容的特点及情况，对所接收到的信息，进行“解码”。

项目管理中常见的沟通方法包括：

1）建立项目沟通计划。一个比较完整的沟通管理体系中，应该包含沟通计划编制、信息发布、绩效报告和管理收尾。沟通计划编制决定项目干系人的信息沟通需求：需要的信息、需要的时间和获得的方式。信息发布使获取的信息及时发送给项目干系人。绩效报告包括状况报告、进度报告和预测。项目或项目阶段在达到目标或因故终止后，需要进行收尾，管理收尾包含项目结果文档的形成，包括项目记录收集、对符合最终规范的保证、对项目的效果（成功或教训）进行的分析，以及这些信息的存档。

2）灵活运用各种沟通形式。项目中的沟通形式是多种多样的，通常分为书面和口头

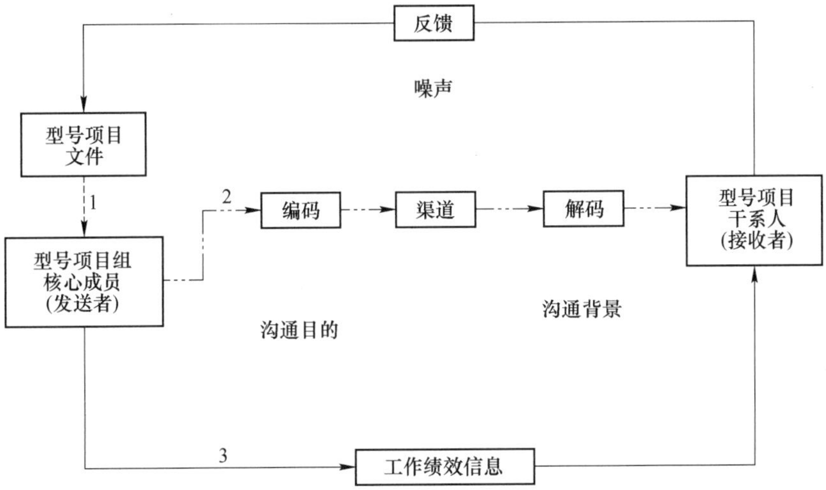

图 6－4 某型号项目沟通管理的过程

两种形式。书面沟通一般在以下情况使用：

a）项目团队中使用的内部备忘录，或者对客户和非公司成员使用报告的方式，如正式的项目报告、年报、非正式的个人记录、报事帖。书面沟通大多用来进行通知、确认和要求等活动，一般在描述清楚事情的前提下尽可能简洁，以免增加负担而流于形式。

b）口头沟通包括会议、评审、私人接触、自由讨论等。这一方式简单有效，更容易被大多数人所接受，但是不像书面形式那样留下记录，因此不适用于类似确认这样的沟通。在口头沟通过程中应该坦白、明确避免由于文化背景、民族差异、用词表达等因素造成理解上的差异，这是特别需要注意的。沟通的双方一定不能带有想当然或含糊的心态，不理解的内容一定要表示出来，以求对方的进一步解释，直到达成共识。还有，可以用典型的形体语言表达，像手势、图形演示、视频会议都可以用来作为补充方式。它的优点是摆脱了口头表达的枯燥，在视觉上把信息传递给接受者，使接受者更容易理解。

3）尽早和主动沟通。在失败的项目中，沟通的效果不明显、不到位，由此引起的问题也层出不穷。要达到有效的沟通要掌握沟通的原则，其中尽早沟通、主动沟通是最主要的两个原则。

尽早沟通要求项目经理要有前瞻性，定期与项目成员建立沟通，不仅容易发现当前存在的问题，很多潜在问题也能暴露出来。项目中要通过沟通尽早发现问题。沟通得越晚，问题发现得越迟，带来的损失越大。

4）保持畅通的沟通渠道。沟通有复杂性的一面，这种复杂性表现在很多方面，如人数增加时沟通渠道急剧增加。过滤即信息丢失，产生过滤的原因有很多，如语言、文化、语义、知识、信息内容、道德规范、名誉、权利、组织状态等，除此之外还出现由于工作背景不同而在沟通过程中对某一问题的理解产生差异。要最大程度保障沟通顺畅，信息在媒介中传播时要避免各种各样的干扰，使得信息在传递中保持原始状态。

5）建立高效的沟通技巧。团队组织者和协调管理者所发挥的作用往往决定项目的成败，项目经理应是一个善于沟通的人。沟通的效率直接影响管理者的工作效率。

沟通中另外一个重要的方面是，不但要听懂话语本身的意思，而且能领悟说话者的言外之意。只有集中精力去听，并积极投入判断、思考，才能领会讲话者的意图。

在沟通过程中不可避免地存在争论，如技术、方法方面的争论，但切实要避免这种争论喋喋不休。无休止的争论不但形不成结论，而且极大地消费时间。解决这个问题的方法在于变这种对称关系为互补关系，即必须有一方放弃自己的观点或第三方介入。项目经理遇到这种争议时一定要发挥自己的权威性，充分利用自己对项目的决策权。

项目有效的管理沟通需要通过多种沟通技术的综合应用，项目组在管理沟通中需要在沟通技术、沟通模型、沟通方法、信息管理系统、报告绩效等方面进行充分的考虑和选择。

3. 文档管理方法与经验

在项目寿命周期中会形成很多文档资料，包括工作文档和技术文档。这些文档资料是未来进行系统维护、升级和提供运维服务所必需的，是项目管理中非常重要的一部分工作。近年，先进的档案管理系统和OA系统、ERP（企业资源计划）系统以及各类业务管理系统一样，是企业信息化解决方案中一个必不可少的组成部分。

存档文件的主要方法：

1）文档规范：文档命名原则、封面的要求、修订记录要求、页眉/页脚的要求、正文格式要求、需求类文档格式、模板等方面。

××××——文档类型：直接填写中文，参考类型见表6－7。

表6－7　文档参考类型

产品需求	培训文档	会议纪要	问题记录	项目管理
测试报告	测试方案	用户调研	系统设计	分享
项目总结	规范指引	学习总结	工作计划	

ZZZV99——项目＋版本号：大写V后跟数字，建议是小数点形式，例如：发射100V4.0等。

YYYYYY——主题：可以是中英文，长度自行控制，尽量保持短小、精简，例如：会议纪要、合同初稿等，让人感觉清晰易懂。

2）修订记录要求：修订记录主要体现文档的修改情况，目的是对文档编写过程进行追溯。基本要素包括修订人、修订时间和变更内容说明、修订版本。文档后续的变更，建议使用红色加下划线字体。

变更文档时务必更改文档修订记录的内容。

正文的修改部分要求用下划线，字体用红色标识。

修改文档时请使用“修订”功能，以便更好地了解修改的内容，以及查阅最终版本。

文档变更后，通过必要的途径通知项目相关人，例如通过邮件通知或者公告通知的方式，避免新的文档产生后还有大量的使用者使用旧的文档。保留所有原有版本备查。

全部项目文档均由专门的项目文档管理人员按本规范要求进行监督和管理。文档管理人员需对项目文档、目录定期进行备份。个人文档供项目成员进行文档交流所用。

在建立文档模板时，需要对一些格式提出要求，将一些基本的要素固化到文档模板中，确保文档需要的内容能够在文档中体现，例如文档的页眉页脚、文档变更历史、文档的目录方式、文档的字体等。建议项目团队各自建立起常用的文档模板，以规范日后文档的编写。

依据项目档案信息化现行管理措施，通过标准化后形成档案目录。

商业航天案例：中国卫通客户导向信息服务

中国卫通成立于 2001 年 11 月，是中国航天科技集团有限公司从事卫星运营服务业的核心专业子公司，通过投资、建设和运营通信广播卫星及配套地面测控和监测系统，为用户提供广播电视、通信、视频和数据等传输服务。2017 年 4 月，中国卫通成功发射了我国首颗高通量宽带卫星中星 16 号，具备了向大众消费者和民航客机、海运客货船等提供卫星互联网接入服务的能力。2018 年 3 月，工业和信息化部向中国卫通颁发了第一类基础电信业务经营许可证，批准中国卫通在全国范围内经营卫星移动通信业务和卫星固定通信业务。

公司可提供包括卫星通信、卫星广播、应急保障、应用服务（如个人/家庭宽带接入服务、大交通宽带服务、临时服务、政府和企业专网服务、移动通信基站中继传输和备份服务以及物联网传输服务等）和定制服务（如业务咨询、网络设计、系统集成、托管服务、运行代维、设备维修等）等产品服务。

中国卫通是国家一级应急通信保障队伍中的卫星运营商，主要职责是为国家突发事件应急处置和党政重大活动提供卫星通信资源保障和技术支撑服务，如利比亚撤侨、冰雪灾害、汶川地震、玉树地震、舟曲泥石流、雅安芦山地震等大型活动和自然灾害救援活动。

为满足不同行业和用户的个性化和系统化通信需求，中国卫通不断提升服务能力、扩大服务内容，为用户提供专业化的定制服务。

定制服务内容主要包括：业务咨询、网络设计、系统集成、托管服务、运行代维、设备维修等。

客户结构：金字塔结构，以广电及政府、特定客户为主。从客户交易规模来看，公司客户交易规模呈现金字塔结构，交易规模在 1000 万元以上的客户数量较少，但数量稳定，占收入比重较大，交易规模在 1000 万元以下的客户数量较多，占收入比重相对较小；从客户类型来看，交易规模在 1000 万以上的客户，以广电单位及政府、特定用户较多，占比接近 50%。主要客户采购卫星空间段运营服务主要用于广播电视传输、通信信号传输等，对于公司产品具有长期的需求，与公司保持了长期合作关系并按年签订购销合同。

4. 经验借鉴

A 研究所是一家航天型号研制企业。在项目沟通中主要存在以下一些典型问题，包括：

1）各型号任务间统筹渠道不很畅通，未能有效平衡资源争夺。目前，企业实际生产能力不能满足繁重的型号生产任务，各型号项目组各自为政，齐头并进，在任务考核的要求下，希望自己所负责的型号项目能够按计划或者提前完成，资源争夺突出的现象成为一种必然。对于资源争夺的平衡，企业没有很好的沟通渠道，生产分厂对于各型号任务间的轻重缓急和实际状况不很了解，在多个型号任务同时要求其投入生产时，型号项目副总、调度在生产一线催促、协调的力度成为优先投入生产的选择标准，而不是型号任务的紧要程度，无形中使一些紧要的型号任务不能优先完成。

2）项目组成员工作标准不很明确，型号副总处理日常事务所用的精力较多。目前，项目进度推进不理想的型号项目组，大多对于项目组成员的工作标准无明确要求，项目组成员的工作标准主要取决于个人的自身工作能力和态度，在推进项目实际工作中，作用发挥得不够到位和充分。在型号项目实际推进中，为了使项目尽快推进，这些项目的型号副总大多数时间用于沟通协调型号产品进度等项目日常事务性工作，未能投入较多的时间进行项目的外围策划。

3）沟通方法不当，产生抵触情绪。由于个人语言表达能力、表达方式、协调手段等方面所采取的方式不够妥当，而使对方产生误解、反感，并产生抵触情绪。这种情况在不理想的型号项目实际推进过程中出现较多，这种不注意沟通方式的方法造成的不和谐现象，对型号项目的推进产生了较大的负面影响。因此，沟通方法和沟通技巧是目前型号项目推进中，大家极其希望得到帮助和提高的方面。

4）沟通形式单一，沟通途径有限。目前，企业在型号项目组织实施过程中，专题会议和周例会是型号产品信息沟通与传递的主要渠道，沟通方式单一、途径有限、灵活性不足。型号项目在实际推进中遇到的问题及产品相关信息不能及时、有效地进行传递，这与型号项目顺利推进的信息实际需求量有较大差距。

5）意见不一，分歧较大。在解决型号产品生产推进中所出现的问题时，有时存在站在各自的职责立场出发考虑问题的现象，特别是遇到责任划分或固执己见的人员，会进一步加大意见的分歧，增加解决问题的难度，需要消耗更多的时间和精力进行协调解决，对型号项目的进度造成了一定的延误。

6）型号项目组之间沟通不足，共性问题重复发生。型号产品的模块化设计，实现了型号产品中一些部件的通用化。在实际生产中，型号项目组之间相互沟通较少，对型号项目推进过程中型号产品通用件及其他部件出现的问题及处理方法相互间交流不够，使得一些共性问题重复发生、重复处理，不仅使型号项目进度受到影响，同时额外增加了型号产品的生产成本。

7）配套件信息掌握不够及时、不够准确，配套件不同步。型号产品的配套系统复杂、配套件多、配套单位多，产品配套件不仅有外供件、外购件、外协件，还有企业配套生产件，且配套件又是产品必不可少的一部分。在实际生产中，就出现了时间要求紧急、加班加点抢时间赶制出来的产品，由于外供件、外购件、外协件或企业配套生产件等配套件的不到位，而使型号产品在某些工序上被迫停下来无法继续推进的现象。

8）产品资料同步性不足，反馈拖延。随着型号项目的逐步推进，在不同阶段需要相应的资料到位，如设计图样、工艺文件、技术偏离单、技术协调单、技术质疑单、合格证等，但在项目实际推进中，资料的同步性不是很好，反馈拖延，对产品的加工及工序流转造成延误。

针对A研究所存在的管理沟通问题，其分析过程如下：

1）在型号项目管理沟通过程中，型号项目信息发送者对信息的发布、反馈和回应等方面处置不足的问题，具体表现在型号项目信息的发送者对型号项目干系人所传递信息的内容不够清晰、完整，所选择和应用的沟通技术和沟通方法不够恰当，对型号项目干系人所反馈信息的处置存在一定的不足。

2）目前，型号副总主要通过型号项目组会议对项目组成员进行工作分工，型号项目组会议通常在型号项目启动和型号项目推行中出现较大技术质量问题时召开。大部分型号副总在向项目组成员进行工作安排时，只对谁完成什么工作进行了安排，但对应达到什么标准，未进行明确要求，在项目组成员未能正确理解和达到任务工作标准时，型号副总在大多数情况下，选择自己亲自解决，而未采取有效沟通措施对项目组成员进一步指导、帮助其去圆满完成。

3）在沟通方式方面，项目组成员对这方面的技术及理论知识了解甚少，企业也基本未对此开展过培训，加之部分人员个人表述习惯的差异，以及在语言、语气方面对沟通对象考虑不多，使沟通对象产生了抵触情绪，未能够将沟通双方的思想和行为得到统一。

针对目前企业型号项目沟通管理的这种现状，结合项目沟通管理相关知识，主要采取以下措施进行改进：

1）加大型号项目组会议召开力度，明确项目组成员工作内容、标准和要求目前型号项目小组会议的基础上，增加项目小组会议召开的频次，每周五下午要召开型号项目组例会，且每天下班前开工作碰头会，进一步加强对型号项目情况的交流。在型号项目小组会议中，型号项目副总要向项目组成员公布目前项目的进展情况，同时要根据项目组成员的工作职责，对各成员在此时间段所需要开展的工作内容、完成时间及完成标准做出明确要求。

2）明确信息反馈的时间和及时反馈的重要性。型号项目组成员在向型号项目干系人发送信息时，要明确型号项目相关信息需要得到反馈的时间。同时，对这些信息需要得到及时答复的重要性进行明确说明，并在反馈时间到来之前主动提醒对方。

3）加强有效沟通培训，提高人员沟通技能。企业人力资源部、生产运营部及型号项目组要注重加强对型号项目组成员及项目干系人进行有效沟通方面的培训，提高型号项目组成员及项目干系人的沟通技能，使其能够对有效沟通的作用、程序、形式、渠道、方式、技巧及沟通内容的组织与媒介选择等方面的内容，得到较好掌握。

4）注意沟通表达方式，建立良好的沟通关系。型号项目信息的发送者与接收者进行信息沟通时，要注意语言的表达方式，态度要谦和，要注意从对方的角度去思考问题，要尊重对方、体谅对方，积极倾听，通过尊重、友善、客观的表达方式，与沟通对象建立良好的沟通关系，确保沟通的顺畅进行，实现沟通双方思想和行为的统一。

5）注意收集沟通方式实际应用效果。在型号项目实际沟通中，型号项目组核心成员要注意沟通方式的实际应用效果，并及时向型号副总及型号项目主任进行反馈。

6.7 分包商管理

1. 分包商管理的内涵及特点

分包商是从事分包业务的分包单位，是总承包商的合作者。总承包商承揽了整个商业航天工程的工程项目。

由于航天工程过于复杂、技术难度高、分工程度较高或为减少研制风险，往往将一个工程项目分解成若干个单项工程，选择技术和业务上具有专长的第三方，如天仪研究院、航天驭星、星际荣耀、天链测控等分别承包工程部分任务。发挥技术专长和协同研制优势成为航天分包商管理的重要特点。

2. 分包商管理的方法与经验

1）分包商资信备案。建立常态化分包商资信备案制度。所有分包商需在公司进行备案工作。分包商至少具备下列条件：合法经营，具备航天产品生产资质，并具有相应的航天产品与服务经营范围；企业营业执照、资质等级证书、保密资质、安全生产许可证齐全有效；具备相应的专业技术人员及专业技术资格等。

2）分包商违约保证金管理。逐步建立分包商违约保证金缴纳制度。分包商在签订合同时，必须缴纳一定金额的违约保证金。按照中标合同价的3%～10%（不含质保金）收取履约保证金。

3）分包商分级与选择管理。把合格分包商按相关标准划分为：联盟型、密切型、一般型三个层次。联盟型分包商指可直接参与公司航天工程项目承包，实现资源信息共享；采取“共同决策、共同策划、共同实施、共同改进”的管理模式；建立高层互访制，形成领导层、职能部门对应的交流与沟通渠道；在经济利益上实行“风险共担、利益均沾”的管理原则。密切型：具有优先权参与公司航天工程承包，对其可公开商业航天企业各类需求信息。一般型：比之密切型合作紧密性略低，管理方式相对松散。

4）分包商过程评价。分包商过程评价从分包工程合同签订之日起，至合同结束为止。分包商在实施过程中，由公司牵头对分包工程的质量、进度、安全和服务等方面进行检查，填写“分包商过程评价表”。根据工程里程碑节点和常规检查频率进行查验，填写相应记录。

5）建立分包商重大事件报告制度。在航天工程执行期间，分包商发生重大质量、安全事故或合同解除等重大事件时，负责人应在8小时内向公司领导及主管单位进行报告备案。

商业航天案例：星际荣耀供应商管理

北京星际荣耀空间科技股份有限公司成立于2016年10月。公司致力于研发优秀的商业运载火箭并提供系统性的发射解决方案，为全球商业航天客户提供更高效、更优质、更具性价比的发射服务，以大幅提升人类自由进出空间的能力。公司发展前期专注于高品质、低成本、快响应的小型智能运载火箭研发，为全球小卫星及星座客户提供一体化的商业发射服务。

项目管理涉及负责型号/项目全寿命周期的计划、经费、进程、保障等管理工作，确保公司研制生产工作有序开展，以及运载火箭结构、电气、固体/液体动力、地面发射支持等各类产品研制的组织实施工作。自成立以来，星际荣耀秉持“由固到液、由小到大”（从固体动力火箭到液体动力火箭、从小型运载火箭到中大型运载火箭）的技术发展路径，从上轮融资至今，在固体运载火箭和液体可重复使用运载火箭的研发方面均取得相应进展。

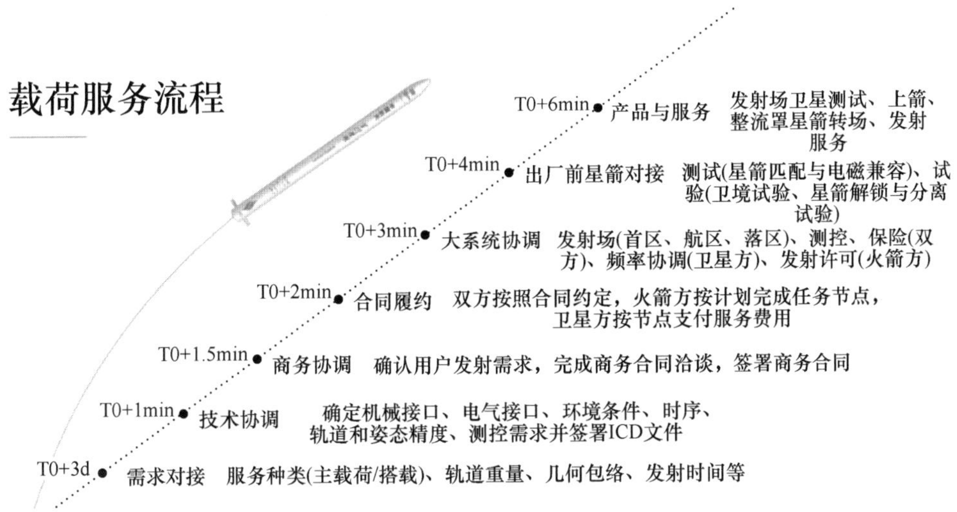

北京星际荣耀空间科技股份有限公司为铂力特颁发了“金牌供应商”的称号证书。

铂力特致力于推动金属 3D 打印技术在航空航天领域的应用，为深空探索贡献自己的力量。铂力特与星际荣耀携手共进，彼此成就，共同圆梦星辰大海。

3. 经验借鉴

以中国空间技术研究院 CAST 对分承包商管理为例，总结分承包商管理要素的主要经验。重点说明分承包商要素中合格供方管理。

1）CAST 将合格供方管理作为对分承包商选择的主要途径。作为系统承包商，CAST 对合格供方的管理包括分系统、单机、部组件、元器件几个不同层次，按照与 CAST 的隶属关系，可以分为内部供应商和外部供应商。为确保供应商提供的产品满足型号质量与进度要求，CAST 对其供货方实行严格的准入制度和动态的合格供方管理。在承包商选择阶段，其主要表现为对合格供方名录的管理。

2）合格供方名录是 CAST 航天器项目外协任务供方选择的依据。系统、分系统级供方由院本部组织专家委员会按有关程序和要求进行质量保证能力审核与评价。分系统及单机单位的合格供方由各单位按照院统一要求自行组织审核与评价，须将结果报 CAST 备案。

3）CAST 对供应商的评价要素主要包括：对供方产品历史情况的评价，对供方研制生产能力满足规范、图样及其文件、采购文件的质量和技术要求程度的评价（即：与产品有关的人员技术能力、仪器设备能力、工艺技术、检测能力和其他研制、生产保证能力），对供方售后服务的评价。

4）选择外协单位时，应根据“合格供方名单”优先选择：合格供方名录中包括航天体系内的单位、获得主管部门生产许可证的单位、有过合作历史且信誉较好的单位。

5）对顾客要求控制的外协产品，应邀请顾客参加对供方的考察和评定。

6）CAST 合格供方名录按年度更新发布。每年年初，结合上一年度新增的合格供方和经审核认定取消资格的供方，对合格供方名录进行调整并发布。对分承包商的审核包括对供方质量体系、产品质量保证能力等情况的认定，主要因素包括：质量体系、资源管理、信息沟通、产品实现的策划等，主要是定性地评价企业必须符合以下条件，方有资格成为 CAST 的分承包商。

总承包商对分承包商的过程控制：由于系统的相关性（详见图 6－5）。工程总体必须采取措施保证分承包商在项目执行过程中从范围、进度、技术状态、产品质量等方面全面受控，尤其是对技术状态的控制，要求“各方认可”。

总体对分系统的控制点主要包括：a）产品设计控制；b）技术状态控制；c）元器件、原材料控制；d）生产工艺控制；e）测试覆盖性要求；f）调试和试验；g）不可测试项目控制；h）承制单位自验收及出厂质量评审；i）软件产品质量控制；j）质量问题报告；k）产品验收。

为保证项目执行过程受控，总体对分承包单位应提出以下要求并保证落实：

a）在分承包合同中明确分承包项目的计划进度要求后，分承包商须按进度要求编制任务分解后的计划，且将该进度计划管理纳入整个系统的进度管理体系。总体对分承包商的进度计划进行跟踪和检查，确保满足要求。

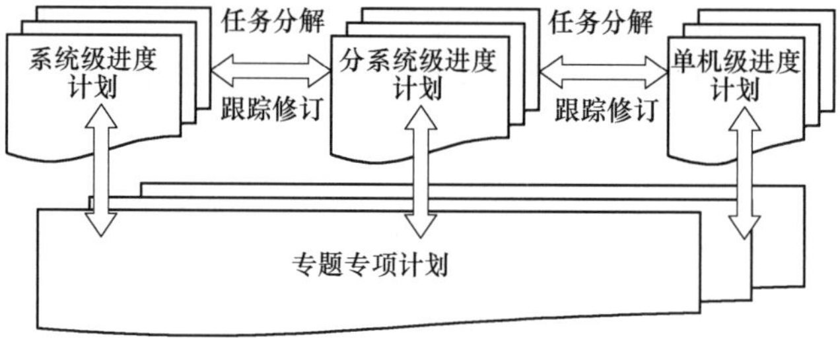

图 6－5　系统控制图

b）分承包商制定分包项目的产品保证计划，确保其子项目在总体跟产和质量信息跟踪处理时满足要求。

c）分承包商须根据总体提出的产品保证要求、研制任务书或合同，结合本单位研制任务特点及质量管理体系的要求，编制本单位产品保证大纲和产品保证计划，经评审通过后执行。

d）分承包商对分包项目部分向其他单位再次转包时，须向二次分包单位明确与产品研制有关的所有产品保证要求，并对二次分包单位的产品保证工作进行监督和控制，必要时对其二次分包单位实施质量审核，确保其二次外协单位的产品保证工作满足要求。

e）分承包单位根据产品保证要求中的工作项目和本单位的研制计划，制定全过程和阶段产品保证工作实施计划，并将产品保证计划中的有关工作项目，包括评审、检验、试验、强制或关键检验点、验收等纳入型号研制计划流程，作为评审、审核、监督、检查和考核的依据。

f）在分承包项目执行末期，由分承包商提出分包项目验收申请，验收申请获得总体通过后，接受总体单位组织的项目验收。

7）按照航天项目质量管理规定，分承包商须对项目变更情况向总体进行报告，具体包括：

a）变更的主要内容：陈述变更的产品范围和工作范围。

b）变更的影响：分析变更对项目进度、费用等方面的影响，对系统和其他子系统的影响。

c）变更的原因。

6.8　产品保证管理

1. 产品保证管理的内涵及特点

产品保证是针对产品研制、生产全过程所进行的一系列有计划、有组织的技术及管理活动。

产品保证的目的是支持产品达到规定的质量要求，其工作范围包括产品保证管理、质量保证、软件保证、可信性保证、元器件保证、零部件/材料/工艺保证等。

针对航天工程大系统、大协作、高科技、高风险等特点，国外航天机构已经构建了较为成熟的产品保证体系，有效保障了航天任务的成功实施。

2. 产品保证管理的方法与经验

目前阶段，我国航天产品保证一般采用文件形式输出。主要包括以下文件：《项目产品保证大纲》《项目产品保证要求》《项目产品保证计划》《分承制单位产品保证要求》《分承制单位产品保证工作计划》。

其中，《产品保证大纲》根据顾客（用户）提出的产品保证要求制定，明确了产品保证组织和工作职责，产品保证管理总体要求和工作思路，对产品保证各方面的活动及其所需的资源进行策划，是对用户的承诺。《项目产品保证要求》是上一级产品承制单位对下一级产品承制单位提出的、在产品研制过程中应进行的产品保证活动或工作项目，内容覆盖产品保证的各个要素。

《项目产品保证计划》是依据对本级产品的保证要求详细说明产品研制各环节的产品保证工作项目，工作内容，工作方法，工作依据，工作输入、输出和工作计划安排。它的主要工作内容包括落实各级产品保证计划，依据相关程序与制度、使用相关方法与工具实施保证与控制。具体工作内容包括：

1）建立并完善产品保证工作系统。建立和完善项目内（包括各分承制单位）的产品保证组织，形成完善的产品保证信息报告制度。

2）对各承制单位的产品保证计划执行情况进行监督、检查。

3）组织实施各级的产品保证计划，形成相关的质量记录、产品保证报告。

4）组织对分承制单位的关重项目清单、关重件清单、目录外元器件清单、目录外材料清单、未经飞行验证的工艺清单、验收试验和鉴定程序文件等重要产品保证文件进行审查或批准。

5）收集、分析、处理各承制单位上报的产品保证信息。

6）开展外协管理。包括：对分承制单位的质量管理体系和产品保证能力进行审核、确认，对其资质进行认证；对其产品保证大纲和产品保证计划进行审查。

7）开展评审（包括对分承制单位的评审）、复核复审、归零等专题质量活动。

8）对项目研制过程中发生发现的不合格进行管理、控制。

9）按照验收管理制度组织开展验收工作等。

航天产品保证计划执行与控制使用的主要方法包括评审、审核、检验、验证、鉴定和验收等，具体包括以下内容：

1）评审。评审是一种正式的、按文件规定的、系统的评估活动。产品保证工作中的评审偏重技术评审，包括设计评审、工艺评审、试验评审、产品质量评审和出厂评审等。其实质是一种同行审查技术，其主要特点是由一组评审者按照规范的步骤对技术文档进行仔细的检查，以找出和消除其中的缺陷。评审都是强制性的。

2）审核。审核主要是对管理体系的符合性、有效性和适宜性进行的检查活动和过程，具有系统性和独立性。重点审核产品质量管理体系运行与产品保证能力、体系文件和产品保证要求执行过程的符合性等。

3）检验。检验是对产品的一个或多个特性进行的测量、检查和试验等，以评价其符合性，包括一般检验、关键检验和强制检验。关键检验是由设计人员、工艺人员确定的对关键特性、重要特性实现的关键过程或关键环节进行的检验；强制检验是由任务提出单位确定的对产品关键过程或关键特性指标的检验。

4）验证。验证是进行检查和提供客观证据证明规定要求已经满足。设计验证是证明设计输出结果满足设计输入要求，一般采用分析计算、仿真和试验三种方法；在设计阶段建立设计验证矩阵，明确设计的每项功能性能的验证方法和验证程序，对于能够在模拟的环境中进行试验验证的要进行试验验证，对于不能进行试验验证的要进行仿真，对于不能仿真的，要进行分析或变换方法进行计算，产品设计验证矩阵和设计验证方法需作为设计报告的内容进行评审。

5）鉴定。鉴定是证实产品满足规定要求并给出结论的过程。通过产品鉴定实现产品的设计、工艺、技术标准和作业规范、测试试验方法、研制生产使用的工装和仪器设备等技术状态的固化。

6）验收。验收是用户对提交的成品进行检验，以确认接收或拒收的活动。验收时需对产品最终结果的符合性进行全面评价。对于复杂的产品，强调从技术和管理两个方面进行评价。

国内航天质量管理与产品保证工作在实践中还形成了独具行业特色的一些方法、工具和准则，具有典型代表的主要是："1＋6＋2"可靠性分析方法、"九新"风险分析方法、航天产品数据包、质量问题归零"双五条"标准等。其中，航天质量问题归零"双五条"标准即技术归零五条标准和管理归零五条标准。技术归零五条标准包括"定位准确、机理清楚、问题复现、措施有效、举一反三"五条具体要求；管理归零五条标准包括"过程清楚、责任明确、措施落实、严肃处理、完善规章"五条具体要求。

产品保证计划执行与控制过程主要形成《分系统产品保证大纲》《分系统产品保证计划》《单机产品保证大纲》《单机产品保证计划》《关重项目清单》《关重件清单》《目录外元器件

清单》《目录外原材料清单》《未经飞行验证的工艺清单》《验收试验和鉴定程序》等。

商业航天案例：四维图新全寿命周期质量管理

北京四维图新科技股份有限公司是中国领先的数字地图内容、车联网及动态交通信息服务、地理位置相关的商业智能解决方案提供商，致力于为全球客户提供专业化、高品质的地理信息产品和服务。公司拥有中国最大浮动车数据平台及数十项核心技术专利，高品质服务已连续五年 7×24 小时可靠运营，覆盖全国 34 个主要城市及部分主干高速公路，每天服务于数千万用户的出行。

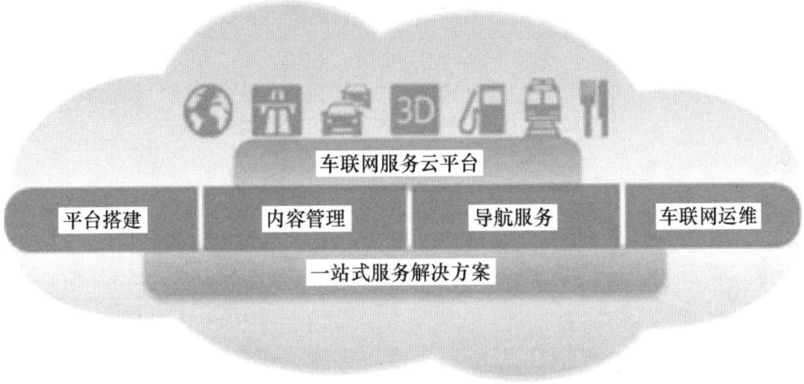

车联网及动态交通信息服务

针对客户的不同需求，四维图新提供：定制平台搭建、内容管理、导航服务、车联网运维及一站式车联网解决方案，已获得了国内外众多客户的认可。

1）平台搭建：自有的开放式、模块化/分层次的服务平台，提供丰富的信息内容和模块接口，为合作伙伴及终端用户提供多种使用组合方案。

2）内容管理：与 2500 多家内容供应商签约，业务涵盖新闻、天气、股票、停车场、加油站、宾馆、餐馆、影院等 15 大类；应用 CP（内容提供商）管理与整合平台，完成多源 CP 数据的接入、清洗、聚合、发布、监控和管理工作。

3）导航服务：提供高质量地图显示、POI 搜索、路径计算和实时交通等信息，为驾车出行提供最佳行车方案。

4）车联网运维：拥有专业的运维团队，大型项目运维经验，标准化、全套运维体系。

5）一站式车联网解决方案：为用户提供项目前期设计、开发、搭建、整合、后期测试、运营整套方案。同时，可提供定制化服务，如手机 APP 和门户网站等内容。

3. 经验借鉴

航天某研究院产品保证体系，由院级产品保证部门、总体产品保证部门、分系统单位产品保证部门及单机单位产品保证部门等组成，如图 6 - 6 所示。在该体系中，院级产品保证部门负责全院产品保证工作的系统管理，进行院级产品保证工作的顶层策划、组织实施和产品保证技术支撑力量（支撑机构和专家组）的建设；总体、分系统和单机单位产品保证部门分别负责本单位型号任务的产品保证工作，向本单位型号任务派驻产品保证经理或单机产品保证工程师，并根据需要配置专业产品保证工程师。

在项目实施过程中，各层级产品保证机构进行面向产品的质量分析并对相关产品保证工作进行总结，开展产品保证技术研究；建立并持续改进产品保证文件及相关表单/模板，固化已经成熟的方法、流程和经验，逐渐建立产品保证标准文件体系。

在人员选聘方面，实行任职资格准入和聘任制，两个以上完整型号的任职经历是前提条件；项目产品保证经理需具备两个以上型号总体/分系统主任设计师经历，分系统产品保证经理需具有两个以上分系统或单机主管设计师任职经历。在专业支持方面，该院组建了包含多个专业中心的产品保证支持机构并遴选了产品保证专家组，为各级产品保证活动提供专业支持。

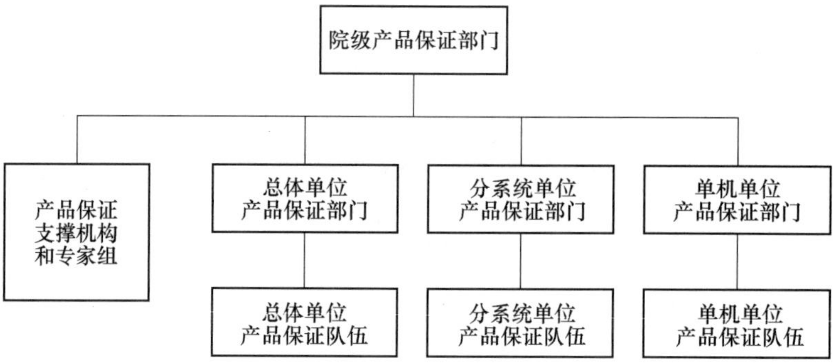

图 6-6　某院产品保证组织机构

某研究院近年来不断拓展型号管理要素，将产品保证大纲和主要分纲作为型号顶层的管理依据，结合型号项目开展了产品保证工作实践。依靠项目总体及其他的各级产品保证组织开展各专业产品保证工作；下级产品保证组织对上级产品保证组织负责。产品保证职能部门主要负责相应要素的策划、实施控制和闭环，其人员需要兼具型号管理和专业技术能力，由型号两总审查通过后方可上岗。在项目实施过程中，该院形成了以产品保证大纲为总纲、各专业保证大纲为支撑的文件体系，依托各专业中心和专家组开展技术支持工作。

梳理国内外航天产品保证工作方法，总结出以下有益经验：

1）机构健全、职责明晰。机构健全、职责明晰的产品保证工作机构是做好产品保证工作的组织保障。

2）队伍可靠、保障专业。打造一支既有一线产品研制经验，又有较高管理水平的产品保证人员队伍，组建或依托专业可靠的产品保证技术支持机构，遴选专业权威的评审专家库，是做好产品保证工作的专业保障。

3）体系完备、标准规范。建立贯通产品全流程的保证体系文件，制定涵盖各保证要素的标准库，是做好产品保证工作的规范保障。

4）独立履职、矩阵管理。确保产品保证人员独立履行工作职责，将工程技术与项目管理有机结合，实行矩阵管理，是做好产品保证工作的制度保障。

6.9 项目风险管理

1. 项目风险管理的内涵及特点

商业航天风险管理中的风险分为两个层次：

1）强调风险的不确定性；

2）强调风险对人们所带来的损害。

风险管理就是通过风险的识别、预测和衡量，选择有效的手段，以尽可能降低成本，有计划地处理风险，以获得企业安全生产的经济保障。这就要求企业在生产经营过程中，应对可能发生的风险进行识别，预测各种风险发生后对资源及生产经营造成的消极影响，使生产能够持续进行。

航天项目风险具有客观性、不确定性、普遍性、多样性、多层次性、潜在性等特征。

2. 项目风险管理的方法与经验

航天项目风险是在一定的时间内，以相应的航天项目风险因素为必要条件，以相应的航天风险事件为充分条件，航天项目主体承受相应风险结果的可能性。从国内航天项目研制各种风险发生的情况看，首先设计风险和协调调度风险是引起故障的最主要风险源，其次是人员的责任心和工艺技术引起的风险，再次是元器件的质量和人员能力的风险，最后是设施和材料问题。

从航天项目国际化过程面临风险来看，主要包括政治风险、技术风险、进度风险、费用风险、管理风险、环境风险等诸多风险因素，国内外航天项目上述各风险因素所占比例和权重不一。

以 NASA 风险管理为例，说明风险管理演变：

（1）从单一的定性风险管理到采取一体化的定量风险管理

近年，NASA 引入持续风险管理（Continuous Risk Management，CRM）；在应用 CRM 的基础上，引入概率风险分析（Probabilistic Risk Analysis，PRA），并于 2002 年发行针对各项目经理的 PRA 手册；此后，开始加强风险量化评估研究，并倾向于采取一体化定量化风险管理理论评估管理项目研发过程中的风险。CRM 是一种将定性和定量相结合的风险动态管理理论，共包含六大模块，其中风险识别、风险分析、风险规划、风险跟踪和风险控制模块在风险过程上首尾相连，风险沟通记录模块贯穿以上五大模块。

当前，NASA 风险管理的思路是将 CRM 和 PRA 结合起来，利用 PRA 估计风险发生的概率，估算风险等级和风险影响，力求用定性和定量化的手段把握项目风险发生规律及其可能造成的影响，构建动态风险管理的程序和组织。

（2）从单一持续风险管理框架到基于风险响应的风险决策方法

基于风险响应的风险决策方法过程主要应对备选方案决策的风险响应部分，以保证目标的有效达成；持续性风险管理则应对所选取的备选方案的实施过程，以保证满足要求。两方面同时进行，以确保 NASA 项目和工程的风险管理能够从构想、开发到执行有效进行。

3. 经验借鉴

项目风险管理工作围绕风险评估、风险培训、风险文件编写、重要业务风险的评估而开展工作。商业航天企业编写《卫星发射服务项目风险分析与管理要求》《卫星在轨交付项目风险分析与管理要求》，对业务流程进行了梳理，对风险管理工作的重点进行了讨论，广泛征求了有关主管领导、业务部门的意见，在此基础上进行修改和完善。

积极开展项目风险调研，重点对招投标业务中的典型项目进行了实地考察，收集相关材料，同时与招标中心进行了讨论与研究，对典型项目抵押担保问题提出了风险警示和管控要求，项目最终以物权留置、股权质押和中信保投保等多渠道对潜在风险进行管控，支持了业务的发展。

组织开展项目风险分析与管理要求的评估工作，按照“先局部、后全体”的方法，选取试点项目，根据《风险分析与管理要求》文件的要求，开展项目风险评估，进一步完善工作流程，全面识别项目开发、执行及维护全周期可能的各种风险因素，防范商业航天项目风险。为加强风险防范，公司层面研究如何实现风险管理信息系统与公司现有系统的对接和兼容，利用现有客户资源和历史数据，实现风险评估各环节的自动化管理。

加强风险管理培训和宣传工作，邀请相关单位对项目风险管理分析与管理要求进行专题培训，增强风险的实践类经验；维护并完善公司OA系统风险管理文化专栏，收集与公司相关的业务风险知识和案例，提升风险管理的水平，进一步强化员工的风险意识。

6.10　综合保障及售后管理

1. 综合保障及售后管理的内涵及特点

项目综合保障包括KHTT、客户培训、产品运输、保密支持、项目宣传、发射场活动、客户活动安排等内容。

以下以售后为重点，说明项目售后服务的主要内容。

影响项目收尾要素包括但不限于：正式的验收文档，来源于客户或买方的正式确认书，表明项目或阶段的产品、服务或成果已经满足了客户要求和规范；项目文档，从项目活动产生的文档，如项目管理计划、范围、成本、进度和质量的基线、项目日历、风险记录、计划风险应对措施以及风险影响；项目收尾文档，标志着项目或阶段完工并已经将全部可交付物完成移交的正式文件；历史信息和经验教训信息要转移到知识库，以备将来的项目或项目阶段使用。

在航天产品和服务体系中，售后服务是不可缺少的一个环节，已经纳入航天项目管理的整体系统功能之中。售后服务质量保证体系，是商业航天公司营销工作的重要环节，也有利于继续保持和巩固与国际客户的良好合作关系，为双方进一步的合作打下基础。

售后服务一般分为主动式服务与被动式服务。被动式服务是指在客户的请求或要求下，才去满足客户需求的服务。主动式服务是指主动发现并满足客户需求的服务。主动服务能让客户感受到你热情、友好的待客态度，可以有效激发客户反馈，从而有利于形成互动沟通关系，为了解和满足客户需要奠定基础。

要遵循“客户总是对的”这一理念，必须：

1）站在客户的角度考虑问题。

2）应设法消除客户的抱怨和不满，不应把对产品或服务有意见的客户看成讨厌的人。

3）切忌同客户发生任何争吵，企业绝不会是胜利者，会是失败者，因为失去客户，也就意味着失去信誉和利润。

2. 综合保障及售后管理的方法与经验

商业航天企业应成立售后服务中心，主要对在轨卫星地面站的异常进行处理，开展组织协调工作。在项目执行中成立工作组。

1）卫星在轨长期管理：包括轨道管理（测轨、定轨、轨道机动、轨道事件预报、推进剂管理）、卫星平台管理（姿态与动量保持、星载设备管理、特殊时期管理、异常情况处理）、有效载荷管理。采用的手段包括：遥测监视、数据分析、指令控制与数据上载、测距等。

2）卫星日常维护操作：日常操作（Nominal Operation）和应急操作（Contingency Operation）。日常操作是飞行任务所需要的、卫星平台操作要求的、设备正常运行或软件配置所需要的（周期性）活动。电源分系统日常操作包括：太阳帆板重定向操作、进入地影前的电池重整操作、星蚀期（地影或月影）的监视操作。测控分系统日常操作包括：配置测距通道、测距、信标选择操作、信标发射机调整。推进分系统日常操作包括：轨道机动操作、动量卸载。星载计算机分系统日常操作包括：星载时钟校准操作、卫星（卫星管理单元）周期检查、授权密钥更换。姿态控制分系统日常操作包括：轨道调动操作、星历表上载更新操作、地球敏感期日月干扰操作、姿态偏置操作、陀螺仪定期检查操作。有效载荷分系统日常操作包括：行波管开/关操作、线性通道放大器增益调整操作、接收机/下变频器切换操作、上行覆盖区切换操作（抗干扰功能）。

具体来说，售后服务的内容包括：

1）在轨卫星监视系统。商业航天企业会同研制方一起建立并不断完善“在轨卫星数据监测系统”，将所有在轨卫星数据引入研制方运管中心和商业航天企业，24小时对卫星进行监测。该系统的建立，实现了对在轨卫星的实时遥测数据监视、历史在轨遥测数据查询、监视报警数据查询及在轨状态演示，为在轨卫星管理与售后服务的开展提供了强有力的保障。

2）异常情况紧急处理机制。商业航天企业与研制方运管中心建立了“在轨卫星异常通报机制”，并与测控方及研制方摸索并初步建立了“异常情况紧急处理联动机制”。处理了多次在轨卫星轻度异常、由于用户不规范操作导致的三次地面站遥测遥控异常、六次地面站雷击受损及两次空间碎片碰撞规避等紧急异常事件。

3）提供在站技术支持。商业航天企业配合研制方及测控方及时办理外事手续、工作交接、后勤支持以及安保等相关工作，实现了在站支持人员的无缝衔接。这些在站支持人员克服了包括人身及财产安全、高原反应及艰苦生活条件的困难，为保障在轨卫星的安全运行做出了重要贡献。

4）提供在轨卫星续保技术支持。为了保障国际商业卫星客户的利益，商业航天企业与研制方每年都为客户采购在轨卫星商业保险提供技术支持，编写或审定在轨卫星年度健康报告，并回答保险商提出的相关技术问题，增强了国际保险界对中国卫星的信心，有效降低了在轨卫星商业保险的费率。

5）协调提供遥感卫星碎片碰撞预警及规避服务。由于遥感卫星轨道的特殊性，遥感卫星与空间碎片碰撞的可能性远高于通信卫星。为了避免遥感卫星与空间碎片发生碰撞，确保遥感卫星的安全，商业航天企业与测控方通力配合、协同工作，在必要时及时对遥感卫星进行轨道机动，避免了与空间碎片的碰撞。

6）完善远程支持系统。由于在轨商业卫星数量逐渐增多，为了更好地为国际客户提供卫星操作技术支持，商业航天企业和研制方将逐步建设远程技术支持服务系统，采用24小时的视频音频交互技术支持的方式，完成远程支持工作。该系统的建设将进一步丰富卫星操作支持服务的技术手段，提升服务水平，同时能够提高技术支持人员的工作效率。

7）建立商业卫星测控网。针对部分国际客户的卫星测控能力明显不足的问题，商业航天企业正在积极开展商业卫星测控网的论证和建设，以满足客户对于应急测控服务的需求，并确保出口卫星的安全。公司拟采用商业化模式，利用大中心小协作的方式，充分发掘国内外商业服务可用资源，构建全球商业地面测控协作网，以向国际客户提供卫星长期在轨测控、应急测控等服务，延伸航天产业价值链。

一般来说，卫星在轨售后服务体系应该满足：a）故障检测，根据测量信息识别系统是否发生故障；b）故障定位，在给定的故障条件下，找出故障原因，确定发生故障元件的具体位置；c）故障隔离，阻止故障传播，以避免损坏或影响其他元件的功能；d）故障恢复，根据已具有的在轨系统状态和对策知识，采取相应对策，以还原全部或部分功能。

在轨故障诊断系统侧重以下几方面功能需求：a）紧急故障处理模式，优先处理对系统有严重后果的故障，诊断系统应能紧急自主切换到能维持卫星生存的安全模式；b）主要处理和应对全局性故障的检测与诊断；c）一般来讲，自主系统的软件可重新注入，诊断知识可以方便地维护和自主学习；d）良好的诊断系统软硬件容错功能；e）地面可以随时干预系统工作。

3. 经验借鉴

中国空间技术研究院成立了航天器运行管理中心，是从事航天器在轨运行管理的研究与技术开发应用的专业机构，负责我国当前多颗卫星的在轨运行管理任务。

（1）卫星在轨异常

截至目前，玻星、老挝星和白俄星未发生任何异常。其中，常驻故障包括：太阳敏感器输出跳变，动量轮转速超限，SDIU1553B总线复位计数持续增加，行波管放大器异常掉电，部分常驻故障为数传通道二调制器2A开路失效，见表6－8和表6－9。针对这五个长期故障的星上零部件，切换备份部件后，卫星未受到影响。

表6－8　在轨某遥感卫星异常统计总表

编号	分系统	异常名称	合计
1	控　制	星敏两部分遥测异常，经分析为偶然事件	2
2	测　控	GPS接收机数据不更新，经分析为偶然事件	1
3	数　传	通道二调制器2A开路失效	1
合　　计			4

表6－9　在轨通信卫星异常统计总表

编号	分系统	异常名称
1	有效载荷	转发器多功能组件增益电平跳变
		行波管放大器异常掉电

（续）

编号	分系统	异常名称
2	数　管	CTU 发生单比特错误计数连续增加
		SDIU1553B 总线复位计数持续增加
		大电流充电电流设置值异常跳变
		服务舱北测控单元乙机在轨自动复位
3	供配电	加热器异常接通
		充电电流异常跳变
		气瓶 1 主份/备份加热器异常接通
		部件健康字跳变
4	测　控	测距信号转发状态异常
		K392、K382 指令执行异常
5	姿轨控/控制	动量轮转速超限
		SADA 过零信号跳变
		加热器无故自主接通
		氦气瓶壳温 2 温度升高
		氦气瓶壳温 3 温度升高
		控制系统模式字跳变
		卫星转 ESM、ETM 模式
		太阳敏感器输出跳变
		动量轮 2 掉电
6	推进	490N 发动机壳温偏高

（2）地面站主要问题

商业航天企业与测控方和研制方一起积极开展地面站设备维护工作，及时维修或更换出现故障的地面设备，并妥善处理了玻利维亚和尼日利亚地面站遭受雷击的紧急情况，为在轨卫星保驾护航。但是尼星 1R 和委星一号通信卫星的客户出现了资金短缺问题，导致无力承担地面站年检、备件库费用，长期拖欠相关费用，对卫星在轨安全造成隐患。针对这一问题，商业航天企业积极应对，一方面想方设法帮助尼日利亚和某国客户提升卫星运行和管理能力，扩展卫星应用业务，增加经济收益；另一方面，商业航天企业以大局为重，先行垫付资金，进行地面站设备的维修和更换，保障了在轨卫星的安全。

第4部分

星座运营及应用项目管理

第 7 章　商业星座运营项目管理

商业卫星星座运营及应用涉及一系列单个卫星项目管理和星座组网管理，以及综合应用的航天活动。它是一个项目群管理过程，即为了实现商业航天企业的战略目标和利益，而对一组项目（项目群）进行的统一协调管理，以单个项目管理为核心，对多个项目进行的总体控制和协调，侧重在整体上进行规划、控制和协调，指导各个项目的具体管理工作，包括集成管理、协同管理、各应用领域和通用的管理理论。而由于项目群中的多重性、高度的复杂性和不确定性，集成管理在项目群占据相当重要的地位，是实现项目群管理的关键。集成管理即按照某一集成规则进行的组合和构造，其目的在于提高系统的整体功能。

商业卫星星座的集成管理应该包括多个维度整体集成，全寿命周期、管理组织和管理要素。全寿命周期是按照联合论证设计、星座发射、星座运维、客户关系、应用云平台、国际合作、后评价等阶段，列出项目管理的内容和要求。管理组织是各参与方包括资本方、监理方、设计方、承包商、分包商、供应商等，他们之间是由独立的合同构成的交易关系。管理要素是按照单个项目的九个要素来系统管理。

7.1　联合论证设计管理

商业卫星星座由于投资规模大、投资回报要求高、应用导向明确、风险压力大等特点，因此，大多采取建设方、运营方、承研方、火箭方、用户方等联合论证设计，提出并论证发射的卫星数量、卫星性能、载荷参数、组网模式、轨道设计、频率使用等，构建天地一体化设施与运营服务体系。

商业航天企业采取市场化、产业化、商业化方式，统筹社会资源为解决应用需求的“痛点”问题开展活动。在这些问题当中，面向用户需求设计卫星星座成为最大难点，通过需求导向做到发挥卫星最大化经济效益，起到满足现有需求、创造全新需求的作用。基于此，一是研制方能解决什么问题，也就是给用户带来的价值很关键。数据产品到底有没有用取决于用户的真实需求。很多项目能够帮用户解决问题，就可以快速推进实施，产品有了价值才有市场。二是从星座设计前期就介入轨位设计和构型论证过程中，逐步形成从广度到深度的产业链延伸发展。

1）星座构型设计。星座构型是以卫星轨道为基础，对星座的空间几何结构以及卫星间相互关系的描述，反映了星座中卫星的时空布局。卫星星座在通信、定位导航、军事侦察、对地观测和数据中继等领域都得到了广泛的应用。星座构型设计是星座部署和运行的前提，而星座的部署和运行性能也是影响星座构型设计的重要性能指标。因此，在星座构型设计时，必须综合考虑星座构型稳定性、星座发射部署、星座构型保持、星座构型重构、星座备份策略以及星座分阶段部署等任务性能指标的约束。针对不同任务的星座，考虑的星座性能指标除了覆盖性能以外，还包括星座的一些特殊性能，如导航星座的精度、连续性、可用性、完好性、可提供的最小仰角等，通信星座的星间链路等。同时，不同目标区域对星座性能的要求也是不同的，如星座要求在主要商业服务区（北纬 25°～49°）满足任何时刻至少两重覆盖的要求等。针对覆盖特性的星座构型优化设计中，最具有影响的是沃克（Walker）提出的星形星座和β星座以及一套成体系的星座设计方法，如中轨道导航星座 GPS、格洛纳斯、伽利略，低轨道通信星座 Globalstar、Iridium、Skybridge 等。此外，针对地带覆盖和区域覆盖通信星座的设计问题，提出超启发式遗传算法星座设计方法，以覆盖性能最好和卫星数目最少为设计目标进行椭圆轨道非对称星座设计。近年，在星座设计过程中，同时考虑星座的多种性能目标和约束，并提出了利用先进自适应随机搜索算法来解决星座的多目标优化问题。加强星座联合论证设计，能够使得星座获得多目标优化，提高星座性能和可靠性，降低星座整体成本。

2）轨位频率。获得有效的频谱轨位资源是保障星座运营规划顺利实施和效能充分发挥的重要基础。如何在日益复杂的空间频谱环境中提升星座组网频率利用率、抗干扰能力，同时满足日益提高的系统性能要求及满足星座组网领域需求，在建设规划目标、频率轨位资源储备方面必须进行超前研究、超前储备。建立健全卫星频率轨道的申报协调流程，将卫星频率轨道资源可行性分析作为星座项目立项论证的必要组成部分，确保系统项目的频率轨道资源得到保障；委托专业机构对星座系统规划项目进行频率轨道资源可行性论证。对尚未落实频率轨道资源的项目，星座承研方制定补充、完善申报策略并实施。

3）联合运营方案设计。协助星座研制方或所有者，围绕在建的自主规划星座，可结合用户需求开展共享、共建、共营，实现数十颗到百颗级卫星开放、共享、商业化运营。根据市场应用需求，规划虚拟星座建设，联合商业航天战略合作伙伴，共建商业星座。结合商业化运营，星座建成后可实现小时级重访，以及小时级更新的图像数据。通过在前期设计过程中，依托行业内外专业资源，打通从卫星设计、论证到应用、售后服务的一站式的卫星资源应用新模式，使广大用户更快速、高效、便捷地使用卫星资源。

7.2 星座发射服务管理

从运营的角度考虑，在星座发射管理过程中，主要在发射数量、星座规模、运载选择、发射成本、产业联盟方式等方面进行权衡。

1）未来入轨卫星数量巨大。目前，国内各家星座计划各有特点，但为兼顾全球覆盖和低延时通信等核心能力，各大公司都很默契地选择了质量在 200 kg 左右的小卫星作为组网卫星，这就导致星座规模十分庞大。按照国际电信联盟的要求，申请卫星频率和轨位资源的公司需要在获得许可后 2 年内完成星座中 10％卫星的部署，5 年内完成星座中 50％卫星的部署，7 年内完成星座中 100％卫星的部署。如果无法满足上述要求，将对申报的星座规模进行削减。考虑到卫星频率及轨位资源的稀缺性，不论是国内公司还是国外公司，都将严格遵守国际电信联盟的上述要求。据此计算，未来数年国内将有年均 200 颗卫星的发射需求，而国际市场上卫星发射数量将达到年均 3500 颗。

2）星座组网释放大量发射需求。目前来看，国外主要互联网星座已完成火箭选型并进入规模组网阶段，国产火箭承担发射任务的可能性不大，后续商业发射需求主要来源于国内星座组网。据艾瑞咨询研究院的不完全统计，目前国内已经公布的卫星星座计划发射卫星超过 2500 颗，以平均每期发射 10 颗卫星估算，需要 250 次商业发射机会。虽然计划执行过程中可能受到后期商业航天公司发展规划、融资状况等影响，但仍反映出国内商业航天小卫星进入太空的迫切需求。从目前对外公布的资料来看，国内星座的具体组网方案尚未明确，以星座规模 1000 颗卫星、单星质量 200kg、轨道高度 700km、组网周期 5 年为例，对组网发射需求仍存在很大缺口。

3）星座组网如果选用小型运载火箭，则所需发射次数过多，组网效率较低，而选用大型运载火箭，虽然组网效率最高，但生产和测发周期较长，因此从工程实施层面出发，采用大型和中型运载火箭组网、小型运载火箭补网发射的可能性较大。国内外主要卫星互联网星座组网火箭的选择大致相同。以采用一发大型火箭发射 50 颗卫星、六发中型火箭发射 150 颗卫星、两发小型火箭补网发射 4 颗卫星进行计算，全年需完成 9 次发射。上述计算均以质量作为依据，如考虑到卫星包络对整流罩内布局的影响，则对火箭的需求还会有所增加，有望达到 10～12 次/年。因此，促进星座组网稳步发展，首要问题是解决商业火箭产能问题。这就需要利用好商业航天的平台融资及整合能力，通过引入产业资本的方式完善商业火箭产业链条，以资本为纽带快速聚集社会资源，补足产能短板，形成批产能力。同时，利用好海上发射资源，突破发射场资源瓶颈，以有效保障星座组网的可实施性。

4）发射成本因素成为重中之重。以星链星座组网发射为例，"猎鹰"9 运载火箭每次携带 60 颗卫星，按照"猎鹰"9 运载火箭的市场售价为 6000 万美元计算，单颗卫星的发射成本为 100 万美元，而 SpaceX 公司之前公布其单星制造成本为 50 万美元左右，仅为发射成本的一半。如果要完成 1.2 万颗卫星的组网，仅火箭开支一项就将达到 120 亿美元。但 SpaceX 公司 CEO 埃隆·马斯克透露，在复用一级火箭和整流罩的乐观状态下，单次发射成本有望降至 1500 万美元，即发射成本降为原来的 1/4。通过不断加大研发力度和资金投入，开发火箭重复使用功能的技术创新，以及包括转变设计理念，简化流程的研制模式创新，最终才能赢得商业火箭市场竞争。

5）采用产业联盟方式，共同开拓市场。卫星互联网星座作为庞大、复杂的系统工程，很难仅凭一两家单位就完成组网工作，所以，未来星座组网阶段一定是由多家单位协同配合完成的。因此，商业火箭公司需要与卫星方、网络运营方、资本方开展深入合作，结成产业联盟，一同开拓市场。这种互通有无、无缝对接的合作关系，不仅有利于技术方案的快速迭代，更能充分发挥联盟内各单位的特长，有助于形成合力，凸显联盟的竞争优势。同时，这种方式也可作为商业模式来进行探索，为后续"抱团出海"开拓国际市场积累经验。

7.3　星座运维与在轨服务

卫星星座的运维服务，包括日常运维、姿态调整、在轨健康、延寿服务、组网与补网、能源管理、星地链路、天地一体化服务等。

面向大规模星座系统的卫星及网络状态感知与维护技术，当前卫星网络的运维管控是通过地面测控系统完成的，受限于测控站建设敏感性和卫星测控频段用户密度等，地面测控网无法实现对低轨卫星的全时段观测。考虑到信关站馈电链路速率高、全球布站的优势，通过与商业航天企业建立联合的测运控系统，能够保证遥测数据24h无缝回传，为卫星故障处置提供基本的遥测数据支撑。

巨型星座系统性能管理中出现的故障类型，列举一些常见的故障类型，例如网络故障、网络节点故障以及网络业务故障等，包含控制器故障、存储器溢出、网络路由失效、遥测等，其分别对应网络性能管理中的网络状态监测，节点、链路状态监测以及业务管理。具体而言，属于网络故障的网络分割攻击，主要是在传输过程中利用某些节点的资源自私性向网络中不停发包，阻塞传输资源中的一些链路资源；而属于网络节点及链路故障的黑洞攻击，主要是恶意散布欺骗消息，来改变传输资源参数，导致资源只出不回，类似一个黑洞。因此，可通过高效的网络运维来进行实时监控，并同步有效的资源分配，实现在遭到恶意攻击时的网络反扑。

当卫星网络出现以上所述的故障时，如何进行故障管理是网络运维的关键因素之一。针对节点对监测数据报错较多但重要性不明的问题，提出并实现了基于机器学习的异常数据重要性量化分析算法，能够利用机器学习算法对异常数据重要性进行量化评估，得到异常数据的重要性权重。在网络运维的故障管理上，不仅需要预测故障的类型，也需要具备故障处理的能力，即需要融合卫星自身测量、星间观测、星地观测等多种异质观测结果，从卫星信号质量分析、卫星传感信息挖掘、卫星动态多尺度测量、卫星运行空间环境监测等多个维度，构建检测、预测和学习模型，智能规划卫星异常处置、碰撞应急规避、轨道控制保持等关键动作，并以此为依据自动重构星座资源，来保证星座QoS，实现用户无感的“卫星异常自动处置、星座资源自动重构”。

当前，应用较为广泛的网络状态感知和维护的方法，通过设计基于机器学习的方法应对网络状态的不确定性。具体而言，由于卫星网络故障的强突发性以及类型的多样性，导致卫星网络的故障管理变得极其烦琐，为了能够高效地维护卫星网络的健康稳定运行，需要引入基于机器学习的特征量模板匹配方法，来实现对故障信息的分类，并针对每种类型的故障设计相应的有效应对故障的解决措施。

7.4 多层次客户关系管理

目前，国内民营卫星公司这些客户尚属起步阶段，各方面发展未及成熟，对航天项目管理及发射任务组织过程并不熟悉。用户的需求也是不断变化、调整的，包括卫星性能、卫星数量、星座构型、发射时间以及测运控选择等。

总承包方要制定合适的战略，要努力提高自身的应变能力和创新能力，找到自身核心竞争力所欠缺的稀缺资源和掌握稀缺资源的组织情况，与掌握稀缺资源的合作方/客户建立良好的伙伴关系，铺设获取资源的途径。根据已建立的伙伴关系，总承包方需要提高自身的市场拓展能力，积极开拓发展空间，创造和合作伙伴的交流机会，在信息资源的共享中获取稀缺资源，为资源整合、学习创新奠定基础。

在伙伴关系模式下，总承包方可以通过合作创新模式共享其他成员的资源，吸收合作伙伴的优点，学习其先进技术和设备研发能力，促进企业创新能力的提升。在与合作伙伴的相互交流学习中，开拓上下游市场资源，完善产业链条，实现星座设计、研制、运营及服务纵向一体化。此外，总承包方要提高自身的学习创新能力，建立学习型组织，不断向伙伴关系网络中的合作伙伴学习，根据公司自身的特点进行选择性的创新。通过学习融合外部知识和内部知识，加以创新，形成自身独特的技术特点，为国内外客户提供差异化的服务。

7.5　星座应用云平台管理

通过星座资源整合及多方力量合作，为国内外用户提供面向卫星应用的云平台，具体包括提供测运控服务、建设卫星地面站网、建设云服务中心和部署空间信息地面服务平台等。

（1）提供测运控服务

随着商业航天技术的发展，卫星成本在大幅度降低，性能、功能、敏捷性都大幅度提升。从项目咨询到卫星设计、制造、发射、测运控、应用增值的一站式“卫星托管”服务的基础上，支持不同国家、不同地区和不同用户定制完整的“卫星星座＋智慧产业”体系，能够极大助力各地区数字化转型升级。

（2）建设卫星地面站网

“卫星地面接收站”是商业航天背景下，对各类卫星地面站统一规划布局、集中管理、集中运营的一种天基资源地面服务组织形式，同样是构成空间信息基础设施的重要部分。

建设卫星地面站网有助于打造基于天地一体化的地面基础设施聚集区。通过建设“卫星地面测控与接收站”，开展卫星地面站从设计、交付、托管到数据增值全链条业务，提供全面的卫星地面站运营保障。有助于打造数据资源增值服务平台。依托“卫星地面接收站”基础设施，结合人工智能、大数据、云计算等新一代信息技术，构建卫星测运控、数据分析、快速监测、VSAT 通信等云服务，实现从卫星资源到行业应用的增值。有助于打造航天产业生态。在基础设施和服务平台建设的带动下，汇聚互联网、大数据、人工智能、云计算等支撑性产业，重点吸引商业航天的上下游产业落地发展，扩展到航天科普教育、航天文创和航天旅游等周边产业的集聚，形成航天产业集群。

（3）建设云服务中心

融合阿里云、京东云产品体系输出的航天云平台，为用户提供国际、国产化适配基础云计算软硬件环境，满足复杂信息化系统的私有化部署、自主可控的需求，降低技术难度及运维复杂性，提供高水平、易运维、智能化的云服务。

（4）部署空间信息地面服务平台

构建面向产业互联网线上服务的地面服务平台。通过云化基础设施、云化卫星数据资源，建立从卫星到用户的“云平台服务”，支撑空间信息增值服务的线上交付。平台汇聚卫星地面基础设施、卫星通信、导航、遥感等各类天基资源，提供时空信息线上服务产品。

7.6　国际卫星在轨交付项目管理

国际卫星在轨交付项目流程如同航天工程项目一样，其一般流程（图 7－1）主要包括：

1）国际卫星在轨交付项目的合同签订。

2）卫星分系统供应商招标，卫星研制。

3）火箭分系统供应商招标，火箭研制。

4）测控站分系统建造商招标，测控站建造。

5）卫星、火箭分系统的运输、测试、转运、吊装、联合测试等发射场操作和发射场协调工作。

6）测控网协调工作。

7）卫星发射，测控网、测控站进行发射测控。

8）测控网测控移交，开展在轨测试。

9）在轨交付。

10）在轨卫星的售后服务和长期管理的售后服务。

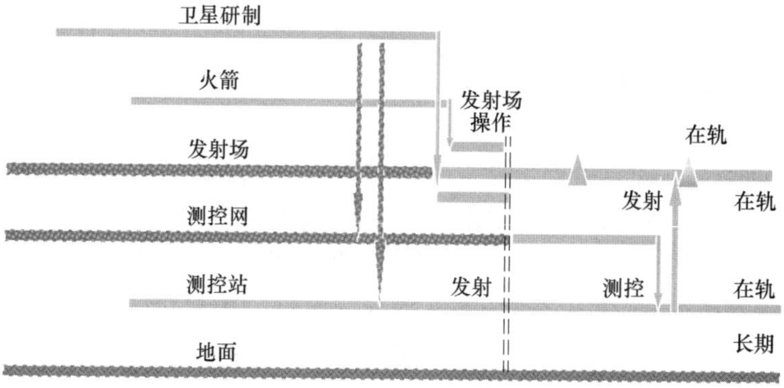

图 7－1　国际卫星在轨交付项目执行的一般流程

7.7　星座组网重点事项

7.7.1　星座特性统筹

1）资源的复杂性。传统观测任务的多类型遥感卫星调度的卫星资源是由具有不同传感器类型的卫星组成的，互相之间又不完全等同，也不能完全互相替代，这个传统的生产规划调度中的资源是相同的，可以互相替代是不同的，增加了系统的复杂性，给求解带来了极大的困难。

2）过度约束特性。过度约束是指由于求解问题的约束过多而且约束之间存在相互冲突，导致无法得到问题的可行解的情况。基于典型观测任务的多类型遥感卫星调度问题就是一个过度约束的问题。首先，遥感卫星在运行过程中将面临多种不同形式的物理约束，例如卫星运行的轨道、星上的存储约束、遥感器工作约束、能耗约束等；其次，由于航天技术的发展和普及，对卫星观测的需求也日益增加，而卫星资源总是有限的，远远无法满足用户对卫星使用的需求，卫星资源总是处于稀缺的状态。所求解基于典型任务的多类型卫星调度问题是求解一个过度约束的问题。所有涉及卫星资源的约束均属于物理层面的约束，不能采取措施实现约束的松弛，一般仅可以对特定的约束进行松弛，摒弃一些任务来求得问题的一个可行解或者满意解，但其解应该尽量保留优先级高的或者收益高的任务。

3）多时间窗口约束特性。卫星只有在飞抵被观察目标上空的一段时间内，才能完成对目标的观察活动。这段时间为卫星对目标的可见时间窗口。通常，时间窗口是由卫星的轨道特性所决定的。在基于典型任务的多类型遥感卫星调度问题中，被观察目标对某个卫星在一个调度周期内可能存在有多个可见时间窗口，或者不同的卫星均具有时间窗口，甚至任意一颗卫星都不具备时间窗口。所以，要想保证对问题的顺利求解，就应当依据实际情况，在多个时间窗口内配置一个或多个时间窗口执行。

4）资源不完全可替代特性。对于一般的规划调度而言，通常利用多个不同的资源完成一个特定的活动。资源之间具有可替换性。基于典型任务的多类型遥感卫星调度问题也具有这个特征。例如，一个任务既可以由卫星 1 来执行，也可以由卫星 2 来完成。但不同之处在于，在对于卫星的调度中，由于两颗卫星的轨道是完全不同的，因此基于典型任务的多类型遥感卫星调度问题中，可选资源是不完全具有可替代性的。比如，在卫星 1 和给定目标的一个可见时间窗口中，若利用卫星 1 无法顺利地完成任务，一般不会令类似的卫星 2 去代替卫星 1 进行执行，这是由于两颗卫星的可见时间窗口未必重合，或者卫星 2 对目标的时间窗口不能满足任务的要求。并且，卫星 1 和卫星 2 所携带的星上传感器虽然类型相同但性能也不一定完全相同，可能在数据精度上存在一定的差异。所以，在基于典型任务的多类型遥感卫星调度问题上资源具有不完全可替代特性。

5）调度过程中包含不确定性因素。基于典型任务的多类型遥感卫星调度过程中，会面临一些动态约束，进一步地提升了规划的难度。具体包括载荷种类的不同，例如：光学卫星、雷达卫星、多光谱卫星等；以及卫星轨道面的不同，例如：同一轨道面、不同轨道面，以及同构卫星、异构卫星；还包括不同敏捷度卫星组合、不同过境时间的卫星组合等。

7.7.2　协调机制统筹

1）需求统筹机制。基于国际合作资源，参与虚拟星座构建的各国航天主管部门有义务统一组织和协调本国用户，合理向虚拟星座运控中心提出数据需求（含应急需求）；建立星座技术专家组或值班的应急任务办公室（或应急任务响应工作组）；需求符合星座所含卫星的主要技术状态和正常工作能力，并尽可能减少本国用户需求冲突；优先满足涉及各国重大国家利益和达到中国一级和二级灾害标准的重大自然灾害或人为事故的公益性数据需求。

2）仿真分析机制。“一带一路”沿线的国家和地区的航天主管部门及其委托单位轮流承担虚拟星座仿真分析任务和值班。结合各国用户的数据需求，对星座各星进行轨道运行和执行任务仿真分析（主要按照本国卫星拍摄他国所需数据、在本国地面站下传的模式仿真），尽可能降低任务冲突，满足用户需求；形成仿真结果后，交由星座技术专家组组织会商。

3）会商机制。星座技术专家组按定期和不定期、现场会议和电视电话会议、双边和多边等方式组织开展会商。其中，年度会商审议各国用户年度需求和星座年度观测规划，原则上在仿真分析单位召开现场会议；季度会商原则上通过电视电话会议进行。若出现重大协调问题（常规情况下），可不定期组织会商；若是双边性会商，原则上应把会议必要情况通报其他国家，以便协调一致行动。

4）重大调整机制。在常规情况下，虚拟星座月计划形成后原则上不做较大调整。确有重大常规任务需求，对观测任务有需求的国别须提前向星座技术专家组提出申请，由星座技术专家组会商确定是否安排和调整星座工作计划。若各国贡献卫星应本国国内重大任务需要，被迫中止星座相关规划或计划任务，星座技术专家组应尽可能事先组织协调，并主动将协调情况通报需求国的航天主管部门。

5）数据接收与处理、分发主要采用“本国接收本国星服务他国需求”的合作模式，即各国对其提供的卫星行使调度权，因此可利用该国所有的地面系统资源对卫星进行调度和数据接收、处理与分发。

其次，还包括卫星资源调度、数据接收与处理协调、数据产品与标准的增值服务等。

7.7.3 观测任务统筹

通常，按照常规和应急两种模式考虑需求统筹与卫星观测任务安排。例如，在常规模式下，参与金砖国家虚拟星座构建的各方，参与国家按照“年度预计＋季度调整”的模式提出数据需求；星座按照“年度规划＋月/周计划”的模式调度运行。

在应急模式下，金砖国家参照 Charter 机制，在各国相关部门设立应急任务办公室（或应急任务响应工作组，轮值运行），并在星座技术专家组组织下开展工作。

7.7.4 地面系统与数据落地

构成虚拟星座的各方在提供适用卫星的基础上，各方提供所属的相关地面系统资源（包括地面卫星数据接收站、数据处理资源、定标场、真实性检验场等），作为虚拟星座数据在各方落地的支撑。各站采用“总体设计，分别实施，同步形成，联网运行”的方式进行改造。

1. 地面系统改造方案

根据各国提供的卫星主要性能与指标，组建虚拟星座技术专家组组织，负责对各方提供的地面系统进行综合评测和总体设计（包括数据格式、接口标准、产品规格等协调）；分别形成改造方案，提交各国航天主管部门组织实施。其中，改造方案可考虑以下三种选择：

1）各方航天主管部门向其他国家或组织提供地面系统采购建议，即关于数据接收、处理和分发，某国向其他国家提供符合虚拟星座相关标准规范的“黑盒子”，在成本对等的情况下，请其他国家考虑采购。该方案安全性好，易于操作，但合作程度不紧密，在运行阶段可能会造成更多协调性问题。

2）各方航天主管部门向其他国家或组织提供本国卫星的相关参数，由其他国家自行考虑地面系统相关研制、建设/改造和运行工作。该方案合作程度紧密，但存在安全性和研建系统达标性、衔接性等隐患。

3）“混搭模式”，即各方航天主管部门向其他国家或组织提供本国贡献卫星的相关参数，一方面由其他国家自行考虑相关研建与运行工作；另一方面，也向其他国家提供模块化标准组件采购方案。该方案兼顾了安全性和合作性，但是需要虚拟星座技术专家组做好相关设计与衔接，确保各方的付出与获益相对平衡。

2. 地面系统运行

鼓励各方地面系统改造同步完成。实际上若不能同步完成，则按照“早完成早使用、多贡献多收益”的原则进行操作，即尽早完成的国家尽早为其他国家提供服务，积累贡献率，作为虚拟星座技术专家组（或其他运管机构）人数分配、职权划分等的重要依据；或者在商业服务中，以更多获取收益分配。

按照需求统筹、卫星观测任务安排等套路与程序，组织虚拟星座根据观测年度规划和月/周计划实施观测，调度各方地面资源进行数据接收、处理和分发。其中，对于本国提供的卫星，可调用该国所有地面资源予以支持；对于他方提供的卫星，可调用该国提供的地面资源予以支持。

3. 地面系统方案

地面系统由地面测控系统、地面应用系统，以及管理控制系统构成。系统框图如图 7－2 所示。

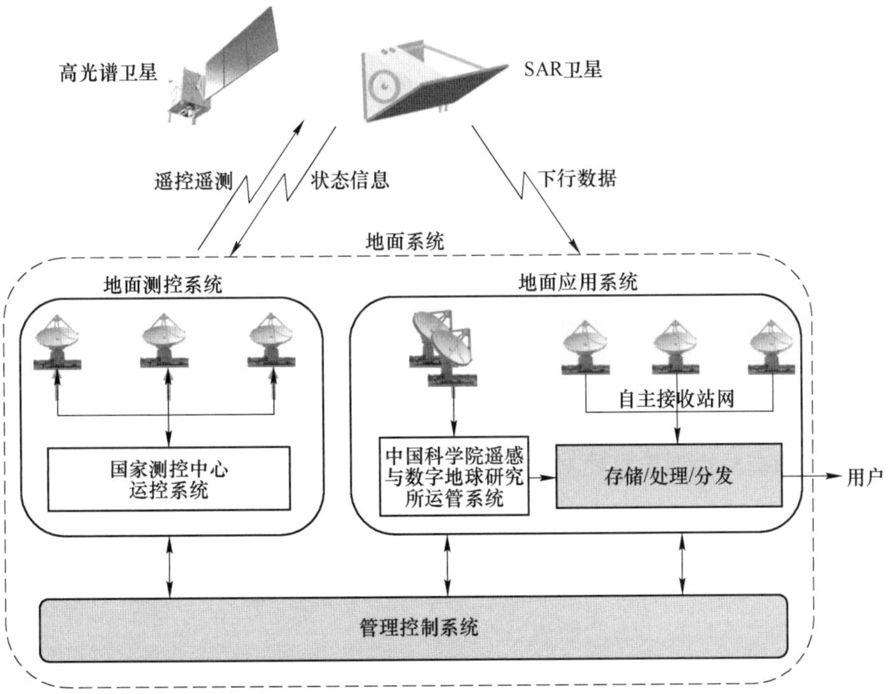

注：上图中方框填充黄颜色的为本项目待研制的内容。基于专线构建异地系统链接网络

图 7－2　星-地面系统示意图

地面系统主要实现星-地一体化管控、卫星测控、地面应用三个方面的工作，三大系统主要功能简述如下。

(1) 管理控制系统的主要功能

地面管理控制是实现业务化和产业化应用的关键系统，担负着卫星运控管理、数据接收、遥感影像产品生产、定期在轨检校、数据管理和分发服务等任务，主要功能包括：

1) 针对测控系统：能够根据用户需求以及星地资源情况，编排卫星观测任务，制定卫星观测计划、数据接收计划，编制测控指令并提交给测控系统。

2）针对地面应用系统：能够根据用户需求和接收计划，自动安排卫星数据接收、数据传输、数据处理，以及产品生产的任务；并能够监测地面应用系统中各分系统的任务执行、设备工作，以及运行网络等运行状态。

3）针对自主测控方式：管理控制系统除具备对 USB 测控体制的支持以外，还具备对 UXB 测控体制的支持功能。

（2）地面测控系统的主要功能

地面测控系统的主要功能如下：

1）具备卫星控制功能。能够实现对卫星轨道、姿态的控制，能够实现对星上载荷控制。

2）具备卫星轨道测定及预报能力。根据测控数据确定卫星轨道并能够预报轨道。

3）具备测控计划编制能力。据卫星轨道预报计算测站跟踪计划，制定卫星长管任务的网管计划。

4）具备测控资源调度与分配能力。根据卫星测控计划，为目标测控任务分配适当的测控资源。

5）具备自动化运行管理能力。实现测控任务的自动化运行管理。

6）具备系统监控能力。实现对全系统的状态监视和控制功能。

7）具备系统测试标校能力。实现测控设备的系统测试和标校功能。

8）具备系统维护功能。

（3）地面应用系统的主要功能

地面应用系统主要完成卫星原始数据接收、数据传输、产品处理，以及数据的存储与分发等功能，主要功能如下：

1）具备特殊用户和普通用户的分发服务功能。其中，特殊用户指救灾应急、国防、安全，以及特殊需求的行业或部门。

2）接收站网系统根据接收计划完成覆盖我国境内千眼星座数据接收任务，并传至数据中心。

3）能够对卫星原始数据、各级产品以及各类辅助数据进行高速存取、编目管理和长期存档。

4）具备初级产品自动化生产能力。

5）具备原始数据和初级产品质量检验的能力。

6）利用各类卫星测图精度检校数据定期对卫星数据进行几何辐射定标。

7）具备获取与管理精密定轨数据的功能。

8）具备专线数传功能，完成异地原始数据和测控信息的传输，并具有断点续传和差错重传等功能，确保数据安全。

第 8 章　卫星应用工程项目管理

8.1　应用项目概述

全球的卫星产业都发展得较快，相关卫星应用项目呈现出不断增加的态势，除了传统的美国、日本、欧洲等一些航天产业大国在卫星应用项目方面持续保持的优势之外，在非洲、东亚以及中东一些国家和地区也逐步加大了对卫星应用项目的投入，商业卫星市场不断增加。近年来，我国的卫星应用产业获得了快速的发展，代表性的发展项目有北斗卫星导航系统、高分辨率对地观测系统等，特别是随着国家政策在卫星产业发展方面的倾斜，使得我国卫星应用项目的发展进入快车道。目前，中国已经有 300 余颗通信卫星、遥感卫星、导航卫星在轨稳定运行，这些卫星广泛应用于我国经济建设的各个领域，为我国地面基础设施的运营提供了有效的支撑，见表 8－1。我国年均发射数量达到 40 次左右，大量卫星发射入轨为卫星应用项目带来巨大的市场。

表 8－1　国内成熟的行业应用方案

产业领域	成熟方案	成熟产品
通信广播	Teleport 电信港解决方案	VSAT 系列产品、DTH 上行站、综合网管、ISOC、VSAT 终端以及机顶盒终端
	DTH 上行站系统	
	VSAT 卫星通信系统	
	行业软件及单机产品	
导航应用	中轨道搜索救援系统	MEOLUT 站、测试信标设备、GNSS 接收机、差分接收机、GNSS 信号测试仿真平台
	各行业导航终端	
遥感应用	遥感卫星数据接收站	固定和机动遥感接收站、数据预处理、数据编目存档、数据管理、数据分发服务、卫星运行管理系统等产品、图像处理软件以及任务运行管理软件产品
	遥感卫星数据处理中心	
综合应用	四级减灾指挥系统	以 VSAT 产品为核心的卫星通信传输平台、遥感数据处理和分析软件、应急指挥控制系统、远程教育平台软件
	远程教育系统	

8.2　卫星应用业务管理

卫星应用业务按照区域划分主要分为国内以及国外，国内的主要客户为政府和大型企业。国外的客户主要以北美、欧洲占据较大份额，其次是中东和亚洲市场，非洲、拉美和中亚地区相对较弱。由于未来各新兴市场国家应用需求的持续增长，非洲、拉美和亚洲等地区将保持较高的增长率，卫星应用业务将有较大的发展空间。

卫星应用业务管理内容如图 8-1 所示。

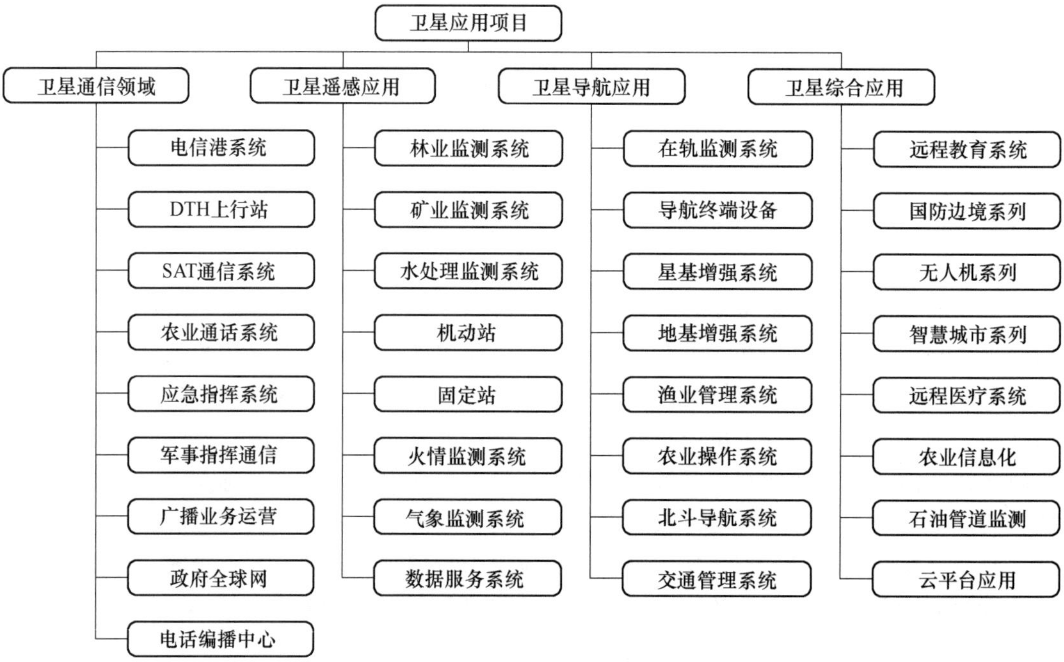

图 8-1　卫星应用业务管理内容

从当前卫星应用项目管理来看，它主要表现出保密性、多样性、长周期性与融合性等特点，具体内容如下：

1）卫星应用项目具有保密性的特点。卫星项目涉及的技术规格、性能指标具有较高的秘密性，相互参照甚至重复性较少；国际项目主要以政府为主，项目涉及各个国家之间的合作关系，因此虽然不涉及国家秘密，但是商业秘密仍作为项目的条件之一。

2）卫星应用项目具有多样性的特点。项目风险无处不在，无时不有，项目风险识别并不是一次性的，而是在整个项目立项、实施和收尾阶段都要进行的。

3）卫星应用项目具有长周期性的特点。大多数情况下，由于卫星应用项目具有较强的标准化程度和模块化程度，它所要求的基础设施与产品都较为复杂，使得卫星应用项目从立项到项目完成通常需要经过至少数月甚至数年的时间，周期性较长。

4）卫星应用项目具有融合性的特点。大量的卫星应用项目是很多相关领域的共同进步，典型领域包括通信、电力、信息技术、材料、生态等，只有将这些典型的领域融合起来，卫星应用项目才能够有效实现。

8.3　北斗应用增强系统管理

8.3.1　项目阶段工作内容

1. 项目策划阶段

北斗应用增强的项目策划，主要工作是研究 GPS、格洛纳斯、伽利略信号体制及

GPPP 和广域差分的信号格式要求，协调各基准站、数据中心、某卫星 L 波段转发器及星间链路的租用等，为总体方案设计收集相关资料并确定后续应用示范的合作伙伴。

2. 项目实施阶段

项目实施阶段主要的工作包括总体方案设计，信号格式设计、试验及协调，数据处理软件设计，数据处理算法及模型设计，关键技术攻关，基准站、上行站、关口站建设/改造，终端适应性改造，数据处理中心/增值服务中心平台建设等。

（1）总体方案设计

依据前期调研和研究的结果，确定某增强系统总体设计方案。包括总体方案设计、总体协调、合作洽谈、技术方案初步设计。

（2）信号格式设计、试验及协调

依据总体方案，对某增强系统信号格式进行详细设计并进行试验，与相关方进行技术和管理协调。

（3）数据处理软件设计

依据总体方案，对某增强系统的数据处理软件进行详细设计，与相关方进行技术和管理协调。

（4）数据处理算法及模型设计

依据总体方案，对高精度梳理处理算法及模型进行详细设计并进行测试，与相关方进行技术和管理协调。

（5）数据处理中心/增值服务中心平台建设

依据总体方案，对数据处理中心/增值服务中心的架构和模块展开详细设计和中心建设。

3. 系统调试、测试及演示验证阶段

主要开展系统联调、测试及演示验证，获得高精度数据及比对鉴定。

4. 示范应用阶段

主要开展终端的应用测试及针对行业应用的示范化，获得行业高精度数据及推广应用依据。

5. 项目验收阶段

针对整个项目的实施过程进行工作总结，按照项目有关管理要求，针对每个阶段和时间节点所产生的文件及成果整理归档。

8.3.2　项目管理

项目采用系统、科学的项目管理手段与方法对项目进行有效的管理与控制，其内容包含范围管理、合同管理、计划管理和质量管理等。

1. 范围管理

范围管理是对项目目标及建设内容进行管控，以确保项目最终目标的实现并圆满完成相关内容。项目范围管理以项目方案为基点通过建立项目 WBS 对项目的目标进行分解与细化，从而确定各级任务包。通过任务包建立制定出工作包描述（WPD），在该描述中将严格规定任务的目标与内容，从而实现项目范围的管控。

2. 合同管理

通过严格的合同管理能有效地管理和控制项目合作单位以及各级分承包商及相关供应商。其目的是确保相关项目合作单位以及各级分承包商按期完成相关工作任务。通过相关的合同管理要求在履行合同期间对出现的各种问题及时评估与处理，同时提出相应的解决方案，并反馈给相关方，以确保合同按期执行。

3. 计划管理

在项目的启动时将制定详细的项目实施计划，通过在制定 WBS 时就对各级所有工作包规定了实施时间，并对所有 WBS 进行级联，从而制定出所有项目实施计划与总体进度安排。通过这一计划安排及时识别关键路径，避免因关键性工作的拖延导致这个项目进度拖延。在计划管理中将定期及不定期地安排项目协调会，了解对项目计划的完成情况并进行相关的评估，以确保项目按期执行，避免计划延迟给各项目带来风险。

4. 质量管理

为确保高质量完成项目任务，将建立完善的质量管理体系并对项目进行质量管理，在整个项目实施期间，将成立项目质量保证小组并由其负责质量保证工作。质量保证小组归项目负责人领导，质量保证小组和质量保证人员必须定期和不定期地检查和评估本项目的质量状况，项目的专职质量保证人员协助组长开展各项软件质量保证活动。

第5部分

项目管理咨询服务

第 9 章　航天工程咨询服务

9.1　卫星频率轨位项目咨询

与客户进行轨位频率合作模式大致分为以下几类：

1. 对轨位使用权进行转让

为了提高卫星服务竞争力，向客户提供一揽子的解决方案，包括轨位频率资源的授权使用，为客户无偿提供发射卫星所需轨位频率资源，或以成本价回购部分卫星转发器资源进行抵价，轨位频率资源有偿转让，是中国航天对轨位频率资源商业化运作的探索，也是卫星项目新的一种盈利模式。例如，在白俄罗斯项目中，为解决白俄罗斯通信卫星轨位问题，中国航天向白俄罗斯提供 51.5°E 轨位频率资源使用权，该轨位处于 C 资料阶段。白俄罗斯以多路转发器免费提供卫通公司使用，并将部分转发器资源以市场成本价出售卫通公司，以此为代价，从卫通公司获得 51.5°E 使用权。

2. 为客户提供轨位频率咨询服务

发展中国家客户在新申报非规划卫星网络资料过程中，由于缺乏具备轨位频率协调专业技术的人员，面对众多需要协调的卫星网络、频率共用形势的复杂情况，往往手足无措。如在尼日利亚通信卫星项目中，尽管尼星 1R 卫星已在轨多年，尼星 1R 卫星仍没有完成 42.5°E 轨位的频率协调工作，国际电信联盟拒绝了尼星公司提出的 N 资料申请；在玻利维亚通信卫星项目中，玻星已在轨运行多年，与巴西、美国、卢森堡和英国的网络仍未完成协调；在老挝通信卫星项目中，由于老挝对网络资料维护不善，导致 LAOSAT－128.5E 卫星网络资料面临被删除的处置，对老挝卫星项目实施造成极为不利的影响。

经过与国际电信联盟 RRB（无线电规则委员会）委员进行沟通，通过国际电信联盟协调平台和机制，与世界主流卫星运营商进行沟通和洽谈，协助中方国际客户轨位协调问题进行斡旋，协助国际客户开展轨位国际协调工作。例如，中国航天协助老挝成功通过了国际电信联盟对于 LAOSAT－128.5E 卫星资料的延期表决，保障了老挝通信卫星项目的顺利推进。

中国航天已为尼日利亚、坦桑尼亚、波兰、白俄罗斯、印尼、马尔代夫、加纳、委内瑞拉、上合组织、孟加拉国、斯里兰卡、柬埔寨、老挝、缅甸、巴基斯坦、泰国、塞浦路斯、摩纳哥、摩洛哥、智利、秘鲁、刚果金、白俄罗斯、厄瓜多尔、巴布亚新几内亚、尼加拉瓜、埃及等国家和国际组织提供了轨位技术支持，出具了轨位频率解决方案，并相继与玻利维亚、尼加拉瓜、斯里兰卡等国签署了轨位咨询协议，为客户提供轨位频率的培训服务和卫星网络协调的技术支持。

9.2 融资与援外项目咨询

对项目融资有需求的客户，中国政府优惠贷款申请支持，包括优惠买/卖方信贷申请支持，并可根据申请时期的不同时机与具体政策环境申请中国政府或相关部门的其他专项融资项目支持；此外，还包括具有竞争力贷款利率的商业贷款申请支持，豁免商业贷款出口信用保险申请支持等。

“两优”贷款是中国援外优惠贷款和优惠出口买方信贷的简称，是中国政府给予发展中国家政府的政府援助贷款。中国进出口银行是中国政府指定的“两优”贷款业务唯一承办行。

（1）贷款条件对比（表 9-1）

表 9-1　贷款条件对比

	COFACE/HSBC	美国进出口银行/HSBC	中国进出口银行优惠出口买方信贷	中国银行（商业贷款）
贷款总额	85%保额，保额包含卫星、地面、保险、相关服务等	85%保额，保额包含发射服务	合同总价的最多 85%	合同总价的最多 85%
担保条件	主权担保	主权担保	主权担保	中信保（信保需要主权担保或对方国家一流银行担保）
提款期	35 个月	35 个月	最长 3 年	最长 3 年
还款期	10 年	10 年	最长 15 年（含提款期）	不超过 12 年（自借款合同生效之日起至贷款本息全部清偿之日）
利率	浮动利率：LIBOR＋1.25% Euro 固定：CIRR＋0.5% Euro	浮动利率：LIBOR＋0.95% USD 固定：CIRR USD（Ex 2015 年 5－6 月利率 2.69%）	固定利率：见公告文件	浮动利率：LIBOR＋240bp
总费率	LIBOR＋3.23% Euro 或 CIRR＋2.48% Euro	LIBOR＋3.25% USD 或 CIRR＋2.31% USD	见公告文件	LIBOR＋380bp（含信保保费）

（2）申贷条件

1）借款国政府借款申请函。

2）商务合同。

3）可研、建议书、环评报告。

4）业主材料。

5）执行企业和主要分包商/供货商材料等。

作为融资很重要的一方面，充分利用我国的援外政策也可以为通信卫星出口获得资金渠道。我国援外项目的主管单位包括国家商务部、国家科学技术部、国家发展和改革委员会、国家工业和信息化部等部委。

国家商务部的援外职责包括：负责我国对外援助工作；拟订并执行对外援助政策和方案，签署并执行有关协议；编制并执行对外援助计划，监督检查援外项目执行情况，管理援外资金、援外优惠贷款、援外专项基金等我国政府援外资金；推进援外方式改革。

国家发展和改革委员会与援外相关职责包括：按国务院规定权限审批、核准、审核重大建设项目、重大外资项目、境外资源开发类重大投资项目和大额用汇投资项目，研究提出利用外资和境外投资的战略、规划、总量平衡和结构优化的目标和政策。

国家科学与技术部与援外相关职责包括：组织拟订对外科技合作与交流的政策，负责政府间双边和多边及国际组织间科技合作与交流工作，指导相关部门和地方对外科技合作与交流工作，负责驻外使领馆科技干部的选派与相关管理，组织科技援外与科技援华相关工作。

国家工业和信息化部中小企业发展促进中心，支持中小企业参与国际交流与合作。目前，中国建立了与美国、韩国、日本、欧盟、APEC（亚太经济合作组织）、东盟等在中小企业领域的双边和多边合作机制，与有关国家和国际组织签署系列中小企业领域的合作交流协议。

国家商务部《对外援助管理办法》共8章51条，主要包括以下7个方面内容：一是规定了对外援助的概念、援助对象和基本原则，明确了商务部、驻外使领馆经商机构和省级商务主管部门的援外管理职责；二是规范了对外援助的政策和规划管理，包括制定中长期政策规划和国别援助指导意见，建立援外项目储备库；三是规定了无偿援助、无息贷款和优惠贷款三类援助资金及其主要用途，规定了五种主要项目类型，预留了制度接口；四是规范了援外项目的立项原则和程序，明确了对外商签立项协议的要求；五是规定商务部负责监督管理援外项目的安全、质量、功能、进度和资金使用，将从援外项目主体管理、招投标、合同、预算资金等方面实施管理；六是规定了援外人员在外执行援外任务的权利和义务，明确了中方实施主体和政府部门在援外人员待遇保障方面的职责；七是规定了援外项目实施主体、政府公务人员和其他相关机构工作人员等的法律责任。同时，提出了以下具体要求：

1）创新援外项目实施管理的模式。传统上，援外项目都是由中方实施的，随着情况的变化，有些受援方具备了一定的能力，可以实施一些项目。积极推广和受援方合作，由受援方来实施一些项目，也就是“本土化”的模式。根据国际经验和国内一些做法创新引入了“项目管理＋工程总承包”的实施管理模式，现在正在进行试点，试点成功后逐步推广。

2）抓好援外项目的立项前期管理。立项管理是援外工作的源头，立项工作的质量关系到援助目的的实现，所以在《对外援助管理办法》中对立项管理予以特别强调，要全面加强立项管理，增强立项工作的科学性。

3）完善竞争性的援外招标制度。原则是优质优价，根据《对外援助管理办法》，援外项目招标管理制度要完善，通过修订评标原则，引导建立合理的价格形成机制。

落实援外项目的质量保证责任，按照《对外援助管理办法》中的条款，将成套项目建成后的长效质量保障和配套技术的服务纳入管理范围。对于实施主体在合理的年限内要承担相应的质量保证责任，在合同中予以明确。对于不履行质量保证的责任，造成不良影响的实施主体将给予行政和经济处罚。

9.3　保险项目

保险安排模式大致分为以下三类：

第一类：单个项目单独安排。随着东方红四号通信卫星技术的逐渐成熟，在轨记录的积累，国内承保能力逐渐增大，对国际市场起到了很好的杠杆作用，从而为中方获得了最优的保险费率和承保条件。

第二类：打包安排。在安排玻利维亚通信卫星（简称“玻星”）发射保险时，考虑到当时国际保险市场疲软，费率处于较低点，从节省保费成本出发，中方进行了两颗星打包进行发射保险安排的尝试，通过与卫通公司合作，将玻星与卫通公司的中星 11 打包进行保险安排，在大力发掘国内承保能力，发挥对国际航天保险市场的“杠杆”作用的同时，通过打包安排，利用市场规律，加大了对国际航天保险市场的“撬动”力度。打包安排效果显著，两颗星最后获得的综合净费率达到东方红四号平台卫星发射保险安排有史以来的最低水平。

第三类：组批预约保险安排。组批预约保险是在实际发射前 3～5 年提前锁定保险费率、承保范围及承保能力支持的一种保险安排方式。风险在卫星项目合同生效时即被锁定，规避了从卫星合同生效到卫星发射期间由于国际航天保险市场不稳定而带来的费率、覆盖范围及承保份额的波动。随着卫星保险业务的不断发展，客户在卫星保险安排上提出更多、不同的要求，中国航天在这个过程中也不断学习、成长，对保险安排模式不断创新，以期为客户获得更加有竞争力的费率和承保条件。

在为客户进行卫星发射保险安排的同时，中国航天向客户提供卫星在轨保险安排服务，包括编写卫星在轨健康报告、组织分包单位进行国际国内保险宣讲、保险问题回答、市场询价等。

另一方面，卫星商业保险可以按照不同阶段分为发射前保险、发射保险、卫星在轨运行保险、第三方责任保险和其他保险。

发射前保险是指对卫星与火箭在制造、试验、运输及发射前准备期间，因偶发事故造成损失的保险。

发射保险的责任期间为卫星的不可返回点起至卫星进入预定轨道并开始履行下一步功能为止，发射过程中发生的卫星损毁、失控或未进入预定轨道等风险均在此保险范围内。在轨交付情形下，发射风险的转移时间则为双方约定的卫星在轨测试并移交用户正式使用后的某个时间点，即约定“入轨后+n 天”。

卫星在轨运行保险所保风险主要是指卫星偏离运行轨道、推进剂或信息传输系统功能失灵等导致卫星无法正常工作的风险。从发射实践看，发射前风险最小，保险费率也最低，发射风险则最大，其保险费率也最高，卫星在轨运行的风险与保险费率则介于前两者之间。

第三方责任保险是指对卫星发射准备期间或发射时造成的他人身体伤害和财产损失的保险。发射时碎片、卫星坠落或与其他空间人造天体碰撞都是承保范围。对于第三方责任保险，要考虑到“空间损害责任条约”和发射国的国内法规。

其他保险。这种保险是有可能需要投保，依据任何适用的法律、秩序和规则，或其他法律。

9.4　无线电频率管理项目

为提高频率管理的科学性，形成频率管理的闭环，为频谱规划调整、频谱回收、频谱共享、台站管理等工作提供科学而客观的依据，提高频率资源的使用效率，积极开展综合性的有效性评价。

一国频率主管部门主要针对用频单位的通信频谱使用情况、台站部署、无线电业务开展情况以及所带来的经济效益和社会效益等方面开展审查和评估，见表 9－2。

表 9－2　通信频率核查评估情况

名称	评估内容及开展工作
复查和评估	频谱的使用、需求趋势、国际发展和本国频率管理机构的行动计划等进行复查和评估
调查与评估	主要对具体频段和台站调查评估，制定频率回收方案
核查	对频率核查掌握频率分配和使用情况，建立综合的频率数据库；评估现有频率应用的技术效率，确定能够提高使用效率的具体频段
审计	对特定频段进行分析，了解该频段技术发展趋势和频率需求

1）使用新的评估技术手段。频率使用评估需要多种技术手段的支撑，数据采集工作需要使用固定、移动无线电监测设备以及专用监测设备进行监测。

2）使用评估大数据分析平台。通信频率使用评估采集到的海量数据需要巨大的存储空间和大数据分析软件。目前，通信频率使用评估主要是利用无线电管理机构的技术手段开展，采集数据，扩大频率使用的监测范围，利用大数据、云计算技术更加准确、全面地评估频率使用情况。

3）动态频率接入。根据电磁环境和使用目标的变化，以实时或准实时方式动态调整频谱接入和使用的一种频率管理机制。动态频率接入相比以往静态频率分配能解决频率资源短缺与过剩并存的问题。

频率评价实施机构见表 9－3。

表 9－3　频率评价实施机构

管理主体	主 要 内 容
国家无线电频率机构	法定性、强制性、权威性
无线电频率用户	用频单位内部组织实施
第三方评估机构	具备频谱评估资质的相关社会单位

从实施主体看，频率评估分为国家评估、内部评估和社会评估，并由相应机构开展评估工作。

1）国家评估由于具有法定性、强制性、权威性等特点，由国家无线电管理机构组织实施。

2）内部评估由通信的用频单位内部组织实施，确保组织用频目标得到实现。

3）社会评估主要由未来具备频谱评估资质的相关社会单位实施，提供有偿服务。

无线电频率资源约束见表 9－4。

表 9－4　无线电频率资源约束

资源约束	主要内容
技术约束	无线电频率使用技术、分配技术、共享技术，包括使用情况、需求趋势、技术、地理范围
经济约束	频段上不同应用所能带来的经济价值，及使用某一频段的时间成本和机会成本
社会约束	社会文化、国家制度、民族传统、生产方式、生活习惯、消费行为等

频率全寿命周期管理在“事前”管理方面，大体包括频率划分、频率规划、频率分配、频率指配、设备管理（型号核准等）等内容；在“事中、事后”管理方面，大体包括设备管理（在用设备检测）、台站管理（如台站核查）、监督检查、频率监测、频率核查等内容。由于大多数审计活动都属于事后审计，在设备管理（在用设备检测）、频率监测、频率核查、台站管理（台站核查）等，均可以纳入频谱评估的范畴。然而，这些工作主要是针对用频单位频率使用的真实性、合法性的审查与监督，对频谱效益（效率）性评价方面还没有明确对应的工作内容。

专栏：通信频率核查评估

据调研，通信无线电频率评估包含以下三类：

1）通信频率优化评估。频率优化评估是采取一定的行政或经济措施，提高频率的使用效率，目的在于优化频率使用，发挥频率经济价值。频率优化评估主要通过计算出频率的使用效率来进行评估。

2）通信频率审计评估。频率审计评估主要是通过判定频率的实际使用情况，将已经分配的频率中，使用效率低下的确定出来，采用协商调整等手段，将使用效率低下的频率收回、重新规划，分配给急需用频的单位或个人。

3）通信频率使用评估。无线电频率使用评估是依据现有的法律法规和技术规范，对已分配频率资源的实际使用情况进行系统分析和评价，重点评估用频秩序和效率等，旨在提高频率管理的科学性，形成频率的闭环管理，提高频率管理的科学性。

此外，国际上目前主要的频率分配方式除行政审批外，还包括拍卖和招标等方式，同样也适用于低轨通信系统。具体管理方法包括技术管理方法和经济管理方法。

（1）技术管理方法

目前，一国采取的频谱分配技术的分类有很多种，各有其优劣势。按网络结构分类有集中式、分布式频谱分配，按合作方式分类有合作式、非合作式频谱分配等。具体来说，集中式频谱分配是由一个控制中心来统一管理各认知用户对空闲频谱的占用，通过收集各用户上传自己环境的频谱感知信息，通过建立可用频谱数据库，能够实现全局最优化的频谱分配。分布式频谱分配是指每个用户观察其周围环境中授权用户，依据本地或合作检测信息，并结合频谱分享方式等策略进行分配。另外，合作式频谱分配是在授权用户和认知用户间或者认知用户之间，通过交互频谱信息来提高频谱利用率。非合作式频谱分配则是单个认知用户利用自己对周围环境的检测，该用户独立做出频谱决策并接入频谱。

（2）经济管理方法（表 9－5）

运用经济杠杆来解决通信频率资源的供需问题。国家分配大量资金采取频率转换措施，由国家主管部门开展招标，其他国家机构参加竞标，未来还将采取措施对民间用户开放竞标频段。

表 9－5　通信无线电频率资源的经济分配方法

经济方法	特　点
征收频率占用费	不同频段征收数额不等的频率占用费等经济调节手段，详见专题：无线电频率定价
频率资源短期租赁	将某一段频率资源的使用权以获取租金的方式让与承租人，到期收回
频率拍卖模式	以公开竞价的形式，根据申请者为获取频率或许可证支付的金额高低来确定中标者
其他方法	增值业务频率收费、重大活动一次收费等

（3）再分配及转换实施方法（表 9－6）

表 9－6　无线电频率资源的再分配方法

再分配方法	实　例
国家对频率资源重新分配	俄联邦曾经多次对民用和军用无线电频率实行重新分配
频率资源多次交易	使用者将获得的频率资源多次交易
基于市场价值的再配置/转让	俄联邦将 25.25～27.5GHz 频段拍卖
转让电信许可证选择	将许可证重新颁发给新的被许可人需要事先转让频谱使用许可证

频率资源再分配一般包括再分配、再配置/转让，以及国家对通信频率资源的重新分配，获得频率资源转换。例如，俄罗斯几家主流通信运营商正在 25.25～27.5GHz 和 4.9GHz 的其他频段测试 5GHz，这些频段只能作为主要频段 3.4～3.8GHz 的补充。

在涉及频谱使用的情况下，将许可证重新颁发给新的被许可人需要事先转让频谱使用许可证。此外，在申请重新颁发许可证时，申请人必须将这种事先的转让通知俄联邦相关监管机构。

海外频率落地项目的地球站许可要求如下：

①地球站许可要求

地球站、空间部分、VSAT 终端和落地权的许可应根据本国频率管理委员会按照可用性和其他任务可确定的方法进行授予。

②动中通地球站

1）除了通用规则外，任何一国长期地在飞机、船舶或陆地移动车辆上运行的 ESIM 必须符合本国的地球站许可要求。

2）只要嵌入式 SIM 卡（ESIM）已在其原产国正式注册，如果 ESIM 在一国领土范围内，并且不超过 X 周，则在飞机上、船舶式或陆地移动车辆上的 ESIM 不需要许可。

3）访问 ESIM 超过 X 周的临时停留时间应通知嵌入式 SIM 卡（ESIM）本国频率管理委员会，并从本国频率管理委员会获得必要的许可。

4）访问 ESIM 不得对一国的任何系统造成任何干扰。

5）本地 ESIM 服务提供商应根据前段地球站个人许可要求进行许可。

6）ESIM 必须具有控制和监视功能，以确保无干扰操作。

③许可证的使用说明

1）使用年限。地球站的个人和频率许可证的使用期限均为 10 年。

2）被许可人的义务。被许可人不得减损该法或其他法律规定的其他义务：

a）提供与网络系统、操作和用户有关的准确信息，如位置、发射功率等，以及本国频率管理委员会可能要求的任何其他信息。

b）经本国频率管理委员会许可或授权，不得向运营商提供服务或连接到其网。

c）维护提供服务的所有客户的数据。

d）确保用户的信息安全得到保障，因此，被许可人不得在任何时候向第三方授予用户数据访问权限。

3）用户终端。

a）用户操作使用终端用户设备不需要另外申请许可证。

b）具有多个 VSAT 终端的企业用户或直接连接到被许可人的 ESIM 终端不需要为每个安装的地球站获得单独的许可。

c）在超过 X 周的访问终端用户应通知服务委员会，并提供服务连接和传送期限的详细信息。

④许可证的申请

1）申请。许可证申请表可以从本国频率管理委员会的任何办公地点获得，也可以从本国频率管理委员会官方网站获得。

2）处理时间。本国频率管理委员会应根据一国法律和任何其他相关法规处理所有许可证申请。

3）许可证续订。

a）所有的许可证应在到期后续签，但须遵守许可证义务，并且所有使用的费用将在续订时支付。

b）被许可人应在许可证到期前六个月内申请续订其许可证。许可证应按照本国频率管理委员会规定的程序续期。

第 10 章　商业航天工程效能评估

10.1　工程效能评估内涵

随着遥感卫星由科研向业务化发展转变，卫星数量快速增长，产业规模不断提升。开展卫星工程效能评价，有利于更加准确、有效地反映卫星系统的能力，拓展应用领域，并促进卫星工程建设闭环管理，进一步优化卫星体系建设。

卫星遥感系统的效能目前没有统一的标准，一般定义为对达到一组特定遥感任务目标的满足程度，通常由卫星遥感系统的输出，即遥感应用信息产品满足任务目标的程度来综合表征。

遥感系统的效能与遥感卫星本身的性能有关，同时也与地面系统和应用系统的性能等息息相关。

系统性能通常与系统效能密切相关，两者既有一定的联系，又有一定的区别。系统性能反映的是卫星遥感系统自身的特性和能力，通常可以由一组性能指标来综合表征；而系统效能则反映卫星遥感系统在一定条件下完成任务目标的程度，不同类型的卫星遥感系统支持不同领域的使命，同样类型的卫星遥感系统对不同任务目标的满足程度有高有低，一般可以根据任务目标关注点的不同，有针对性地选用某些性能指标作为影响效能评估的主要因素。

10.2　工程效能评估体系

10.2.1　国外做法

美国卫星的在轨测试和评估工作基本上都由 NASA 来统一组织相关的研制机构和应用机构来进行，建立了一套完善的研制、测试、评价、验证的机构、体系和方法。

Landsat 系列卫星是世界上最早成功应用的陆地卫星，是遥感历史上具有里程碑意义的卫星。每个 Landsat 卫星在发射成功后都要进行全面的在轨测试工作，有的在轨测试工作在卫星的整个寿命期间内一直持续进行。Landsat4 在发射前，制定了图像数据质量分析计划；1992 年 7 月，该卫星发射后，由 NASA 负责组织，花两年时间，完成对 TM 和 MSS 的质量评价。作为最早成功应用的陆地卫星，Landsat 在轨测试的工作很大程度上在于对有效载荷波段设置的评价，对图像数据几何校正、辐射校正等图像质量的改进处理方法以及图像数据在制图和分类等方面的应用。

SPOT 卫星是最早、最广泛成功应用的卫星之一，SPOT 卫星也是推扫式成像卫星的代表。为了验证卫星的性能参数、测试其在轨运行状况、保证卫星数据的有效使用，卫星发射前在实验室对卫星的各分系统和整体性能进行在各种模拟环境下的参数测定，对载荷进行了航空校验试验，同时还对卫星影像质量进行了分析和预测，在卫星上天后法国空间研究中心（CNES）成立了专门的部门，在 La Crau'、美国的白沙试验场等地方对卫星在轨运行情况和仪器性能进行了系统的测试和评价，从而保证了具有较高的图像质量。

10.2.2　效能评价方法

目前，国内比较常用的典型的效能评价方法有层次分析法、模糊综合评价法、指数法、ADC 分析法等。

1. 层次分析法

层次分析法主要是根据研究对象的性质将要求达到的目标分解为多个组成因素，并按因素间的隶属关系，将其层次化，组成一个层次结构模型，然后按层分析，最终获得最低层因素对于最高层（总目标）的重要性权值，或进行优劣性排序。

层次分析法的优点是可将人的主观判断用数量的形式进行表达和处理，实现决策问题的定量与定性处理的结合。但也存在一致性检验客观标准的有效性、结果过多地依赖于决策者的偏好或主观判断等问题，进而导致评估结果的可信度存疑。

2. 模糊综合评价法

在系统效能评估过程中，存在许多定性评价的指标，对这些定性评价指标的评价均具有一定的模糊性，并非完全准确。模糊综合评价恰好能够考虑影响所评价事物的模糊因素，主要是依据模糊数学中模糊变换的概念进行评价的。

一般来说，隶属度的确定要根据隶属函数计算，分定性指标和定量指标。定性指标通常采用模糊统计法，例如：邀请专家共 A 人，对于某项定性指标，有 a1、a2、a3 位专家分别给予“差”“中”“好”评价，那么“差”“中”“好”的隶属度分别为 a1/A、a2/A、a3/A，则该指标的模糊评价矩阵为 [a1/A　a2/A　a3/A]。

定量指标的隶属函数主要根据二元对比排序法、推理等方法确定，在实际应用中，当所讨论的客观模糊现象的隶属函数与某种给定的模糊分布相类似时，即可选择这个模糊分布所求的隶属函数，然后通过先验知识或数据实验确定符合实际的参数，从而得到具体的隶属函数。

3. ADC 分析法

ADC 效能评估模型能较全面地反映系统状态的多项使用指标在实际使用中的动态变化与综合作用。它考虑实际情况下在目标确定时的初始状态，在任务过程中系统可能发生的变化，系统最终的状态和任务结果的关系。将这些因素考虑之后评估系统的综合效能。

10.2.3　效能评估体系

明确效能评估任务后，需要开展的工程效能评估工作主要包括选定评估对象、指标体系构建、构建系统模型、选取评估方法、采集基础数据、计算评估结果等内容，而效能度量、系统建模和评估方法等三项工作又是效能评估的核心工作，如图 10-1 所示。将这三项工作综合起来，组成工程效能评估

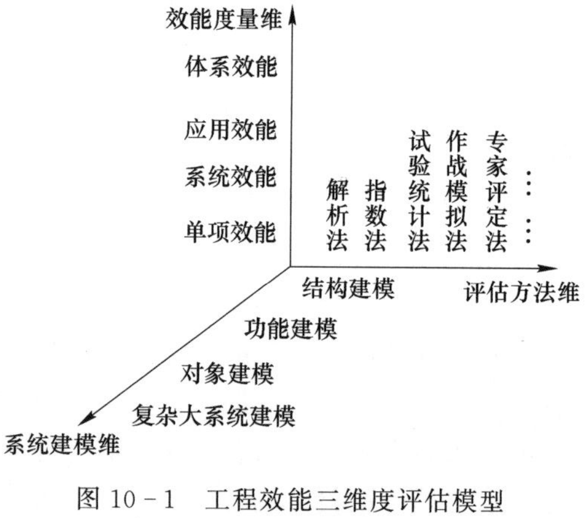

图 10-1　工程效能三维度评估模型

核心工作的三维视图。

1. 任务效能评估体系

以遥感卫星系统为评价对象，对遥感卫星系统任务效能评价方法进行分析，提出采用ADC 模型方法，将遥感卫星系统任务效能从可用性、可靠性和能力角度进行评价，评价技术路线如图 10 - 2 所示。

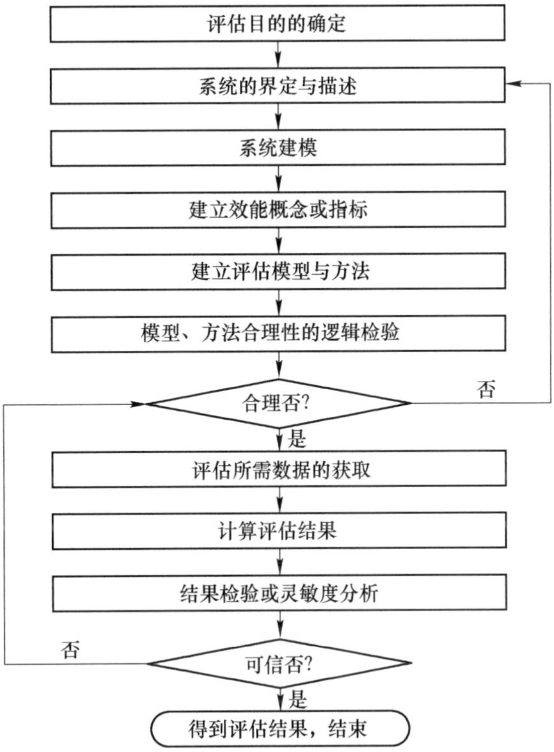

图 10 - 2　工程效能评价技术路线

提出建立卫星效能评价体系。首先，应完成从应用需求层到任务层的映射，即把各级各类用户对遥感卫星系统的多样化信息保障需求，映射到系统可执行的任务。而后，完成从系统性能层到系统能力层的映射，即把遥感卫星系统的技术指标，映射到探测能力指标。需要综合分析信息的精度、时效性和获取量等需求，以及不同技术手段的性能特点，归纳形成遥感卫星系统能力指标分类。遥感卫星效能评价指标体系如图 10 - 3 所示。

2. 综合效能评估体系

提出基于层次分析法与 ADC 模型的对地观测卫星系统综合效能评价方案。随着对地观测卫星系统的不断发展，各类卫星等空间信息系统设施越来越多，但由于其昂贵的造价，从而致使开展对地观测卫星系统的效能评估，以指导对地观测卫星的布局和发展具有重要的意义。因此，该评价的主要目的是通过效能评价，提出需要改进和提高的地方，为研制新一代卫星系统提出辅助支撑。

根据评价的目的，专家学者建立卫星系统效能评价指标体系，通过层次分析法对其进行权重计算，并通过仿真获取各指标的数值，最后使用 ADC 模型对卫星综合系统效能进行计算，分析卫星系统的效能情况。卫星系统综合效能评价指标体系如图 10 - 4 所示。

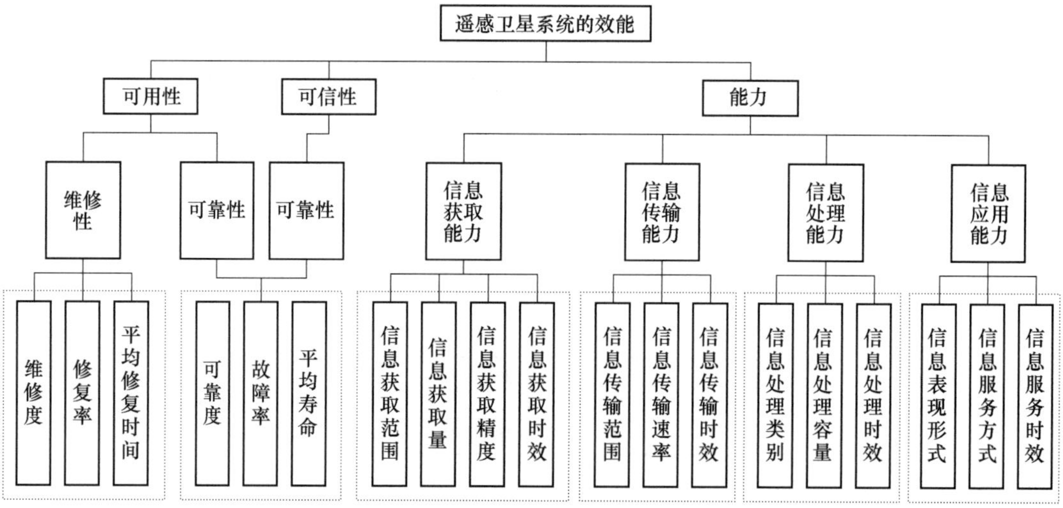

图 10－3　遥感卫星效能评价指标体系

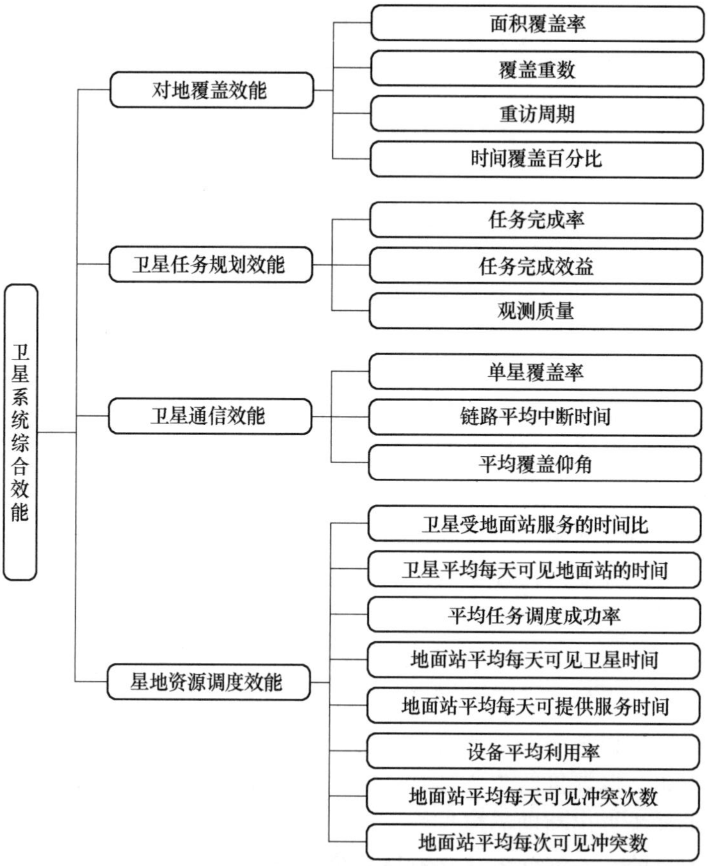

图 10－4　卫星系统综合效能评价指标体系

3. 基于指标体系的效能评估

对地观测系统顶层设计与合理规划问题，建立效能分析层次化指标体系，采用层次分析法设计指标权重；给出定量、定性评估指标属性值的获取及量纲为 1 的归一化方式；构建基于模糊综合法的系统效能计算模型，基于隶属度函数法、专家打分法分别计算定量指标、定性指标的单因素模糊评估向量；最终提出基于 AHP－FCE 方法的多层级系统效能综合评估整体流程，并通过数值算例验证方法的有效性。

卫星系统效能评价指标体系如图 10－5 所示。

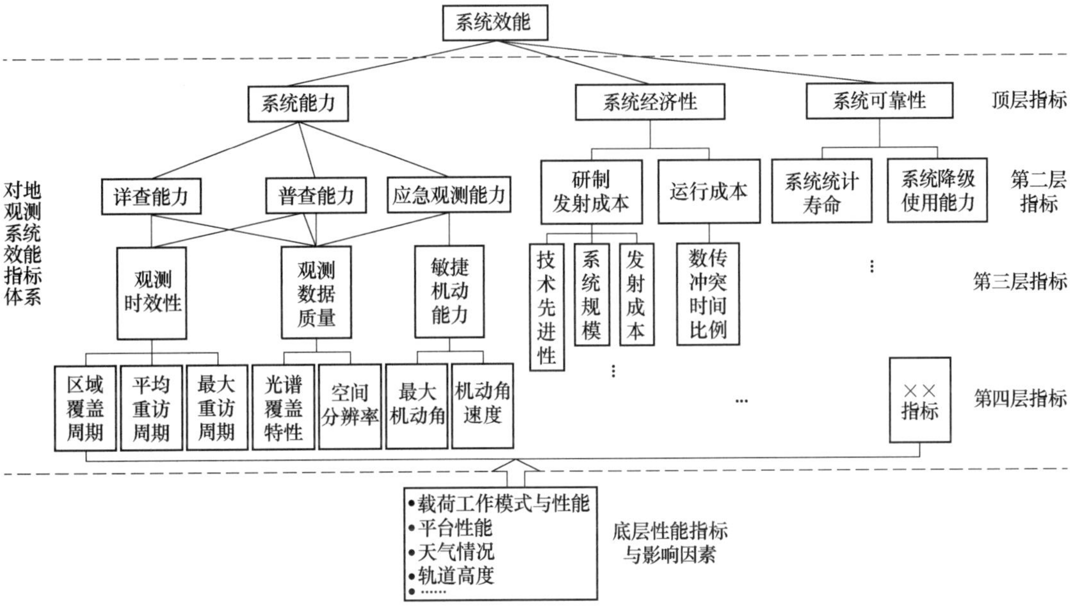

图 10－5 卫星系统效能评价指标体系

10.3 实践探索

10.3.1 评价目标

根据卫星工程批复的要求，结合用户应用需求，从卫星系统效能、技术试验项目、自主可控能力和国际竞争力等方面开展卫星系统工程效能评价，确认卫星系统最大的服务能力。同时，对比国际同类卫星，梳理差距，客观评价国际竞争力，为卫星系统指标改进、国际应用推广及技术试验项目成果推广提供支撑，提升后续工程管理水平，积累经验。

10.3.2 评价内容

一般工程效能评价主要包括以下内容：

1）卫星系统效能评价。以工程研制总要求为基础，对卫星系统（含卫星平台、有效载荷）关键指标进行复核确认，结合典型应用场景，挖掘星地系统综合服务能力。

2）应用效能评价。结合行业应用示范需求，组织各主用户及卫星数据接收机构开展示范应用效能评价。

3）自主可控能力评价。梳理卫星平台、有效载荷的单机产品及关键元器件国产化率，以及具有自主知识产权的核心技术，分析卫星系统自主可控能力。

4）国际竞争力评价。对标国内国际同类卫星，选取若干关键指标，评价先进性，分析亮点与优势，梳理差距与不足，如图 10－6 所示。

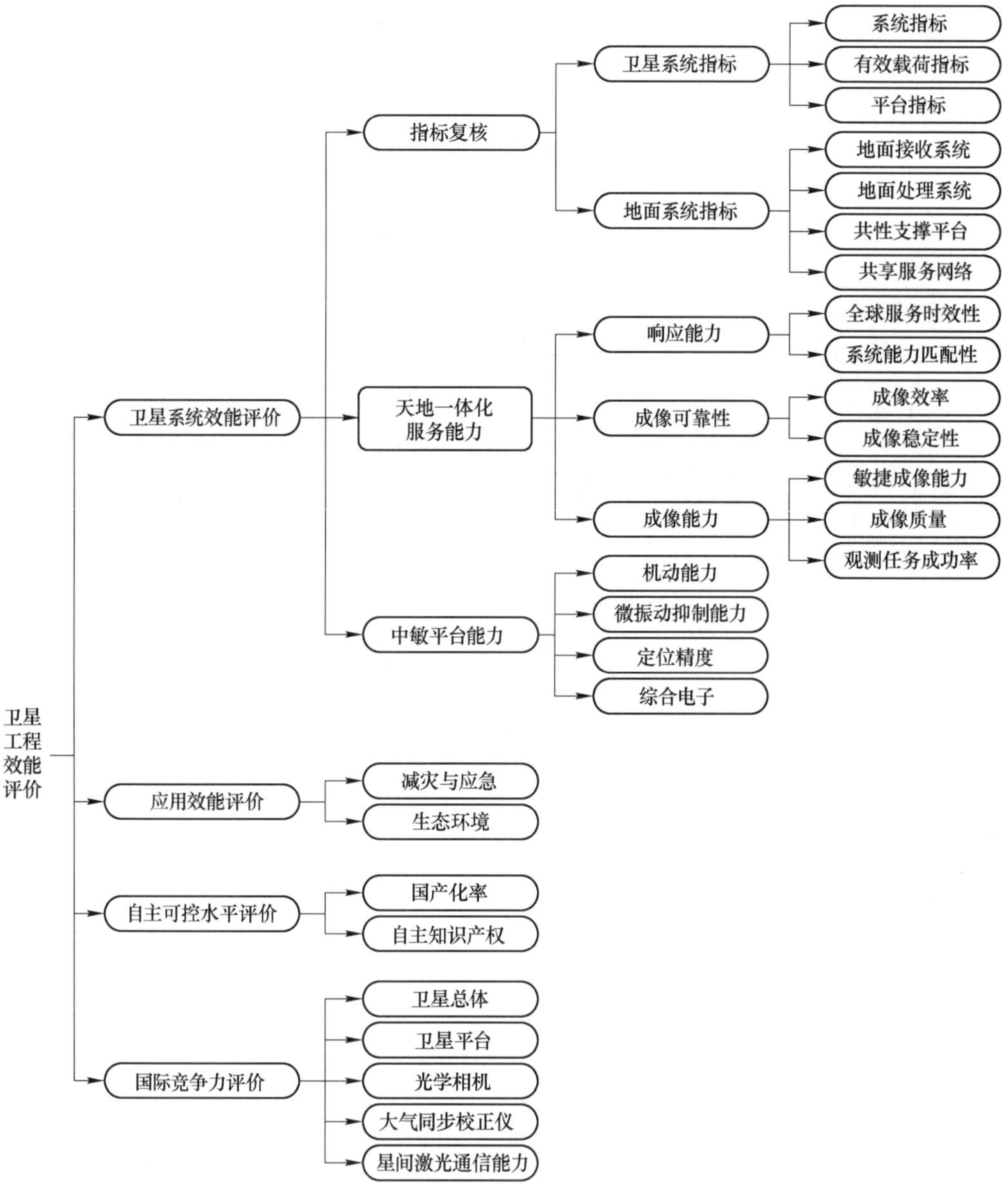

图 10－6　卫星工程效能国际评价体系

工程效能评价通常需要根据影响效能的主要因素，运用系统工程分析的方法，在收集不同类型卫星任务的基础上，确定主要分析任务目标，建立综合反映卫星遥感系统达到规定目标能力的模型和算法，最终给出衡量卫星遥感系统效能的定性或定量评估结果。

10.4 案例分析

1. 卫星在轨运行

某卫星从发射至今，各方面的运行状态良好。各项工作按照大纲稳步推进，各方面指标符合研制总要求，部分指标优于研制总要求。

2. 国际竞争力

通过与国际国内同类卫星系统单独比较卫星平台和载荷的性能参数，某卫星在大多数领域基本达到了国际先进水平，但在卫星系统总体能力水平上还存在一定差距，特别是敏捷机动性和定位精度方面，差距还比较大。

其中，某卫星所选用的 ZY2000 平台在任务支持范围、载荷承载比、供电、数传、存储、测控、姿态测量与控制进度、寿命等方面与 BCP－5000 能力相当，且总体性能优于其他同类平台。首先，该 ZY2000 敏捷平台的大多数技术指标较国外同类平台水平相当，但部分核心技术参数较国外先进水平还有一定差距，如与载荷和整形状态密切相关的姿态机动速度和图像定位精度。其次，某卫星首次实现了 0.42m 分辨率影像国产化，打破我国在该领域一直受制于人的局面。但相较于国际先进水平，我国还有一定差距，如 WordView3/4 已达到全色 0.31m、多光谱 1.24m 的水平，当前我国未达到相应水平。

在载荷方面，某卫星搭载的大气同步校正仪分辨率为 8km，较 WordView3 和 EO－1 均有不小差距。WordView3 搭载的大气同步校正仪是世界先进的，其空间分辨率达到了 30m，识别大气参数的准确率将更高；某卫星的主要性能参数较国际同类卫星既有优势，又存在一定差距；在相机谱段方面，WordView3 卫星包含 1 全色＋8 多光谱＋8 短波红外，WordView2 卫星和某卫星均包含 1 全色＋8 多光谱，其余卫星仅为 1 全色＋4 多光谱；在机动范围方面，GeoEye－1 的机动范围最大，达到了±60°，其他卫星机动范围基本持平，在±45°左右；在数传能力方面，虽然某卫星某频段传输速度较 WordView3/4 略低，但其除了具有某频段外，还有 Ka 频段数传能力，总体数传性能较强。其他卫星的数传能力均低于某卫星。在卫星寿命方面，WordView4 的卫星寿命最长为 10 年，某卫星略低，为 8 年，其余卫星寿命均低于高分卫星。

总之，作为我国中型敏捷平台的首发星，虽然某卫星性能参数还未达到世界领先水平，但在部分领域技术指标已达到国内领先、国际先进水平，且随着关键核心技术不断创新，敏捷成像能力也将会进一步提升，应用范围和应用效能将更加突出。

3. 后续工程管理

某卫星从研制、出厂、发射、交付等各阶段，工程管理按照航天系统工程管理的要求，科学、有序、稳步推进。后续工程管理中在数据政策、试验项目评估，由科研星到业务星的成熟度评估考核，以及地面配套设施建设与管理方面，都有很大改善的空间，切实做好首颗民用科研星的全寿命周期评估工作。

4. 行业应用

在满足国内主用户任务的同时，大力开发“一带一路”沿线国家和地区的商业市场需求，围绕地区安全、防灾减灾、智慧城市、海洋船舶、精细化管理（农业、林业、港口）

等领域，加强遥感数据典型产品、数据标准、观测能力等方面的科学管理。

5. 创新能力

卫星在成像模式、平台设计、载荷性能等方面，都有很大的创新，为今后我国科研星开启更高分辨率、更宽幅度、更精准定位、更好观测能力提供了很好的经验借鉴。

第 11 章　卫星工程项目监理

将工程项目寿命周期分解成各个阶段，使整个过程组织更容易管理。NASA 将寿命周期制定和实施分为七个阶段（见表 11－1），分别是：零阶段——概念研究（确定可行的可供选择方案）；A 阶段——概念与技术开发（定义项目并确定开发必要的技术）；B 阶段——完成初步设计和技术（建立一个初步的设计并开发必要的技术）；C 阶段——最终的设计与制造（完成系统设计并为组件代码）；D 阶段——系统组装、集成、测试和发射（集成组件、验证系统、准备运作、发射）；E 阶段——运营和维持（操作和维护系统）；F 阶段——最终处理（系统和数据分析处理）。

表 11－1　寿命周期制定和实施的七个阶段

序号	阶段名称	监理活动重点
1	零阶段	主要活动：鉴别与合同一致的任务，对可能的任务进行预审，确定任务合理性和目标，可能的运行方案，可能的系统体系结构，成本、进度和风险估计 监理控制门：正式建议，非提倡性评审，任务概念评审
2	A 阶段	主要活动：准备和启动项目计划，确定顶级要求及限制，定义文件系统要求（硬件和软件），分配初步系统要求到系统一个较低层次，定义系统软件功能说明和要求，定义文档内部和外部接口要求，确定综合后勤保障要求，制定相应的评价标准和指标，行动计划，基线任务概念报告，论证可信性、可行性设计，开发任务架构，开展轨道碎片的初步评估，建立技术资源评估，定义 WBS，确定系统工程管理计划（SEMP）的基线，进行系统风险分析，制定配置管理计划等 监理控制门：系统需求评审，任务定义评审等
3	B 阶段	主要活动：确定项目基线；评审和更新 A 阶段确定为基线的文件；在行动计划的基础上制定科学的探索行动计划；更新风险管理计划；更新成本和进度数据；最后确定和批准的顶级要求和满足下一级要求的流程；建立基线设计规格（硬件和软件）和图样，建立核查和验证计划和较低水平的接口文件；执行和归档权衡研究结果；执行设计分析，并报告结果；进行工程开发测试，并报告结果；确定初步设计报告的基线；定义内部和外部接口设计解决方案（如接口控制文件）等 监理控制门：初步设计评审；安全评审
4	C 阶段	主要活动：更新文件制定和 B 阶段基线；更新接口文件；更新任务操作计划；更新工程特性计划；更新基线文件，以反映该日趋成熟的系统，包括系统结构、WBS、工程计划；更新并将产品计划基线化；完整的制造和装配计划与程序；建立和确定集结规格基线（硬件和软件）和图样，核查和验证计划和所有层次的接口文件；将详细设计报告基线化；针对工程计划监测工程进度；制定核查和验证程序；开发硬件和软件的详细设计；开发系统集成方案和系统操作方案；开发终端到终端的信息系统设计；开发备件；开发指挥和遥测清单；准备发射场清单和行动计划；准备行动和活动计划；为 F 阶段做准备，准备系统退役/处置计划，包括人力资本过渡；最终确定适当水平的安全数据包；制定初步行动手册；在组件或子系统级执行测试；将轨道碎片评估基线化等 监理控制门：关键设计评审；生产准备工作评审；系统集成评审；安全评审

（续）

序号	阶段名称	监理活动重点
5	D阶段	主要活动：按照整合和验证计划集成和验证物料项目，得到验证过的元件和子系统；针对工程计划监测工程进度；细化核查和验证各级程序；执行系统资格核查；执行系统接受核查和验证；执行系统的环境测试；评估和审批核查和验证结果；解决核查和验证的不符合之处；把核查和验证报告作为基线；将经验教训归档；准备和制定运营商手册基线；准备和制定维护手册基线；批准和制作操作手册基线；培训最初的系统经营者和维护者；应急计划培训；最后确定和实施备件方案；确认遥测验证和地面数据处理；确认系统，并为飞行准备支持要素；与发射火箭集成和发射，执行插入轨道等，来实现系统部署；执行初步业务核查和验证等 监理控制门：各级试验准备评审；系统验收评审（针对载人飞行）；操作准备评审；飞行准备评审；系统功能和实际技术状态评审；安全评审
6	E阶段	主要活动：安排运载火箭的性能评估；安排在轨航天器校验；授权和启动科学仪器；安排预期的主要任务；收集科学工程数据；培训替换操作人员和维护人员；为将来任务阶段培训飞行队伍；维护和批准操作和维修记录；维护和更新系统；设法解决问题/进行故障报告；处理和分析任务数据；如有必要，申请任务扩展；如果授权，执行任务活动；完成飞行后评估报告；完成最终的任务报告等 监理控制门：发射后评估评审；关键事件准备评审；系统更新评审；安全评审
7	F阶段	主要活动：处理系统和支持流程；总结经验教训；把最终任务报告作为基线；存档数据；如果合适，开始人力资源变革 监理控制门：退役评审等

除以上按照研制到交付运行的七个阶段划分外，星座系统涉及设计分析、产品试验、大总体协调、元器件与原材料控制、工艺控制、技术状态控制、可靠性设计保证、安全性保证、软件质量保证、质量问题归零、不合格品处理、研制现场监理、工程进度控制、产品交付，星座系统验证、载荷性能测试见表11-2。

表11-2　星座重点内容

序号	类别	监理重点
1	设计分析	任务分析、飞行动力学分析、推进剂预算分析、质量特性分析、电磁兼容性分析、环境影响分析、可靠性分析、结构分析、电功率分析、热分析、姿态控制分析、推进分析、遥测遥控和跟踪分析、有效载荷分析、天线指向误差分析等
2	产品试验	部件级试验、分系统级试验（有效载荷系统、控制分系统、推进分系统、供配电系统、测控分系统、热控分系统、结构分系统等）、系统级试验（总装与试验场、发射场试验、在轨测试等）
3	大总体协调	卫星与火箭协调、卫星与发射场协调、卫星与测控
4	元器件与原材料控制	选用、采购、监制、复验、补充筛选、失效分析，有选择有重点抽查元器件原材料的质量控制执行
5	工艺控制	可行性、合理性、可检验性要求，表格化管理；重点抽查工艺质量控制执行情况
6	技术状态控制	工程资料完整、协调并与硬件一致，资料的接收、发放和存档记录完整，技术状态审核制度执行，更改记录与审批制度，监理机构备案审查等

（续）

序号	类别	监理重点
7	可靠性设计保证	可靠性设计要求、关键项目控制（单点失效项目、有重大影响的产品、难以测试与试验的项目、电源控制器、大容量储箱、太阳帆板等）
8	安全性保证	安全性保证要求、安全关键工作项目（结构、压力系统泄漏、危险材料、火工品、射频电磁辐射、电气系统、危险程序等）
9	软件质量保证	项目软件的研制、软件可靠性和安全性设计保证
10	质量问题归零	技术问题归零、管理问题归零
11	工程进度控制	年、季、月项目进度计划，研制计划流程等
12	产品交付	承包商间产品交付、承包商向运营商交付等
13	星座系统验证	首批发射入轨的卫星系统指标、天地试验验证等
14	载荷性能测试	移动通信载荷指标、星间链路指标、馈电链路指标、导航增强技术指标、航空监视技术指标等

11.1　工程系统监理工作方案

11.1.1　监理工作概要

1）组织实施工程监理工作计划（年度监理任务分解）。

2）组织开展重大系统试验监督检查。

3）组织转阶段（关键节点）综合评估和报告。

4）组织实施日常的现场跟踪，记录并编制监理月报和季报。

11.1.2　卫星星座工程建设监理（系统接口监理）

1. 工程系统与发射组网计划进度相关事项监理

1）工程组网实施方案及关键事项跟踪（进度保障）。

2）组网测试评价方案及验证评价。

3）备份卫星及离轨卫星处置方案与结果评价。

4）空间环境与碎片监测方案与评价。

5）星座运行管理与星座维持方案与验证结果评价。

监理工作重点：建设单位提供上述系统实施方案、测试方案或性能指标，监理方依据实施方案和性能指标的要求开展监理活动，并提供监理月报，以及专业的监理意见和建议。

2. 卫星工程系统方案及系统间对接试验方案评价

1）卫星通信与关口站、典型终端对接试验方案及结果评价。

2）卫星导航与相关地面系统、终端对接试验方案及结果评价。

3）卫星航空监视系统与地面系统、终端对接试验方案及结果评价。

4）卫星与运载火箭接口设计与试验验证方案及结果评价。

5）星箭地电磁兼容性对接试验及结果评价。

6）星座发射分离方案设计与试验验证及结果评价。

监理工作重点：建设单位提供上述系统设计方案、试验方案或性能指标，监理方依据设计方案、试验方案和性能指标的要求开展监理活动，并提供监理月报，以及专业的监理意见和建议。

3. 工程系统保障落实监管

1）跟踪工程系统协调相关纪要确定的事项。

2）评价星地系统打通路试验方案及结果。

3）评价发射与保险方案。

4）评价海外关口站与测控系统建设协调与对接试验。

5）评价全球用户体验方案与试验结果。

监理工作重点：建设单位提供上述系统试验方案、发射保险方案或性能指标，监理方依据试验方案和性能指标的要求开展监理活动，并提供监理月报，以及专业的监理意见和建议。

11.1.3 卫星研制与试验监理（组批卫星研制）

1. 卫星关键节点监理

1）方案设计符合性与试验验证矩阵评价。

2）转阶段超差项及遗留项目评价。

3）在轨测试试验方案及结果评价。

监理工作重点：建设单位提供上述系统设计方案、试验方案或性能指标，监理方依据设计方案、试验方案和性能指标的要求开展监理活动，并提供监理月报，以及专业的监理意见和建议。

2. 关键指标测试和试验验证结果

1）卫星关键指标测试方案与结果评价。

2）重大环境试验验证方案与结果评价。

3）系统联试对接补充测试及预留问题评价。

4）卫星重大质量问题及举一反三项目。

监理工作重点：建设单位提供上述系统试验方案、测试方案或性能指标，监理方依据试验方案和性能指标的要求开展监理活动，并提供监理月报，以及专业的监理意见和建议。

3. 关键分系统和单机产品监督检查

1）姿轨控系统方案与试验验证评价。

2）供配电系统设计与试验验证结果评价。

3）电弧推进产品设计与试验验证结果评价。

4）机械与热控系统设计与试验验证结果评价。

5）有效载荷单机产品验收与联试结果评价。

6）卫星测控产品测试与试验验证结果评价。

监理工作重点：建设单位提供上述系统方案、试验方案或性能指标，监理方依据设计、测试方案和性能指标的要求开展监理活动，并提供监理月报，以及专业的监理意见和建议。

11.1.4　专项监理工作

1. 工程系统研制技术瓶颈和进度短板项目的专项监理

1）根据用户和工程系统梳理的技术瓶颈问题组织专项监督检查和进展情况报告。

2）根据工程系统组织协调情况，对研制计划短板项目进行督促检查和进展情况报告。重点针对影响星座试验和运营的重大项目进行专项监理，必要时组织专题工作组跟进。

2. 工程重大质量问题及举一反三工作的专项监理

1）跟踪国内外航天器研制与在轨出现的重大共性质量问题。

2）参与用户和承研单位组织重大质量问题归零及举一反三活动。

3）根据用户的要求组织对工程系统内部重大质量问题督查。

3. 整星寿命试验方案与实施结果评价

1）整星寿命试验方案拟定与评估；

2）组织实施结果评价。

11.2　参与卫星质量监造

11.2.1　编制质量监造工作计划

根据相关输入文件编制年度质量监造工作计划，依据研制要求、合同或任务书，型号产品（质量）保证大纲，型号产品研制技术流程，型号产品技术文件，被监造型号产品承研（制）单位的科研生产计划，被监造型号产品承研（制）单位的质量管理体系文件等，编制年度质量监造计划。年度质量监造计划的主要内容一般包括：被监造型号产品、质量监造目标、职责分工、质量监造内容、质量监造依据、质量监造方法和措施及时间节点、质量监造提供过程的控制、信息沟通等。

年度质量监造计划经东方红卫星移动通信有限公司以及专业监造监理机构确认后实施，实施期间根据被监造任务的变化及时进行动态调整，并经专家团队组长、东方红卫星移动通信有限公司确认。

11.2.2　质量监造计划实施

1. 设计过程质量监造要求

质量监造重点一般包括：

1）设计方案的合理性；

2）设计评审和设计验证情况；

3）设计输入、输出的各类资料、数据、标准、规范、接口文件等的完整性；

4）产品保证（质量）大纲的制定和执行情况；

5）新技术、新材料、新器材、新工艺的选用及其验证情况；

6）关键特性的识别分析情况及结果；

7）设计更改控制情况；

8）测试覆盖性分析情况；

9）风险识别与控制措施情况。

监理方案要点见表 11－3。

表 11－3　设计过程质量监理方案要点

初步设计评审	制定选择设计方法，以满足技术要求 制定具体技术状态与其他接口之间的相容性 制定选择设计方法的完整性 制定选择设计的可操作性 评价与质量保障、可靠性和系统安全性要求之间的一致性 标明状态、进度和成本关系
安全评审	包括专门安全评审、概念设计安全评审、工程项目要求安全评审和初步设计安全评审
关键设计评审	· 设计要求和规范 ——接口要求和规范 ——设计方法 ——对硬件和软件继承性的评价 ——试验程序 ——比例模型试验结果 ——设计可替代方案 ——可靠性、可维修性和操作性考虑 ——备件清单 ——设计与功能及用户要求的一致性 ——与环境设计要求的一致性 ——技术状态项目、系统与子系统性能与 PDR 中所估性能区别 ——最终硬件和软件设计验证计划 ——详细的机械设计（包括电子、热控和气体动力学） ——详细的电子/电路设计 ——详细的软件设计 ——接口细节和协议 ——机械和电子零器件应力分析结果 ——最终可靠性分析，包括基于可靠性政策的单点故障分析 ——技术状态控制计划 ——鉴定和验收试验计划 ——数据管理流程计划 ——有效载荷集成计划 · 风险管理活动

2. 分系统与关键单机生产过程质量监造要求

质量监造重点一般包括：

1）与生产相关的标准、规范、设计文件、工艺方案等；

2）生产（含总装）准备状态检查情况；

3）关键产品的开箱和验收工作；

4）关键、强制检验点设置、检验方法及实施结果；

5）关重件、关重特性、关键工序、特殊过程控制情况；

6）生产过程各种工艺装备、工艺关键岗位人员等变动及控制情况；

7）多余物控制措施及落实情况；

8）不合格品控制情况；

9）重要超差、代料的控制情况；

10）紧急放行审批和控制情况；

11）生产过程重要质量记录的完整性、可追溯性。

监理方案要点见表 11－4。

表 11－4　卫星研制监理方案要点示例

序号	分系统	单机	MIP 名称	日期	顾问参与
1	AOCS	CCU			•
2	AOCS	BAPTA			
3	Propulsion				•
4	Propulsion				
5	Load	Main Body			•
6	PSS	Battery			•
7	DTS	SSM1，2			•
8	Propulsion				•
9	DTS	Antenna			

3. 整星与关键分系统（单机）测试过程质量监造要求

质量监造重点一般包括：

1）测试准备就绪情况；

2）测试记录、结果的完整性，规范性；

3）测试覆盖性检查结果；

4）综合测试情况及其结果；

5）不合格品控制情况；

6）紧急放行审批和控制情况。

监理工作要点见表 11－5。

表 11－5　整星与关键分系统（单机）测试过程质量监理工作要点

测试准备及记录	记录的完整性、一致性
不合格品控制	不合格品清单、不合格品原因分析、改正措施
紧急放行控制	紧急放行清单、原因分析、后续质量跟踪

4. 整星与关键分系统（单机）试验过程质量监造要求

质量监造重点一般包括：

1）试验准备就绪情况；

2）试验过程控制情况；

3）试验充分性保证措施及落实情况；

4）试验记录、结果的完整性，签署的规范性；

5）试验评审结果及其结论；

6）不合格品控制情况；

7）紧急放行审批情况。

监理方案要点见表 11－6。

表 11－6 整星与关键分系统（单机）试验过程质量监理方案要点

序号	试验监理要点
1	试验项目的描述
2	试验目标达成
3	验证要求和规范
4	可行的试验计划
5	可行的试验程序
6	试验技术状态和功能框图
7	试验设备校验
8	将要收集的数据以及收集和保存的方法
9	安全性计划
10	试验故障处理

5. 转阶段质量监造要求

质量监造重点一般包括：

1）专项评审项目完成及结果；

2）前阶段研制工作完成情况；

3）规定试验项目完成情况。

型号转阶段评审前，质量监造人员应填写“转阶段质量监造意见表”，出具独立监造意见并反馈给被监造型号产品承研（制）单位。

监理工作要点见表 11－7。

表 11－7 转阶段质量监理工作要点

专项评审项目完成及结果	□ 元器件专项评审	□ 符合 □ 不符合
	□ 软件专项评审	□ 符合 □ 不符合
	□ 工艺专项评审	□ 符合 □ 不符合
	□ 可靠性与安全性专项评审	□ 符合 □ 不符合
	□ 技术状态更改控制专项评审	□ 符合 □ 不符合
	□ 风险识别与分析专项评审	□ 符合 □ 不符合
	□ 质量问题归零专项评审	□ 符合 □ 不符合
前阶段研制工作完成情况	□ 符合要求 □ 不符合要求	
不符合事实描述		

6. 分系统交付验收质量监造要求

质量监造重点一般包括：

1）交付程序、组织管理与要求的符合性；

2）产品数据包与要求的符合性；

3）超差/偏离特许审查情况；

4）交付正式评审结论及待办事项完成情况；

5）例外放行的审查情况；

6）质量问题归零及举一反三情况；

7）验收测试情况。

分系统交付（评审）前，质量监造人员应填写“产品交付质量监造意见表”，出具独立监造意见并反馈给被监造型号产品承研（制）单位。

监理方案要点：

1）重视系统工程方法；

2）编制好技术流程和计划流程；

3）重视质量控制和质量保证；

4）做好评审实施工作；

5）做好项目全过程风险管理；

6）重视文件资料管理。

7. 型号出厂与批产质量监造要求

质量监造重点一般包括：

1）专项评审项目及完成情况；

2）出厂评审应具备的条件情况；

3）研制过程监造意见、建议落实情况；

4）型号出厂报告与要求的符合性。

型号出厂前，质量监造人员应编写质量监造报告（主要内容包括型号研制生产过程质量监造情况及发现问题落实情况、专项评审项目及完成情况、出厂评审具备条件情况等），填写“型号出厂质量监造意见表”，并提交卫星工程部。

质量监造人员应将“型号出厂质量监造意见表”反馈给被监造型号产品承研（制）单位，对于型号出厂评审时提出的待办事项或遗留问题，质量监造人员应监督闭环。

监理方案要点见表 11－8。

表 11－8　分系统交付验收质量监理方案要点

审查项目情况	1. 专项评审项目及完成情况 □ 元器件专项评审　□ 软件专项评审 □ 技术状态更改控制专项评审　□ 可靠性与安全性专项评审 □ 质量问题归零专项评审　□ 风险分析与控制专项评审 □ 其他评审 2. 出厂评审应具备条件 □ 已按研制技术流程完成出厂前所规定的全部工作 □ 已完成出厂评审报告编写 3. 备查文件审查情况 □ 符合要求　□ 不符合要求 4. 研制过程监造建议跟踪落实情况 □ 已落实　□ 未落实 5. 出厂评审报告 □ 符合要求　□ 不符合要求 6. 其他
	不符合事实描述：

定型产品实现（产品研制）一般有方案、初样、正样阶段。

产品定型监理工作重点：

1）制定型号产品保证大纲与型号产品保证计划，明确对分承制单位的产品保证要求；

2）正样产品验收；

3）正样星总装测试；

4）多星联试及大型试验的三查（查实物与文件是否相符，查岗位人员是否落实，查依据文件是否有效）和正样阶段复查和出厂评审；加强单机产品可靠性复查工作，特别是重点单机的工艺和过程控制审查；

5）强化单机航天产品数据包的复查，对正样产品和软件产品的交付验收严格把关，照片审查做到眼见为实；

6）加强关重项目、关重件的过程控制；

7）清理并审查型号研制工作中的“九新”。

组批投产的监理工作重点：

1）编制单机交付的整体计划安排；

2）结合批产的特点，产品技术状态定型一个就批量，以技术状态确认的时间为起点安排批量产品交付的考核节点；

3）编制分系统组批测试计划和工作流程优化方案；

4）关注分系统联试流程中的逻辑关系和关重项；

5）对标整星主线的需求时间，关注产品齐套事项；

6）重视分系统保证测试的覆盖性和分系统关键特性分析。

8. 软件质量监造要求

质量监造重点一般包括：

1）软件研制文档编制情况；

2）软件研制关键节点评审及待办事项落实情况；

3）A、B 级软件开发过程管理执行软件工程化要求情况；

4）A、B 级软件和进入发射流程的 C 级软件通过第三方评测机构评测情况；

5）第三方进行的软件走查、评测中发现问题的闭环处理情况；

6）回归测试结果满足要求情况；

7）软件三库（开发库、受控库、产品库）的建立及管理情况；

8）对成熟软件产品“沿用”“借用”的适用性分析情况；

9）“软件证明书”“软件质量履历书”填写情况。

9. 技术状态更改控制质量监造要求

质量监造重点一般包括：

1）技术状态更改控制五条要求落实情况；

2）技术状态更改验证充分性；

3）难以通过试验验证的技术状态更改项目分析和复核复算情况；

4）正样阶段的三类技术状态更改控制情况。

对于正样阶段的三类技术状态更改，质量监造人员应在技术状态更改验证后实施前，填写“技术状态更改控制质量监造意见表”，出具独立监造意见并报东方红卫星移动通信有限公司。

10. 质量问题归零质量监造要求

质量监造重点一般包括：

1）型号产品研制生产过程质量问题归零情况；

2）型号转阶段前质量问题归零及举一反三情况；

3）产品交付验收前质量问题归零及举一反三情况；

4）型号出厂前质量问题归零及举一反三情况。

型号产品研制生产过程重大质量问题归零以及型号正（试）样阶段质量问题归零，质量监造人员应签署独立意见。质量监造人员在质量问题归零评审前填写“质量问题归零质量监造意见表”，反馈给被监造型号产品承研（制）单位，并报东方红卫星移动通信有限公司。

11. 质量监造过程发现问题的处理

质量监造人员在文件见证、现场见证及日常巡视检查过程中发现问题，应及时在现场与被监造型号产品承研（制）单位做好沟通确认。

在质量监造过程中发现并确认的问题，质量监造人员应填写“不符合项报告”并报卫星工程部，由卫星工程部确定是否发放给被监造型号产品承研（制）单位，若卫星工程部确定需要发放，被监造型号产品承研（制）单位应按要求进行整改，并将整改结果及时反馈质量监造人员。

11.3 监理保障条件

监理团队由工作组和专家组组成。工作组负责日常工作，专家组评估重大问题，提出处理意见。

工作组由委托单位和监理方联合组建。其负责人由监理方高级专家担任。

经费需求：

根据年度监理目标任务；以及专家组成员、专家投入时间与工作强度（聘请高级专家 5 人，每次会议确保至少 2 人到场）；某智库机构工作团队及其组成、工作强度和投入成本（拟派高工 1 人、工程师 1 人，周期一年），监理方的监理预算费用构成见表 11－9；专家监理团队费用由联合工作团队商定后实施。

表 11－9　费用概算

序号	开支科目	预算金额占比	备　注
1	专家费	30％	根据卫星研制及分系统监理重点，邀请不同专长的专家参与，每周拟协调一次，每月至少组织一次会议，每次至少 2 名专家到场 每人次 800～2000 元（不含税）
2	劳务费	40％	监理方拟派至少 1 名高级工程师和 1 名工程师，按年薪标准和分摊权重计算
3	差旅费	20％	包括监理专家组和工作组人员因现场监理往返研制基地和公司的差旅费用
4	管理费	10％	包括缴纳税费和办公管理等支出费用

11.4 监理工作依据

监理工作主要依据如下：

1）国家、集团公司和委托方的相关法律法规、制度、标准。

2）相关院的制度、标准。

3）研制总要求、合同或任务书。

4）型号产品技术和管理要求。

5）型号产品（质量）保证大纲。

6）被监造型号产品承研（制）单位的质量管理体系要求。

7）相关方规定的其他技术和质量控制要求。

8）移动星合同和技术附件、技术建议书等。

9）××卫星质量监造规范。

10）星座监理策划方案。

11）各大系统工作方案/技术方案等。

11.5 监理工作方式

监理工作一般分为文件监理、会议监理、现场监理、综合监理等方式。

1）文件监理：包括研制要求、合同、任务书、产品保证大纲、技术流程、技术文件、研制计划、试验方案等文件监阅。

2）会议监理：除参与关键里程碑事件评审外，拟组织专业监理会议不少于10次，提出监理建议，提出存在隐患问题及优化方案和相关措施，确保委托方的长期利益。

3）现场监理：采取驻厂办公、集同办公和定期巡监等方式，及时汇总信息，分析原因，密切交流和沟通。

4）综合监理：综合多种方式监理，结合设计方案、评审方案、检验方案、更改记录、质量归零措施等；按照周、月、季编制监理报告，完成问题识别、反馈和跟踪、改善的闭环管理。

第12章　全寿命周期第三方独立评价

根据国防科技工业局《民用航天科研工程管理实施细则》[科工一司（2012）363号]文件，在工程咨询模式创新上，需要独立第三方牵头组织载荷研制方、平台研制方、数据接收与处理方以及测控单位，开展载荷在轨性能与数据质量评价。

12.1　第三方独立评价内容

第三方独立评价的内容包括：组织编制评价体系、途径和评价准则，依据方案开展评价活动。主要内容包括：

1）组织确定各试验项目的试验目的、考核方案和流程。

2）检查并确认试验项目地面验证工作，组织编制试验数据管理/分发、应用的工作规范草案，组织开展星地一体化试验演练。

3）组织在轨测试及评价方案编制与实施，制定在轨运行考核实施方案，跟踪试验过程，总结各试验项目评价结果。

4）搭建各试验项目管理数据库，组织编报工程各阶段执行情况报告和第三方独立评价意见等。

具体来说，包括以下评价内容：

1）开展工程各大系统间接口关系协调，确保工程各大系统间接口清晰、匹配。

2）现场检查指导工程各大系统间对接试验，确保对接试验顺利开展，工程各大系统间接口关系得到有效验证。

3）协调与组织处理工程研制过程中各大系统重大技术事项，确保工程研制顺利推进。

4）参加并指导卫星在轨试验，确保天地一体化运行通畅，确保在轨试验数据获取及时、处理准确、内容完整。

5）组织工程第三方独立考核评价，对卫星载荷性能指标、载荷数据应用，以及天地一体化运行情况进行客观、公正、准确、充分的评估。

6）参加并指导卫星载荷数据标准草稿的制定，确保卫星载荷数据标准定义清晰，确保标准数据具有较高的处理时效性和用户易用性，满足相关知识产权的要求。

7）充分挖掘潜在应用方向，与用户建立深入的数据合作关系，并取得显著的社会效益。

8）完成工程第三方独立考核评价报告的编写。

12.2　第三方独立评价技术方案

12.2.1　卫星平台在轨测试

卫星平台在轨测试的方法包括地面控制中心直接对卫星进行在轨测试，以及利用地面数据（天文台）和卫星图像及其辅助数据间接评价。卫星图像辅助数据中的姿态数据和星历数据（星敏数据和陀螺数据等）是卫星成像瞬时姿态、轨道等记录。因此，通过为卫星姿态数据、星历数据、偏移矩阵等数据计算，评价在轨卫星平台的位置、姿态及其稳定性变化情况。

12.2.2 新技术试验项目测试

针对每项科学任务和技术试验，按照预定的方案设计、操作手册，组织用户、运营商、研制方等专家力量进行独立评价。委托专业机构作为独立第三方，协助用户，牵头组织并协调委托方、用户、数据接收与处理以及其他参与方，共同考核评价载荷和平台性能，出具第三方独立测评报告。

作为独立第三方，统筹组织新技术试验项目在轨测试工作。这些新技术试验项目包括：非接触能源传输、激光数据传输、无线组网通信、天文测速自主导航、高精度恒星成像、磁浮作动器、高精度光纤陀螺、亚角秒级微型星敏、光电混合连接装置、重复连接释放装置、双超解调控制软件、吸附磁极材料、抗辐照电源芯片。

12.2.3 长期在轨测试及健康管理

测试内容包括：在轨可累计的数据及其应用、星地系统工作模式设计及相关验证、图像关键指标分析与评价、星地联合定标与长期稳定性保障、卫星寿命设计与验证、在轨健康管理、故障预警和处理等。

首先，星地系统工作模式设计及相关验证。验证内容如下：一是根据具体的应用场景确定卫星成像工作状态及运管系统工作状态，确定星地同步验证方案，并通过地面及在轨测试完成相关验证工作；二是星地联合设计实现卫星实际获取能力的最大化（如提高每轨工作时间和观测效率）；三是进行星地联合应急观测任务模式与试验，完成端到端服务能力的考核与验证，确定数据服务标准。

其次，图像关键指标分析与评价。评价目标：确定卫星系统（观测角、平台姿态、载荷、数据压缩、数传）、运行管理系统（接收、解压缩、预处理）、应用系统（定标、验证数据、真实性检验数据）的功能和指标要求，梳理测试评价关键点。

再次，星地联合定标与长期稳定性保障。评价内容：完成星地联合载荷辐射定标、几何定标工作流程设计，确定实验室定标方案和在轨定标工作方案，并完成在轨测试。

最后，卫星寿命设计与验证。验证目标：确定影响卫星平台寿命的薄弱环节，确认保障措施。验证内容：完成卫星系统可靠性设计，明确加强薄弱环节的具体措施。组织策划卫星寿命预示与分析工作，加强薄弱环节的验证试验。

按全寿命周期在轨管理，包括任务目标分解、系统指标论证、工程系统设计与验证、建设实施、在轨运营服务、在轨技术支持、离轨处置等环节。

在轨管理服务网络建设与运行。参照国际商业航天管理模式，构建用户、运营方、研制方和项目监理等多维管理体系，并试运行总结经验。

总体来说，全寿命周期第三方独立评价，包括组织专家和用户评价、专业配套考核评价软件测评、空间系统评价总体演示软件等。

试验项目测试流程如图 12 - 1 所示和见表 12 - 1。

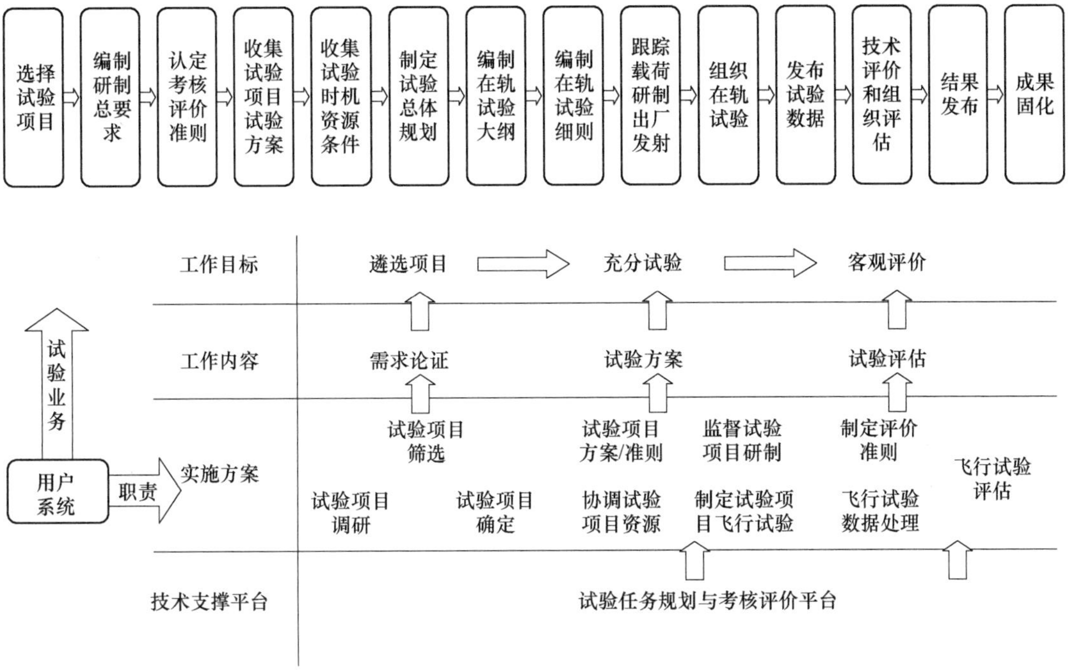

图 12－1　独立第三方评价流程示意图

表 12－1　质量测试内容体系

类别	主题	测试和评价项目
地面测试	性能参数	定标、真实性检验
	试验目标	观测数据有效性
平台	卫星轨道和姿态	姿态数据有效性
		指向精度
		稳定度
		星历数据有效性
		偏移矩阵
载荷	几何性能评价	图像外部几何精度：定位精度、不同时相图像的相对偏移量
		图像内部几何精度：图像拼接精度、采样间隔的均匀性等
		时间分辨率、光谱分辨率、空间分辨率
	辐射性能评价	在轨绝对定标
		信噪比等
	光谱性能评价	光谱范围、谱段、宽度及数目设置
		光谱响应函数的参数在发射前的改变及修正值

（续）

类别	主题	测试和评价项目
卫星图像数据	数据质量	信息熵、纹理等
		清晰度和对比度等
		主成分量
	应用潜力	太阳活动分类精度
		太阳爆发概率
		双超平台反向验证

第13章　航天器在轨支持管理

作为航天器产品质量的最终体现，航天器的在轨稳定和可靠运行始终是满足用户要求、提供稳定业务服务能力的重要指标。近年来，天基军用装备航天器和民用业务服务航天器大幅增加，航天器的在轨测试与在轨运行支持显得越来越重要。随着我国一系列技术难度大、载荷复杂程度高的航天器陆续成功发射，航天器在轨管理工作也呈现出了新的特点：

一是在轨航天器数量逐年增长，在轨运行日常监视、在轨异常处理和在轨数据分析等在轨管理任务大幅增加。

二是随着以第二代导航卫星为代表的星座系统陆续投入在轨组网运行，航天器在轨管理工作重点逐渐由单星和多星管理向星座组网管理转变。

三是不同状态、不同应用领域和不同寿命阶段的航天器在轨管理业务早就出现了多元化，对如何提升在轨管理能力，从而科学、高效地完成在轨管理任务提出了更高要求。

中国空间技术研究院（以下简称研究院）结合新形势下航天器在轨管理的任务特点和要求，重点从完善在轨管理机制建设，建立规范高效的在轨支持管理工作模式，加强在轨支持的基础能力建设以及实现在轨管理工作持续改进等方面进行了积极的探索与实践。

13.1　在轨支持管理组织体系建设

为进一步提高在轨管理能力、技术支持能力和服务水平，确保航天器的安全稳定运行，研究院按照中国航天科技集团有限公司的要求不断完善在轨管理组织体系建设，优化航天器运行管理中心的机构与职责，组建了专职项目管理队伍。

运管中心代表研究院完成在轨管理任务，建立在轨管理例会制度、在轨管理信息沟通制度等工作机制，统一协调在轨航天器的日常管理；负责接收航天器在轨运行数据，实时监测在轨运行状态并按要求及时通报在轨异常情况，随时检查和定期报告在轨航天器健康状况，建立航天器运行档案，协调总体单位和专业单位开展航天器在轨管理与在轨数据分析工作，完善航天器运行管理系统。

总体单位负责组织航天器的在轨技术支持、异常问题处理及故障预案更新工作，按型号建立在轨支持保障队伍，组织开展航天器在轨数据分析工作；专业单位负责所属产品的在轨技术支持及异常问题处理，按型号建立在轨支持保障队伍，组织开展产品在轨数据分析工作。在轨型号管理的相关负责人原则上由参与型号研制的核心人员担任，通过充分发挥各厂所的技术和人员优势，增强了研究院在轨管理队伍的力量。

13.2　在轨支持管理工作流程

航天器在轨支持管理工作以航天器研制全寿命周期为基础，分为航天器运行管理准备工作阶段、飞行控制和在轨测试保障阶段、长期运行管理阶段（包括在轨日常管理、在轨异常处置等）和寿命终结处理阶段。按照中国航天科技集团有限公司在轨支持管理规范化的工作要求，研究院在明确在轨管理工作责任主体及相关单位职责与分工的基础上，组织制定了《航天器在轨运行管理及服务手册》，形成了详细的工作流程和程序文件，以指导在轨支持管理各个阶段工作有序开展。

1. 提前介入在轨管理

航天器运行管理准备工作主要是指在航天器立项后，从方案设计阶段直至航天器发射前三个月，为保障航天器在轨安全稳定运行所开展的各项工作。

按照在轨管理提前介入、提前准备、重心前移的指导思想，由运管中心按型号指定专职航天器运行管理工程师直接参与型号研制，负责收集类似平台、航天器在轨运行数据和信息，重点追踪相关航天器的在轨异常及举一反三的要求，并反馈给总体单位完善设计，从满足在轨管理需求的角度参与总体及控制、推进和电源等重要分系统的方案设计和评审工作。

在研制过程中，运行管理工程师直接参与制定航天器在轨管理相关文件，通过参加航天器出厂前测试和用户模拟器培训等不断深入了解设计方案和产品特性、总结故障诊断专家知识，为在轨支持管理奠定基础。总体单位针对航天器发射、入轨及在轨运行管理阶段可能发生的故障模式和异常情况，根据研制技术流程的要求在发射前完成在轨故障预案的制定和评审，同时提前准备交付长期在轨管理的相关技术文件。

通过在轨支持管理对航天器研制过程的提前介入，既对航天器研制改进工作提供了有力支持，又为航天器的后续长期在轨管理和稳定运行奠定了坚实的基础，实现了航天器地面研制与在轨管理工作的无缝衔接。

2. 组织飞行控制与在轨测试工作

在对航天器飞行控制、交付、在轨管理进行精心策划，并完成相关软、硬件以及链路建设等技术准备的基础上，运行管理工程师全程参与飞行控制试验队工作，负责收集相关信息，建立并不断完善航天器在轨运行履历书。记录飞行控制阶段主要事件，协助测控中心试验队通报正常和异常情况并开展在轨数据分析。运管中心在此期间进行航天器发射视频转播和在轨数据的接收，组织专家与相关技术人员同步开展航天器运行状态监视与数据分析。为测控中心试验队的飞行控制工作保驾护航；在轨测试期间负责监测航天器的运行状态，协助试验，以及时通报和处理在轨异常、调整报警门限，为在轨测试任务顺利完成提供条件保障。

航天器完成在轨测试后、交付用户前，将由总体单位交付运管中心进行长期在轨管理。研究院制定了《航天器内部交付管理办法》，以规范内部交付工作流程。在总体单位按要求完成在轨管理相关文件准备并按型号建立在轨支持保障队伍，运管中心完成报警门限设置、航天器在轨运行状态确认等内部交付条件后，由研究院组织总体部和运管中心双方签署《航天器交付长期运行管理交接单》，实现在轨管理责任的顺利、平稳移交，为航天器后续在轨长期运行管理的顺利开展、确保在轨稳定运行奠定坚实基础。

3. 加强在轨长期运行的规范化管理

（1）实施 24 小时状态监视、异常预警

按照《航天器在轨运行管理及服务手册》对航天器在轨数据监测、收集、分析处理和

报告的具体要求，由运管中心组织实施 24 小时在轨监测，依据遥测参数正常值范围合理设置三级报警门限，杜绝漏报，减少误报；同时，对发展趋势进行预测，当出现遥测参数严重异常，或遥测参数值与长期运行规律不符合并有继续恶化的趋势，设备性能和技术指标降低并有继续恶化的趋势，或相关设备工作状态等其他潜在的故障可能会导致整星失效时，及时通报相关单位与人员制定相应预案与措施。

（2）开展在轨性能分析与健康评估

在轨航天器健康状况实施日报、周报、月报和年报制度，针对控制、供配电等重点分系统开展在轨性能季度分析和年度分析工作，并对主要指标和重点设备的在轨性能开展纵、横向比较。在对运行情况进行综合分析的基础上开展在轨航天器的健康评估，形成航天器在轨运行综合分析与健康评估报告。

（3）加强应急处置管理

为规范航天器在轨异常信息报送流程，强化在轨质量信息管理，研究院出台了《航天器在轨异常信息管理办法》，建立了在轨异常现象 2 小时通报机制，针对飞行控制和在轨测试阶段的异常信息、长期运行管理阶段首次发生或重复发生的异常信息，分别制定了相应的异常信息报送流程与报送对象，明确各单位、各责任人的职责分工、分级管理、落实责任，有效确保了在轨异常信息的及时准确传递。运管中心与各级主管机关、用户、测控单位和各单位在轨支持保障队伍建立了紧急事件沟通渠道，在航天器出现重大在轨异常时能够迅速召集相关人员在第一时间对其进行处理。

为做好航天器在轨运行保障、在轨故障抢救及问题分析和排查工作，研究院建立了航天器在轨应急处置工作机制，成立了在轨应急处置组织机构，由院领导担任领导小组的组长，下设在轨应急处置办公室、在轨应急处置工作组和专家支持组。研究院在规范在轨异常信息报送工作、建立在轨应急处置工作机制的基础上，进一步出台了《在轨航天器应急处置管理办法》，制定了详细的在轨应急处置流程，通过规范流程，有效提高了在轨应急处置效率，确保在轨故障及时有效处理、应急处置工作高效实施。

（4）定期开展在轨故障预案更新审查

航天器在轨运行期间，总体单位根据航天器在轨故障以及其他航天器质量问题举一反三的要求，及时完成在轨故障预案修改与评审。研究院每年组织开展在轨故障预案更新审查工作。运管中心根据在轨故障预案修订情况更新故障预案卡，通过评审后发送各测控单位，为在轨异常的及时处置提供有力保障。

研究院同时收集太阳风暴、地磁暴等空间环境信息以及空间碎片预警信息，积极开展危害度分析与研究，制定对应故障预案；积极开展航天器规避空间碎片碰撞机制和处理流程研究，制定了《在轨航天器规避空间碎片处理流程》等操作性规范文件，并建立有效的沟通渠道，协调用户和测控单位组织实施。

4. 航天器寿命终结处理工作探索与实践

在轨航天器离轨、遥测信号消失或遥测数据无法支持在轨监视，都视为航天器寿命终结。运管中心在判定航天器寿命终结后提出结束长期在轨管理任务申请，由研究院相关部门批准备案并组织航天器寿命终结评审。

2011 年某卫星 01、02 星的离轨，是我国第一次按照国际标准进行的航天器退役后的主动离轨操作，离轨控制后轨道符合国际标准要求，达到预定目标。运管中心按照航天器研制单位、测控单位和用户共同确定的卫星退役报废离轨方案，完成了离轨以及离轨后的在轨试验的策划、实施与总结，在组织模式、离轨方案、操作实施等方面为国内静止轨道卫星的离轨工作积累了宝贵的经验。

5. 加强与测控单位和用户的沟通

为加强与航天器测控单位和用户的沟通，运管中心除了向测控单位索取航天器在轨遥测、遥控数据，还为测控单位提供日常操作和异常处理的技术支持，定期与测控单位交流航天器测控操作、监视等情况。同时，积极向用户询问航天器的使用情况和特殊任务要求，为航天器用户提供技术支持服务，向用户反馈航天器在轨健康情况，定期走访用户了解其对技术服务的需求及满意情况等。通过不断提高在轨数据分析的监测、分析以及在轨故障的预防和处理水平，对内确保航天器在轨长期稳定运行，并为后续航天器的持续改进和不断提升可靠性提供技术支持；对外为测控单位和用户提供更好的技术支持与服务。

13.3 在轨支持管理的能力提升与持续改进

面对在轨管理任务逐年大幅增长的形势，研究院围绕确保航天器在轨稳定运行、圆满完成在轨管理任务的目标，开展现有在轨管理基础保障条件的系统梳理，不断加强在轨保障条件建设并制定年度工作计划，同时建立健全在轨管理持续改进机制，持续提高在轨管理能力，有效促进了航天器在轨可靠性的提升。

1. 建立航天器在轨管理工作会制度

研究院围绕持续改进目标建立了航天器在轨管理工作会制度，定期召开在轨管理工作会和专题分析会，及时评估在轨航天器的阶段运行情况，系统梳理并深入分析航天器在轨异常现象，总结在轨质量问题分析、归零及应急处置工作，协调解决在轨管理遇到的重大问题，明确后续工作措施，有效指导在轨管理重点工作的开展。

通过积极总结、固化近年来航天器在轨交接、在轨故障快速响应、在轨质量问题归零及举一反三等方面的经验和成果，研究院不断完善管理机制，同时对照逐年增长的任务目标进行在轨管理保障需求专题分析，指导后续基础保障建设工作。

2. 深化在轨数据应用，探索在轨运行评估工作机制

近年来，围绕提高航天器在轨可靠性的目标，研究院在探索超期服役航天器在轨试验工作模式、深化在轨数据分析应用方面积极开展实践，推动在轨管理工作“向后延伸”，有效指导航天器后续研制的改进。

针对超期服役航天器，研究院经与用户充分沟通，在卫星任务终结离轨前后组织开展了一系列在轨试验，除了获取重点单机产品试验数据外，在验证分系统和系统级设计指标方面也取得了宝贵的在轨试验数据，为后续超期服役航天器开展类似在轨试验积累了经验。在遥测数据库的应用方面，由运管中心组织在全员范围内安装了近 300 台套在轨遥测数据库的数据分析软件，能够为设计师提供快速、灵活的在轨遥测数据查询和趋势分析手段，有效支持了各单位在轨数据分析与应用工作的开展。

在深化在轨数据分析应用方面，依托研究院组织开发的“在轨航天器故障案例库”，由运管中心负责完成在轨异常信息快速通报，相关责任单位完成在轨质量问题及异常现象处理经验教训的分发与共享。研究院针对在轨异常发生频次较多、给航天器安全稳定运行

带来一定隐患的关键单机，组织单机研制单位开展在轨异常情况梳理，针对陀螺、动量轮等单机开展在轨数据分析与性能评估，提出产品后续改进措施与建议，以减少后续航天器同类在轨故障问题的发生。

在此基础上，研究院总结前期经验与成果，对在轨通用关键单机等典型产品的在轨运行评估工作进行了探索与实践，组织完成数管中心计算机、测控应答机、GPS 接收机、控温仪和远置单元等 12 类在轨通用关键单机的在轨运行评估，初步建立了典型产品在轨运行评估机制，对航天器的后续研制改进和提升产品成熟度起到了积极作用。

13.4　成果总结

近年来，研究院持续加强在轨管理组织体系建设，规范、明确在轨支持管理职责分工与工作流程，并建立持续改进工作机制，在加强提升航天器在轨支持管理能力、性能分析能力、应急处置能力等方面取得了较为显著的效果。

1. 在轨支持管理能力大幅提升

研究院通过持续加强在轨管理条件保障建设和队伍能力提升，借助多星在轨运行支持系统等信息化平台，有效提升运管中心在轨管理人员的工作效率。在其人员有限增长的情况下，目前已具备近百颗在轨航天器的支持管理能力，为航天器在轨稳定运行提供了有力保障。

2. 有效降低航天器在轨异常情况误报警率

按照研究院在轨管理工作会的要求，运管中心从对报警信息进行分类统计着手，通过研究误报警的原因，给出了误报警率定义，并从管理制度、队伍能力提升、软件平台建设三个方面制定降低误报警率的实施方案。具体通过对星上异常报警、地面异常报警、测控事件引发的报警、乱码及野值引发的报警和三级报警门限设置不当引发的报警等五个维度对报警信息进行总结，合理调整在轨运行支持平台门限设置，有效降低了在轨航天器误报警率。

3. 在轨航天器性能分析能力逐步提升

航天器在轨性能分析是在轨管理的重点工作，是牵引专业发展和能力提升的有效手段。

第6部分

项目管理制度与标准

第14章 商业航天项目制度与标准体系

完善商业航天企业商业航天项目制度体系是循序渐进的过程，在这个过程中既要做好具体项目的管理和相应的配套机制建设，也要重视提高基线管理与预算管理水平。

14.1 健全航天项目管理体系文件

商业航天企业工程项目管理体系文件分布在公司不同层级规范流程中，因此根据组织决策、业务管控、风险监督及业务支持四大类对商业航天企业现有制度体系文件与ISO9001全面质量内控体系文件亟须系统性梳理。在商业航天企业调整的组织结构背景下，对航天项目管理流程与规范提出新的需求，结合商业航天企业业务特点及新业务发展，梳理出航天项目管理体系文件，主要包括《发射服务管理》《整星出口管理》《卫星应用管理》《航天相关设施出口管理》《商业航天项目风险管理》，最终形成航天项目管理规范，并形成航天项目管理体系文件。

14.2 完善项目组织管理机制

在项目管理的组织体系中，项目管理办公室可谓是一个特殊的角色，是公司开展项目管理体系建设的保障。根据访谈资料，商业航天企业项目办公室处于战略决策层，根据企业的战略规划，确保项目处和企业战略保持一致。随着业务的发展，项目办公室在项目管控和支撑保障方面需要发挥更大的作用，能够根据项目的属性和要求，选拔和考核项目经理，审批项目计划，对项目进行跟踪和监控，确保项目处在受控中；制定项目管理相关的标准和体系，在组织范围内推广使用，并为项目团队提供项目管理领域的咨询和支持服务，包括协调和组织里程碑评审等项目会议。根据目前商业航天企业商业航天项目管理的需求，本书作者编写了项目办公室职能及岗位职责说明，进一步明确项目型组织在整个管理体系中的定位，优化管理控制，包括任命、责任、授权及考核的获取与执行等。

14.3 聚焦项目基线管理

基线管理与预算管理是商业航天企业以工程项目为中心的项目模式的基础，聚焦基线管理能够更容易预见项目计划变化并采取措施。在访谈过程中发现商业航天项目涉及多方协调合作，存在时间指标无法实现、各项任务延期完成、里程碑未达到、有些工作不能按时开始、预算过高或过少、工作完成量超过或未达到计划等问题，导致项目进度和成本发生变化，存在较大的潜在风险，通过基线管理，明确项目的规范、应用标准、进度指标、费用指标以及人员和其他资源使用指标等，提高航天项目管理质量与效益。通过健全规章制度聚焦项目基线设计，跟踪基线变化，规范项目成员行为完成项目目标。

14.4 完善项目管理规则及信息平台

随着商业航天企业的航天项目管理制度和规范的建立，采用项目管理工具与方法对已有的规范、流程和经验进行固化，提高和加强项目管理的执行和控制能力。在项目层级上，商业航天企业设计了信息化管理系统，对单项目进行管理，奠定了建立项目管理信息平台的基础。通过信息化管理系统实现对单个项目的进度、范围、时间、资源、成本、风险、文档、问题等方面的管理，在提高项目管理工作的效率同时，有利于收集、汇总各个项目的信息，便于进行分析。使用对象主要是项目经理及其项目组。在访谈过程中，该系统成为项目执行及售后服务的共享技术资料平台，能够分享大量文档，对文件查阅检索进行管理，能够从头到尾对项目状态进行跟踪与更新，检查落实或遗漏事项，在梳理待办事项列表方面有显著优势。信息化系统在不同的业务部门，对其应用和要求都有不同，未来仍需进一步提升。除了前面谈到的业务功能之外，信息化系统的角色/权限管理、组织结构和用户管理是最重要的功能，课题组结合商业航天企业商业航天项目实际情况，编写《商业航天项目信息化系统管理》，以规范系统运作及提升项目管理效率。

项目管理信息化系统在项目应用层级能够发挥积极作用，而在企业级层面上，部门经理以上级别的管理者或者项目管理办公室人员还能借助该系统进行统计、分析和预测，更好地在各个管理领域中做出决策，并将这种决策的结果作用于企业中的各个项目。因此，在涉及多项目之间的资源协调、成本监控、项目绩效管理等内容，信息化系统功能要满足实际使用要求。随着商业航天企业内部信息化系统平台的建立与完善，企业加强建立资源管理的规则与流程，完善资源规则与调配机制，建立资源管理机制，优化流程与组织运作，提升资源配置效率。

第 15 章　项目风险管理指南

为了加强项目风险管理，全面识别航天项目风险，统一规范航天项目风险管理实施技术与执行标准，提高商业航天项目风险分析与管理水平，需要加强商业航天项目风险管理。

商业航天项目风险管理的范围包括市场开发、谈判签约及生效、执行及售后服务等商业航天项目全寿命周期过程，以保障商业航天项目进度、绩效目标的完成。商业航天项目从项目规划、可行性研究、执行工作策划、卫星/火箭/地面大总体协调及交付使用等全过程实施风险管理。

15.1　相关概念

项目风险是指一种不确定事件或状况，一旦发生，会对至少一个项目目标（例如时间、费用或质量目标）产生影响，可能导致项目损失的不确定性，一般用发生可能性和后果严重性综合度量。风险源于缺少对事件的预见或控制而产生的不确定性，对任何项目而言，风险无处不在，无时不有，降低不确定性则会降低风险。

风险管理按照既定的项目风险管理政策，对项目资源进行系统和反复迭代，从而达到风险最优化。

风险识别是风险管理的基础，只有在正确识别出自身所面临的风险的基础上，才能够主动选择适当有效的方法进行解决与处理。

风险评估指在对不利事件所导致损失的历史资料分析的基础上，运用概率统计等方法对特定不利事件发生的概率以及风险事件发生所造成的损失做出定量估计的过程。

风险信息交流是指向项目管理者和相关人员传递项目风险管理所需的信息和数据。

15.2　项目风险管理组织

风险管理领导小组是公司风险管理工作的决策机构，负责审议有关风险管理的规章制度，并审议中、高风险事项的风险管理策略及应对措施（风险等级Ⅰ级视为低风险事项，Ⅱ级、Ⅲ级视为中风险事项，Ⅳ级视为高风险事项）。公司设立专职岗位综合协调商业航天项目的风险组织与协调，负责起草、制定有关风险管理规章制度，督促、指导有关单位和部门开展风险管理相关工作。

业务部门是项目风险管理的责任部门和执行部门，部门领导是项目风险管理的第一责任人，负领导责任；项目组负责项目的风险评估工作，确定项目风险管理的关键控制点，评估出项目的风险等级，制定项目风险应对措施，项目经理对项目风险管理负有直接责任；售后服务实行经理负责制，售后服务经理负责在轨卫星监视系统的管理及维护工作，项目组在项目售后服务期间对售后服务工作提供必要的支持。

对项目组、售后服务组评估出的风险事项，由部门进行审核，并经部门总经理审批。对于低风险事项，由项目组、售后服务经理制定风险应对措施，进行内部管理。对中、高风险事项的管理策略和应对措施，由业务部门提交公司组织评审，必要时由公司商业航天系统集成领导小组审议后方能实施，并将评估报告和评审结果报审计监察部备案。

项目经理对航天项目风险管理负有直接责任，根据项目规模和复杂性，风险管理工作可由项目经理或其代表组织实施，工作包括：

1）建立项目风险管理过程总体框架。

2）管理风险识别活动。

3）管理风险分析和评价活动。

4）建议、启动和实施风险处理活动，直至风险水平可容忍。

5）申请针对相互冲突的风险问题的执行决定。

6）在项目寿命周期内用适当且及时的方式沟通关于风险问题的信息。

7）确保已制定应急计划。

8）识别和记录有关风险管理的任何问题。

9）监视风险管理过程，并在需要时实施纠正措施。

10）提供文件，以确保可追溯性。

风险管理依赖整个项目周期其他信息的可得性，建立相关接口沟通渠道，并保持信息畅通，包括在设计与开发、技术状态控制、商务管理及项目后支撑等阶段，确定对接责任人，以便能够对风险做出快速反应。

在航天项目全过程关键节点评审会议中，应对风险事项进行讨论，主要内容包括：

1）识别和评定风险。

2）评审项目风险记录单。

3）评审风险的状态以及相关的风险处置活动。

4）识别和认可任何对风险资料的变更，并对变更进行再分析。

5）评定风险管理过程中的有效性。

6）讨论承包商和客户之间的关系。

在项目不同阶段的交接过程中，实施和控制相关文件，并在风险管理过程、风险评估及其处理过程应形成文件。

编写项目风险管理计划，主要内容包括：

1）项目的总体框架和界限，包括项目风险管理目标。

2）建议的风险管理办法、过程和接口。

3）负责风险管理活动的人员。

4）职责、权限以及报告渠道。

5）内、外部的接口。

6）风险管理会议方案。

7）项目风险记录单。

8）与其他项目文件和计划的关系。

9）来自其他方面（例如分承包商）的风险管理计划。

编写项目风险记录单，应当从风险识别阶段开始，与航天项目风险事件库相结合，包括已识别的风险、已识别风险的等级、负责处理风险的人员名单、对数据源的可追溯性加以记录等内容。

编写项目风险管理报告，主要内容包括项目风险管理现状、管理过程与评价、应对策略等。

15.3　航天项目风险管理程序

通过风险界定、识别风险、风险分析与评估、风险控制，加强航天项目风险管理中的风险沟通与交流、风险记录与检查，实现对航天项目风险全过程、动态的风险管理与控制。

确定航天项目市场开发阶段、谈判签约及生效阶段、执行阶段及售后服务阶段的风险管理目标。

不同阶段的风险管理目标制定应遵循以下原则：

一是应与项目总体目标及项目特点相匹配；

二是应能发挥各方优势，调动其积极性；

三是风险管理职责应坚持责、权、利相协调，权责明确。

1. 加强风险分类管理

一级风险分为战略风险、项目风险、财务风险、市场风险、运营风险和法律风险。航天项目风险指可能导致航天业务项目损失的不确定性，结合航天业务特点，商业航天项目分为市场开发、谈判签约与生效、执行及售后服务阶段。借鉴航天领域专家对项目风险评估与分析的理论与经验，并基于历史资料、系统角度，根据风险来源对航天项目风险进行一级分类，即技术风险、环境风险、人力风险及运营管理风险（具体二级分类见表 15－1）。

表 15－1　航天项目风险二级分类

一级风险	二级风险	一级风险	二级风险
技术风险	元器件风险	运营管理风险	计划风险
	设施风险		组织风险
	材料风险		协调风险
	设计风险		控制风险
	工艺风险		频率风险
环境风险	政治风险	人力风险	人身安全风险
	市场风险		能力风险
	法律风险		团队稳定性风险
	自然风险		责任心风险
	经济风险		

从风险发生的可能性及风险影响程度两个维度制定风险评价标准。

2. 识别风险

基于上述风险分类，采用内部访谈法、问卷调查法及检查表法确定航天项目不同阶段的风险源，对风险进行识别与筛选，形成航天项目风险事件信息库、风险识别表与风险清单。

3. 风险评估

根据航天项目不同阶段采用不同风险方法，在市场开发阶段采用定性分析方法为主，如内部访谈、问卷调查法；在执行阶段采用定量与定性相结合的风险综合评价方法，如业务流程图、风险矩阵评价法；在售后服务阶段采用定性分析方法为主，如内部访谈、问卷调查法。风险处理优先顺序可参加航天项目风险等级表。可接受的风险可以不进行处理（等级表中Ⅰ级风险），但应包括在风险记录单中，以便日常跟踪与监视。不可接受的风险要进一步处理。

4. 风险处置

风险控制坚持“安全第一、预防为主”的原则，采取经济、可行、主动的处置措施以降低及减少风险。风险处置应遵循评价控制方案、选择控制方案、选择处理战略并实施的风险处置过程，并考虑处置与补救成本。

市场开发阶段的项目风险管理包括：梳理项目建议书文件、立项报告以及《出口控制审批记录》《项目建议书审批记录》、项目投标要求及时间规定、已有的风险评估报告及其他相关资料。

根据业务流程关键控制节点记录并跟踪风险源，编制项目建议书中的风险管理要点，评估项目建议书中的风险管理。

（1）对市场开发阶段风险进行评估，分析重大风险因素

① 风险评估——环境风险、运营管理风险

在市场开发阶段，应重点关注环境风险和运营管理风险。由于航天项目具有一次性、投资时间长、规模大、变化因素多等性质，使得一开始的决策就蕴藏着极大的风险。从宇航业务本身来说，对航天工程项目需要进行大量的宏观上的调查和决策，因而应从总体性与方向性进行控制，对环境风险的把握不能有重大的偏差，否则就有可能导致整个项目的失败。

在运营管理风险方面，具体体现在项目可行性研究分析周期长、项目建议书未按统一标准进行编写及相关文件未按规定进行归档等控制风险，需要进行日常跟踪与监督。

② 关键控制活动——项目建议书的编制与审批

项目建议书编制过程中的风险控制主要体现在对编制内容与编制人员的控制。项目建议书的内容应包含项目背景、产品方案、市场需求、资源情况、协作关系和引进技术的可能性及引进方式、投资估算和资金筹措方案及偿还能力预计、项目投资的经济效益和社会效益的初步估计等内容，保障决策者能够清楚地了解项目的经济环境和可能遇见的困难，有效地降低因不了解而存在的环境风险。项目建议书编制人员的专业知识水平应符合编制要求。

项目建议书的审批过程应符合内外部审批制度，对项目技术建议书、对外报价方案、商务建议书及商务合同条款等专业性比较强的内容应组织相关机构与人员进行评审并提出意见，保证建议书的客观真实性。特别是项目建议书的编制与审查、审定决策分离，项目建议书工作应进行合理分工。

③ 谈判、签约及生效阶段风险管理

梳理谈判签约过程中产生的《谈判预案》《会谈情况报告》《服务合同》记录、

《市场开发总结报告》等相关文件，并对已有的风险评估报告及其他相关资料进行查阅。

根据业务流程关键控制节点记录并跟踪风险源，明确承包合同签订中各方风险管理的内容与责任。

（2）对谈判、签约及生效阶段风险进行评估，分析重大风险因素

① 风险评估——运营管理风险、环境风险

根据已有风险评估排名，控制风险与政治风险为中风险事项，具体体现在客户所在国领导人更迭及分承包商风险，中风险的应对措施，必要时由公司领导小组审议后方能实施，并报审计监察部备案。

② 关键控制活动——合同签订及分承包商合同签署

在合同签订过程中，主要对以下风险点进行控制，具体包括合同条款的完整性和准确性；以合同为依据，对新辨识的重大风险应说明是否进行再次风险评估；合同款项支付与延期支付；研制交付提前或延误；元器件的采购与供货等，其中风险管理文件中应包括管理费用与管理职责分担及风险保险赔偿要求等。

在分承包商的控制过程中，应采取公开招标，采用资格预审，对分承包商的资质证书、能力和经验等方面进行审查。同时，应重视对分承包合同的内容与审核进行控制。

③ 执行阶段风险管理

整理项目执行工作策划书、启动会纪要、总体协调会纪要、过程强制检验纪要、交付证明、过程控制记录卡及项目总结等关键点记录。

对分承包商及客户进行风险分析及职责划分，对启动阶段、设计与研制、发射服务执行及在轨测试与交付关键控制点编写风险管理专项文件。对启动阶段、设计与研制、发射服务执行及在轨测试与交付实施风险管理。

对执行阶段风险进行评估，分析重大风险因素，编制项目风险评估报告，编制风险评估报告中应给出风险清单并提出高风险的处置措施。项目风险评估报告内容包括但不限于以下内容：概述、编制依据、风险评估流程与评估方法、高风险因素分析、结论与建议。

（3）项目启动阶段风险管理

① 风险因素

基于项目启动阶段的业务流程关键控制节点，风险因素主要包括项目执行策划书未能保质按时完成；受到外部环境的影响，合同生效条件未满足要求；项目启动会未按时召开；总体协调会未按时召开。

② 风险评估——运营管理风险

运营管理风险主要体现在控制风险方面，具体体现在开展合同生效条件所要求的工作周期长，延误合同生效时间；星/地/箭接口关系，影响代办问题处理，延误合同进度等。

③ 关键控制活动——合同生效、会议纪要签署

合同签署与生效时间不一致，在起草合同时应对合同生效时间与条款进行审核，确定生效条件，同时对满足生效条件开展的工作流程进行把控，确保按期满足生效条件。

在项目启动阶段，项目启动会、大总体协调会是重要的业务流程关键控制节点。会议确认的代办事项，在会议纪要中应明确办理项目时间节点、需要的参考文件、责任人等列

项，保障项目按工作计划推进。

（4）设计与研制阶段风险管理

① 风险因素

基于设计与研制阶段的业务流程关键控制节点，主要风险因素包括 PDR、PMAR、CDR、FMAR 等关键评审未能按项目计划时间节点召开；卫星出厂评审、地面验收、火箭出厂评审等未能按项目计划完成；在技术协调过程中，造成用户不满意，对用户关系造成不良影响；设备未按时完成、材料受到出口国制裁等技术风险；纪要和控制接口文件不规范等。

② 风险评估——环境风险、技术风险、运营管理风险

环境风险主要指法律风险，具体体现在分承包商不能保证合同要求的研制进度，将影响合同按期履约，或生产研制单位未按照合同规定的技术指标完成研制工作，造成承担直接的违约责任，对这类高风险事项的管理策略和应对措施，由业务部门提交公司组织评审，必要时由公司航天系统集成领导小组审议后方能实施，并将评估报告和评审结果报审计监察部备案。

技术风险主要指设备、工艺及元器件风险，具体体现在元器件引进受审批程序的影响，供应商交付的产品质量不合格或延期，技术指标需要更改，原材料价格不稳定等，造成不能按期履约。对这类中风险事项的管理策略和应对措施，由业务部门提交公司组织评审，必要时由公司航天系统集成领导小组审议后方能实施，并将评估报告和评审结果报审计监察部备案。

运营管理风险主要指协调风险，具体体现在与分承包商、客户的沟通和协调不到位，在技术引用、设备引进等项目时，造成存在延期付款，在卫星、GCS、GSA、发射、操作、测试相关产品之间的主要交流不通畅，延误计划进度。

③ 关键控制活动——关键控制点及季度管理评审

在设计与研制阶段，对 PDR、PMAR、CDR、FMAR、卫星出厂评审、地面验收、火箭出厂评审等关键节点进行控制，从技术协调过程中接口文件形式审核、评审会议时间、会议纪要签署及代办事项跟踪等进行把控。对季度管理评审中的重要问题要对前后关键节点评审进行衔接，以便确保卫星、地面及火箭系统协调一致，按项目计划稳步推进。

（5）发射服务执行阶段风险管理

① 风险因素

基于设计与研制阶段的业务流程关键控制节点，风险因素主要包括发射任务书编写不符合标准；发射测控单位办理卫星整星、卫星推进剂以及发射支持设备的海关手续不完整；各方就发射计划未能达成统一；卫星测试、火箭测试过程中出现技术问题、发射就绪评审会议纪要签署未能按期完成、测控站选择出现问题及政权更迭、经济制裁等。

② 风险评估——人力风险、环境风险、技术风险、运营管理风险

人力风险主要指人身安全风险，具体体现在受恐怖主义的影响，海外办事处人员，或双方项目关键员工安全受到威胁。环境风险主要指政治风险，具体体现在政权更迭，或其他国家对其政治或经济制裁造成该国政治形势的变化，导致项目终止或无法执行，同时支付能力下降，不能及时按期支付。对于中、高风险事项的管理策略和应对措施，由业务部门提交公司组织评审，必要时由公司航天系统集成领导小组审议后方能实施，并将评估报

告和评审结果报审计监察部备案。

技术风险主要指设备风险，具体体现在设备报关进度对地面站整合计划的影响。运营管理风险主要指协调、控制风险，具体体现在卖方交货与买方验收时间差较大，影响合同的正常履约。

③ 关键控制活动——发射任务书编写、发射就绪评审

在发射服务执行阶段，发射任务书的内容应该对政府、经济环境进行分析，判断是否会有“黑天鹅事件”的发生，同时对客户及分承包商的进度节点进行梳理与预测。

在发射就绪评审中，应成立评审小组及制定评审计划，跟踪代办事项，避免遗漏问题，确定关键节点之间的合理时间等。

（6）在轨测试与交付阶段风险管理

① 风险因素

基于在轨测试与交付阶段的业务流程关键控制节点，风险因素包括测试报告不能按时完成；卫星未通过验收；故障调查与审查不能按时完成；承包人未完成勘察与定损，影响赔付进度等。

② 风险评估——运营管理风险

运营管理风险主要指频率风险，具体体现在轨位及频率协调未及时完成，存在频率过路干扰，部分项目需要规划频率等。根据已有的风险评估，频率风险为高风险事项，提交公司组织评审后方能实施。

③ 关键控制活动——频率协调

按国际通用规则，提前与有可能存在干扰的各方进行事先沟通与协调，事先通知频率选择，有干扰的进行积极协调。同时，对于频率短缺情况应提前协调并提出解决方案，为后期项目做准备。

（7）对售后服务阶段风险进行评估，分析重大风险因素

① 风险评估——运营管理风险、技术风险

运营管理风险主要体现在合同收付款未按时回款，技术风险主要体现在卫星在轨运行监视、地面站维护、卫星及地面站在站支持、遥测参数数据链路维护支持方面，存在设备故障风险。根据已有风险排序，运营管理风险与技术风险属于低风险，由业务部门进行日常监督。

② 关键控制活动——故障调查与审查

故障调查与审查的重点是协调用户、承包商、保险各方了解故障情况，确保故障调查与审查时间进度，故障分析报告按期完成。

第 16 章　搭载发射项目管理

根据《民用航天发射项目许可证管理暂行办法》《民用航天科研项目管理暂行办法》《民用卫星工程管理暂行办法》及《关于促进商业运载火箭规范有序发展的通知》等有关文件，综合确定搭载发射项目管理。搭载发射项目许可证申请人应满足《民用航天发射项目许可证管理暂行办法》中第五条相关要求。

16.1　搭载发射项目许可证申请

1）项目申请人属中央直属企业事业单位及其下属单位的，由其总公司向国防科技工业局提交申请。

2）项目申请人属科研院所或部委所属事业单位的，由其主管部门向国防科技工业局提交申请。

3）项目申请人属高等院校或商业航天企业的，通过其所在省、自治区、直辖市国防科技工业管理部门向国防科技工业局提交申请。

搭载发射项目申请人负责项目的组织实施。具体内容包括：

1）主任务为商业项目的，搭载发射项目方案经主任务承担方、运载火箭系统、发射测控系统等相关系统会签认可后，按照《民用航天发射项目许可证管理暂行办法》向国防科技工业局提交搭载发射项目发射许可证申请书。

2）向国防科技工业局书面上报搭载发射项目完成情况及发射项目在轨测试应用情况，并在搭载发射项目入轨、运行轨道发生变化、功能更改、寿命终止、离轨等状态变化时，及时向国防科技工业局通报。

3）配合国防科技工业局开展相关监督检查工作。主任务用户部门（单位）及主星抓总研制单位配合搭载发射项目申请单位完成搭载发射可行性论证。

运载火箭系统负责承担主任务及搭载任务的发射活动并做好相关接口协调工作。具体内容包括：

1）定期发布后续发射任务运载能力余量情况。

2）配合搭载发射项目申请人完成搭载发射可行性论证。

发射场及测控主管部门负责搭载发射项目发射场及测控相关活动的组织实施及相关系统的接口协调工作。

16.2　项目申请条件及要求

主任务为民用航天工程项目的情况，搭载发射项目申请人向国防科技工业局提出搭载发射申请，明确搭载任务来源、目标、内容、搭载飞行设想及影响初步分析；国防科技工业局组织研究搭载发射申请，对符合条件的项目，批准启动可行性论证。

由搭载项目申请人牵头，会同主星、运载火箭、发射及测控系统开展搭载发射可行性论证；经主星用户部门（单位）同意后，搭载项目申请人会同有关系统研制主管部门（单位）和主星用户部门（单位）联合评审搭载发射可行性方案，经工程总指挥批准后，纳入工程大总体管理，并报国防科技工业局备案。

其他搭载发射项目：在主任务预定发射月的 N 个月前向国防科技工业局提交搭载发射项目许可证申请书，由国防科技工业局按程序审批。

搭载发射项目发射许可证内容需要变更（取消）的，许可证持有人应在许可证有效期期满之前 N 天，向国防科技工业局提出变更（取消）申请，经审查批准后，方可变更（予以注销）许可证。

搭载发射项目属商业用途的，其价格按照市场机制形成，项目承担方应签署生效商务合同。经费不纳入政府管理，搭载发射服务经费不应显著偏离市场通用价格，造成无序竞争。

16.3　监督与管理

许可证持有人有违反《民用航天发射项目许可证管理暂行办法》相关条款等要求的国防科技工业局责令其限期改正，情节严重的，吊销其许可证，且被吊销许可证的项目，自吊销之日起两年内，该项目申请人不得再次就同一项目提出许可证申请。

第7部分

地面设施及卫星应用

第 17 章　应用效能评价项目

17.1　评价目的

（1）促进卫星工程闭环管理，优化卫星体系建设

《民用卫星工程管理暂行办法》第二十七条明确提出：对影响工程成败、风险较大的关键环节和产品、技术等，应组织第三方开展独立评价或设计复核复算；第三十六条提出：工程完成全部研制建设任务后，工程大总体组织开展工程研制建设总结，审核鉴定卫星技术状态和成熟度，开展工程效能、质量和可靠性评价。开展卫星工程效能评价，有利于更加准确、有效地反映卫星系统能力，拓展应用领域，并促进卫星工程建设闭环管理，进一步优化卫星体系建设。

（2）挖掘卫星最大服务潜能

根据卫星工程批复的要求，结合主用户应用需求，从卫星系统效能、技术试验项目、自主可控能力和国际竞争力等方面开展卫星系统工程效能评价，确认卫星系统最大服务能力，同时对比国际同类卫星，梳理差距，客观评价国际竞争力，为卫星系统指标改进、国际应用推广及技术试验项目成果推广提供支撑。

（3）提升卫星工程应用效益

提升卫星工程应用效益，发挥最大应用效益。

17.2　评价范围与内容

评价范围原则上是对卫星工程中的卫星系统、地面系统和应用系统进行评价，主要是针对卫星在轨测试期间发挥的效能进行分析评价。

评价内容主要包括：

1）卫星系统效能评价。以工程研制总要求为基础，对卫星系统（含卫星平台、有效载荷）关键指标进行复核确认，结合典型应用场景，挖掘星地系统综合服务能力。

2）技术试验项目评价。制定技术试验评价方案，组织对技术试验项目的完成情况及效果进行评价。

3）自主可控能力评价。梳理卫星平台、有效载荷的单机产品及关键元器件国产化率，以及具有自主知识产权的核心技术，分析卫星系统自主可控能力。

4）国际竞争力评价。对标国内国际同类卫星，选取若干关键指标，评价先进性，分析亮点与优势，梳理差距与不足。

5）示范应用效能评价。结合行业应用示范需求，组织各主用户开展示范应用效能评价。

17.3 评价方法

国内外卫星工程效能评价的各种方法及模型可以分为解析法、试验统计法和仿真模拟法三大类，一般情况下常采用两两结合或三者结合的方法。

17.3.1 基于解析的静态评估

解析法是根据描述效能指标与给定条件之间函数关系的解析表达式计算指标的，可根据数学方法求解建立的效能方程。解析法能够进行指标间的关系分析，准确把握关键因素及其对作战效能的变化规律；但是该方法往往有许多假设条件，而且有许多因素无法建立与作战效能的数学表达式。

卫星工程系统效能评价常用的解析方法有 ADC 分析法、层次分析法、德尔菲（Delphi）法、模糊综合评判法、灰色评价方法等智能评价方法。

1）ADC 分析法是由美国工业界武器系统效能咨询委员会提出的，该方法在武器装备作战效能评价中得到了广泛的应用，在卫星工程效能评价中得到了推广。ADC 分析法是以系统的总体构成为对象，以所完成的任务为前提对效能进行评价，该方法主要是通过分析系统可用性 A、可信性 D 与固有能力 C，计算系统效能 $E=ADC$。可用性是在开始执行任务时系统状态的度量；可信性是在已知系统开始执行任务时所处状态的条件下，在执行任务过程中某瞬间或多个瞬间的系统状态的度量；固有能力是在已知系统执行任务过程中所处状态条件下，系统达到任务目标的能力的度量。

ADC 分析法比较适用于评估大部分系统单项效能，系统效能的评价还需要最终的运算，因此，若将其用于复杂大系统评估时，需要与其他评价方法配合使用。

2）层次分析法是一种处理测度难以量化的复杂问题的手段，完全依靠主观做出评价。它不能处理因素众多、规模较大的问题，且要求评价者对问题的本质、包含的要素及其相互之间的逻辑关系掌握得十分透彻。

3）德尔菲法是一种专家调查法，特别适用于客观偶然性较大且缺少确切数据的评价问题。专家群评价方法在西方很受重视，针对这种专家群评价方法，国内有思想基本一致的综合集成研讨体系方法。

层次分析法和德尔菲法的最大优点是，在缺乏足够统计数据和原始资料的情况时，其权重系数主要采用层次分析法和德尔菲法相结合来确定。但其理论性与系统性不强，难点是如何找专家和选取什么参数进行评价，一般情况下难以保证评价结果的客观性和准确性。

4）模糊综合评判法较好地解决了判断的模糊性和不确定性问题，不仅可对评价对象按综合分值的大小进行评价和排序，还可根据模糊评价集上的值按最大隶属度原则评定对象所属的等级；不足之处是它大量应用了人的主观判断，不能解决评价指标间相关性造成的评价信息重复问题，隶属函数的确定还没有系统的方法，而且合成的算法也有待于进一步探讨，评价结果的可靠性和准确性依赖于合理选取因素、因素的权重分配和综合评价的算子等。

5）灰色评价方法是一种定性分析和定量分析相结合的综合评价方法，可以较好地解决评价指标难以准确量化和统计的问题，可以排除人为因素带来的影响，使评价结果更加客观、准确。缺点是要求样本数据具有时间序列特性，而且也只是对评价对象的作战效能优劣做出鉴别，并不反映绝对水平。

上述这些方法重点关注采用何种效能评价方法取得效能值，很多时候评价结果落在同一个评价等级上，难以区分个体效能差异，特别是突出评价活动的单向性，不能反映诸多不确定因素的动态变化特征，非线性特征不足，普遍缺乏对评价结论的可靠性或不确定性探讨。另外，这些方法还需要结合试验、仿真的结果，来确定模型中的参数和检验模型。

17.3.2　基于试验统计的动态评估

试验统计法是最真实可靠的评估方法，在轨测试期间观察卫星系统的性能特征并收集数据，从而评定卫星系统的效能。特点是依据在轨测试获得的大量统计资料评估效能，应用前提是所获的测试数据很多，其随机特性可以清楚地用模型表示。常用的统计评估方法有抽样调查、参数估计、假设检验、回归分析和相关分析等。试验统计法不仅能得到效能评估值，还能显示卫星系统性能、各系统间协作等影响因素对效能的影响，从而为改进卫星系统性能、找准影响系统服务能力的薄弱环节提供定量分析基础，其结果比较准确，但需要有大量的测试数据进行支撑，这在卫星研制前无法实施。另外，在轨测试期限较短，一般为三个月，不可能进行大量的测试任务，致使其积累的试验数据不够丰富。

目前，基于试验统计法的卫星工程效能评价，国内尚未开展。

17.3.3　基于仿真的动态评估

仿真法是以计算机模拟模型来进行仿真试验，在仿真环境中运用各类仿真信源、仿真模型对系统效能与影响因素及它们之间协作进行仿真模拟，由试验得到的数据，可直接或经过统计处理给出系统效能评估值。

17.4　评价程序

17.4.1　准备阶段

主要工作为接受机关、单位的委托，调研和收集有关资料、分析确定评价思路、制定评价标准、设计评价方法、确定评价内容、评价指标、编制工作方案并组织专家进行评审、确定质量控制原则及要点。卫星工程效能评价准备阶段工作程序如图 17－1 所示。

17.4.2　实施阶段

主要工作为跟踪卫星在轨测试全过程，并依据评价方案，组织设计对应工况开展相应在轨测试，收集各试验项目的试验数据和试验结论。卫星工程效能评价实施阶段工作程序如图 17－2 所示。

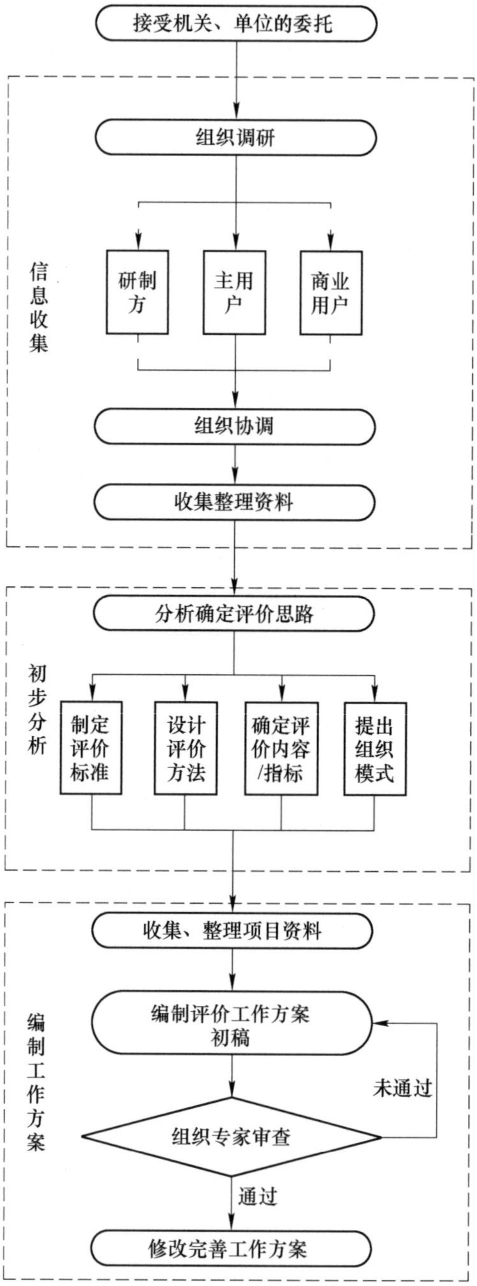

图 17-1　卫星工程效能评价准备阶段工作程序

17.4.3　报告编制与评审阶段

主要工作为汇总、分析实施阶段获取的各种资料、数据，通过分析、评价得出结论，提出对策和建议，完成卫星工程效能评价报告的编制，并对卫星工程效能评价报告进行专家评审。对卫星工程效能评价报告进行专家评审的工作程序如图 17-3 所示。

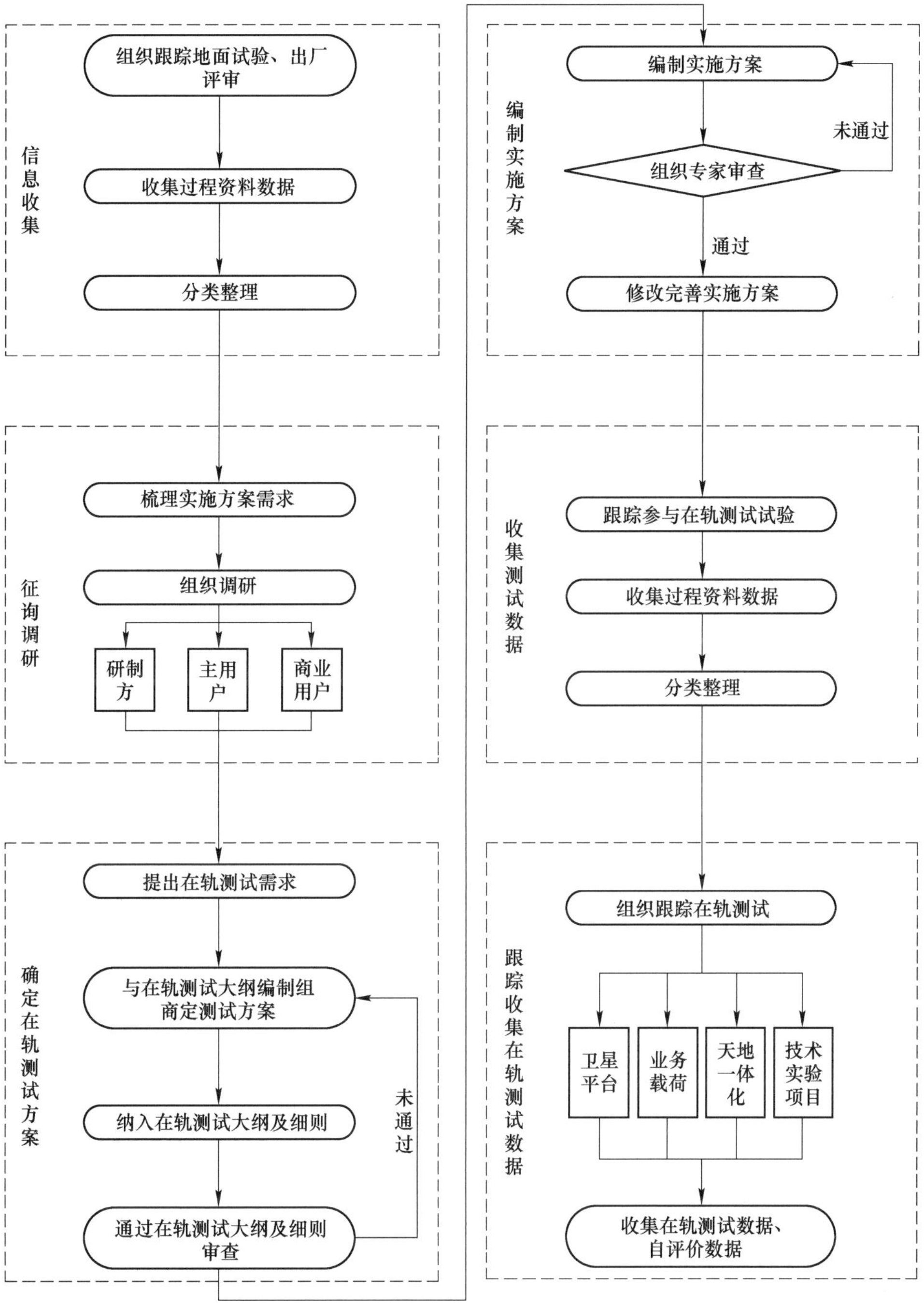

图 17－2　卫星工程效能评价实施阶段工作程序

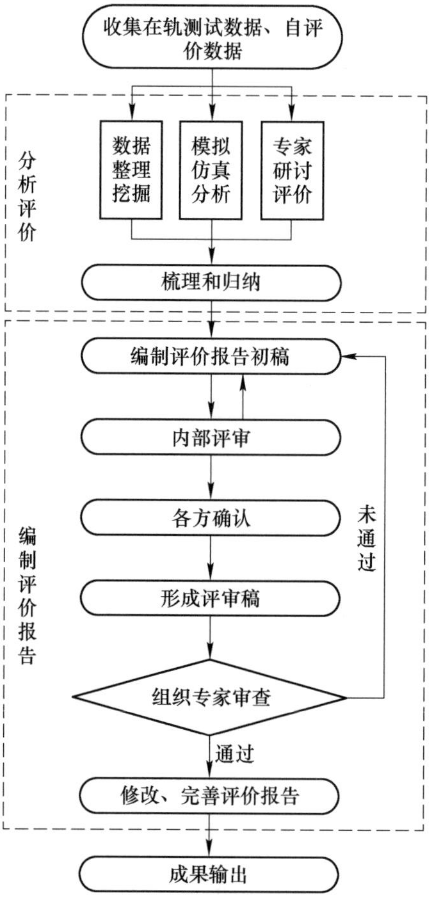

图 17-3　对卫星工程效能评价报告进行专家评审的工作程序

第18章 卫星地面接收站网项目管理

国家通过多份文件鼓励开展遥感卫星接收站网建设。其中，2005年12月国务院发布的《促进产业结构调整暂行规定》中指出要加快卫星高技术产业；2011年4月，国务院发布的《产业结构调整指导目录》(2011年版) 鼓励发展航天技术应用、卫星地面系统建设；2011年10月，商务部、国家发展和改革委、科技部、工信部、财政部、环保部、海关总署、税务总局、质检总局、知识产权局等国家十部委联合发布《关于促进战略性新兴产业国际化发展的指导意见》，指出国际化是培育和发展战略性新兴产业的必然选择；《国家民用空间基础设施规划》中明确提出鼓励海外建站，而在海外以商业形式建站将作为空间基础设施全球实时接收能力的补充。

18.1 现有地面站管理

目前，中国遥感卫星地面站网（表18－1）的主要任务是跟踪接收与地面光纤传输国内外民用遥感卫星数据。

表18－1 我国现有遥感卫星地面接收站

序号	接收站名称	备注
1	密云站	已建，需扩充
2	喀什站	已建，需扩充
3	三亚站	已建，需扩充
4	昆明站	已建，需扩充
5	牡丹江站	已建，需扩充
6	北极站	已建，需扩充

中国科学院遥感与数字地球研究所目前承担“对陆观测卫星数据全国接收站网建设项目”“高分专项（民用部分）地面系统第一批研制项目地面数据接收系统建设项目”“中国科学院空间科学战略性先导科技专项地面数据接收系统建设项目”，实现了我国全部领土及70％亚洲疆土的数据接收覆盖，实现了高速海量数据的先进记录能力，实现了远距离高速网络实时传输能力，实现了快视成像与远程播报，实现了组网协同接收卫星数据的能力，显著提高我国民用遥感卫星数据运行和保障支撑能力。

目前，我国遥感卫星地面站接收的国内外民用遥感卫星包括：环境与灾害监测预报小卫星星座HJ－1A、HJ－1B、HJ－1C、资源一号02C、资源三号、实践九号A/B、高分系列、法国SPOT－5/6/7、加拿大RADARSAT－2、美国LANDSAT－8、泰国THEOS等。

中国科学院遥感与数字地球研究所正在运行当前接收、未来计划接收、曾经接收的陆地观测遥感卫星。

目前，国内数据接收站网已实现全国布设，接收多类型遥感卫星数据，构成较为完善的数据接收网络。民用遥感卫星数据接收与传输的业务模式较为固定，实现基本稳定运行。国内遥感卫星地面接收系统通过较为完善的工作体制流程，基本实现有人值守无人操作的自动化运行水平。

中国科学院遥感与数字地球研究所对国内外民用遥感卫星数据的接收、传输进行统筹规划与调度，对各地面接收站的资源和地面光纤网络进行综合协调，适应平时和应急模式，确保整个民用地面接收站网运行能够高质、高效地协同工作。各接收站获取的民用遥感卫星数据通过配套地面光纤数据传输网络发送到中国科学院遥感与数字地球研究所总部，随后通过中国航天科技集团下属的资源卫星应用中心对全国用户进行分发。从事遥感卫星地面系统制造的单位主要包括航天恒星科技有限公司、中国电子科技集团公司第五十四研究所、中国电子科技集团公司第十研究所等单位。

目前，用户进行遥感卫星影像检索方式灵活多样，订单下达快速简便。用户可通过一个图形用户界面（GUI）进行访问，可以按所需图像经度、纬度或行列号，或者在屏幕显示的地图上标出工作区范围，根据采集时间范围、遥感器类型和工作模式、接收站、图像云量要求、景标识号（ID），查询已归档的浏览图像，目录查询结果可很快展现在用户面前。通过人机对话，用户可以自己填写或让操作员填写订货单，采用高度自动化的数据录入、数据管理和产品生产。如中巴资源卫星中心的处理系统每小时可生产 CCD 与 IRMSS 图像 2 级产品各 50 景、3 级产品各 50 景，宽视场成像仪图像 2 级和 3 级产品各 50 景。从处理速度和处理量来讲，目前我国均处在国际领先水平。

我国遥感卫星接收站网与加拿大 MDA 公司的指标对比见表 18－2。

表 18－2　我国遥感卫星接收站网与加拿大 MDA 公司的指标对比

指标	加拿大 MDA 公司	中国
数据接收能力	全球建站，形成全球接收站网。拥有 RADARSAT 卫星总经销权，可接收世界范围内超过 30 余颗卫星数据	已在南非、泰国、瑞典建设接收站。政府投资的民用遥感卫星在轨约 7 颗，可接收世界范围内超过 30 余颗卫星数据
可扩展能力	通过各地数据代理公司及数据加工服务开展本地卫星数据增值服务。在世界范围内推广遥感数据在农业、地质、国土资源、测绘等行业应用方案	目前，已经在非洲借助中国遥感卫星小规模开展非洲水资源利用调查服务。在国际市场，目前有针对性推出减灾、农业等行业应用解决方案

18.2　高分辨率遥感卫星接收需求管理

（1）高分卫星接收需求可分为政治外交需求和业务需求两大类

开展全球气象、海洋以及陆地监测，可为维护国家政治、资源、经济、领土的安全提供信息支援。

随着海外地面站的建设，我国在全球性空间新的获取和应用方面，将大大突破目前的区域局限性。开展全球性问题研究，提高我国在国际交往中，对全球环境变化、全球灾害、全球植被、全球农作物估产、全球碳排放等问题的主动权和发言权，为我国外交、外援、外贸等工作，提供重要的信息支撑。

(2) 经济利益拓展

开展全球生态环境监测，为国家可持续发展做支撑；开展全球性矿产普查，拓展各国资源安全的有效手段；为中国在海外的合作项目和企业发展提供信息支撑，维护中国的海外发展利益。

我国正在致力于建设海洋强国，为了维护我国海洋权益，实时的海况、流场、海面风速资料在国家安全方面具有重要作用，同时在海洋灾害、海洋资源普查方面都对卫星数据提出了实时性需求；上述海洋权益的维护也是当今世界大国关注的重点。

各应用类型对遥感卫星数据的空间和时间分辨率要求见表18-3。

表18-3 各应用类型对遥感卫星数据的空间和时间分辨率要求

应用类型	SAR	光学	时效性
国防军事	高分	高分	1天（或近实时）
环境			1天，要求数据连续性
能源、采矿	中高分	高分	近实时
自然资源	中高分	中高分	低回访
灾害	高分	高分	及时响应
工程设施	高分	高分	周期回访

现有高分卫星接收站网面临的最大挑战是现有接收站网的覆盖范围无法适应日益丰富的高分遥感卫星类型、面向全球的遥感卫星数据和应用需求。

无论是目前还是2030年，遥感数据接收能力不均衡，国内接收能力强，全球接收能力弱；回放接收能力强，并行实时接收能力弱，接收冲突较多。

从实时性看，接收和处理存在分离现象，而对商业遥感，及时的数据下传是为用户提供优质服务的前提，也是商业遥感竞争因素之一。

2030年前我国遥感卫星地面站/天线预测和发射数量预测见表18-4和表18-5。

表18-4 2030年前我国遥感卫星地面站/天线预测

时间段	国内	国外
十二五	升级现有4部极轨天线	
十三五	建设极轨8部天线	在南极建设3部天线、在北极建设4部天线
十四五	建设极轨5部天线	在南极建设4部天线、在北极建设5部天线

表18-5 2030年前我国遥感卫星发射数量预测

卫星类型	十二五	十三五	十四五
陆地卫星	16	27	25
海洋卫星	5	7	7
气象卫星	5	7	9
国内合计	26	41	41

（续）

卫星类型	十二五	十三五	十四五
出口卫星	4	6	6
总计	30	47	47

18.3 典型测运控管理

考虑到美国和ESA主要是对政府专项工程或民用科学探测类航天项目提供测控支持，因此，本节主要对挪威KSAT和瑞典SSC商业测控模式进行分析和总结。

18.3.1 KSAT公司及其商业测控网

挪威皇家卫星服务公司（Konsberg Satellite Service AS，简称KSAT公司）成立于1967年，是全球领先的卫星地面站服务和海事卫星监测服务提供商，总部位于挪威北部北极圈内的特隆姆瑟（Tromso）小镇，同时在斯瓦尔巴德（Svalbard）和挪威首都奥斯陆（Oslo）分别设有运营中心和销售中心。

KSAT公司的业务领域包括测控（TT&C），发射和早期轨道支持（LEOP），卫星数据的接收、处理、分发和存储，海事监测，多任务快速响应等。目前，KSAT公司通过其分布在极地和中纬度地区的61部天线为全球超过80颗卫星提供支持服务，每月可获取超过12000轨数据，同时提供备份天线支持和全球光纤宽带传输网络。其中，KSAT公司极地地面站包括位于69°N的特隆姆瑟、78°N的斯瓦尔巴德（SvalSat）（图18－1）和72°S，2°E的南极站TrollSat（图18－2）。SvalSat是全球最大的商业运营地面站，设有35部天线，能提供全轨道支持，每天可以为大部分极轨卫星提供14轨的数据接收服务，联合南极站TrollSat可直接获取全球每日极轨卫星28轨中的26轨数据。其他站点包括挪威格里姆斯塔（Grimstad）、美国阿拉斯加、阿联酋迪拜（Dubai）、印度班加罗尔（Bangalore）、新加坡、毛里求斯和南非约翰内斯堡的Hartebeesthoek地面站（按照纬度从北至南的顺序）。KSAT公司也是全球唯一同时提供北极和南极地区卫星数据接收服务的公

图18－1 斯瓦尔巴德地面站

图 18 - 2　位于南极的 TrollSat 地面站

司，所有四个位于挪威的地面站均通过位于特隆姆瑟的网络运营中心（TNOC）进行单一节点的控制，从而使客户得以获取地面站的快速响应，在遥感卫星数据接收后的 30～60 分钟内可获得初步处理的数据和信息。

KSAT 公司客户分布全球，包括美国国家航空航天局联合极轨卫星系统（NASA/JPSS）、美国国家海洋和大气管理局（NOAA）、欧空局（ESA）、欧洲气象卫星组织（EUMETSAT）、日本宇航局（JAXA）、印度空间研究组织（ISRO）、DigitalGlobe 公司、铱星公司（Iridium）、Blackbridge 公司、Deimos 公司、德国宇航局（DLR）、韩国航空宇宙研究院（KARI）、阿里安公司（Ariane Space）、MDA 公司、加拿大航天局（CSA）、伽利略系统（Galileo）等，因而 KSAT 公司接收并可提供处理服务的遥感卫星包括 Radarsat - 2、Kompsat、Formosat - 2、Terra/MODIS、TerraSAR - X、Tandem - X、WorldView - 1/2/3、Quickbird 等。

18.3.2　SSC 公司及其商业测控网

SSC 公司的名称来源于瑞典空间公司的英文缩写（Swedish Space Corporation），其成立于 1972 年，是瑞典政府通过财政部 100% 控股的国有大型综合性航天企业（图 18 - 3）。目前，在澳大利亚、加拿大、智利、中国、德国、荷兰、西班牙、泰国、美国设有分支机构，全球拥有来自 25 个不同国家的超过 600 名员工。

SSC 公司的业务分为科学服务、卫星管理服务、工程服务、技术研发等四大模块，最主要的部分建立于 2000 年，是以 PrioraNet© 全球卫星测控及运营网络为核心的卫星管理服务。该业务模块由 SSC 瑞典、智利（SSC Chile，位于圣地亚哥）、澳大利亚（SSC Space Australia，位于 Claremont）、美国（Universal Space Network，位于 Horsham）和加拿大（SSC Space Canada，位于 Lethbridge）共同组成，地面站分布在瑞典、德国、意大利、南非、澳大利亚、加拿大、美国、智利、南极以及太平洋，每月为超过 60 颗卫星提供在轨运行服务。与 KSAT 公司一样，全球用户通过网络管理中心单一节点获得服务。PrioraNet 提供的服务包括发射支持、在轨服务、数据处理、网关服务、卫星网络运营、

图 18－3　SSC 公司位于北极附近的地面站

工程咨询、电信港和媒体服务等。此外，SSC 公司在瑞典北部的雅斯兰吉（Esrange）航天中心（图 18－4）设有探空火箭发射场。

图 18－4　雅斯兰吉航天中心

SSC 公司目前客户包括世界上主要的航天机构和用户，在中国和中国气象局、中国航天科技集团、中国科学院等建立了良好的合作关系。SSC 公司的卫星管理服务部门曾为嫦娥三号、神舟十号飞船的运行提供服务。

SSC 公司在中国的业务主要包括两种方式，一种是中国客户租用 SSC 公司的地面站，另一种是中国客户在瑞典建站，由 SSC 公司负责长期运营维护管理。

18.3.3　卫星测运控商业模式分析

KSAT 公司和 SSC 公司的商业测控核心业务都包括：发射与早期轨道段（LEOP）支持；长期在轨段测控支持；应用支持，即数据处理（归档、预处理、分发）；地面站托管。详见图 18－5。

KSAT 公司和 SSC 公司具有以下优势：地理位置优越，建设极地站（可见弧段多），

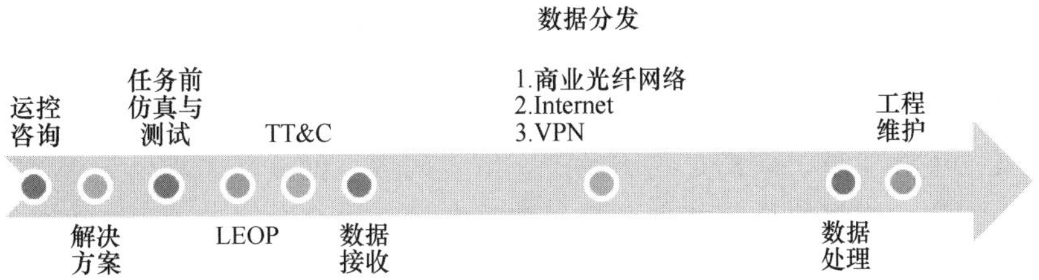

图 18－5　KSAT 公司与 SSC 公司商业模式的测控站部署

并通过合作共建、共享（降低成本）的方式形成全球地面站网络；经过大量任务的实施，建设了完备的测控中心及其连接全球各站的光纤网络。KSAT 公司和 SSC 公司、商业测控网比较表见表 18－6。

表 18－6　KSAT 公司和 SSC 公司商业测控网比较表

项目	SSC 公司	KSAT 公司
频率	支持 S/C/L/X/Ka，包括测控和数据接收，暂无 U/V	
测控中心	采用单一测控中心模式	本土设有 1 个测控中心，北美建设了 2 个测控中心
	客户接入测控中心使用服务	
地面站	依托自建极地站，采用自建站与合作建站两种方式全球布站，实现全球测控覆盖 远程无人值守，通过测控中心中转提供标准透明测控	
测控通信网	通过全球光纤网络构建测控通信网及客户服务网 实时性、安全性要求较低的数据分发等需求也可选择互联网或 VPN 方式	
拓展方向	逐渐从测控服务向应用服务延伸，发展迅速	

KSAT 公司和 SSC 公司商业测控模式具有以下特点：为用户提供低成本建设方案，以长期服务为主要盈利方式；同时，细分服务项目，为用户提供细粒度订单式服务，将卫星测控、运控流程切割成不同阶段，执行不同的收费标准，分步、分过程收费。

随着我国遥感卫星（空间段）发射数量的不断增加，地面段基础设施能力的不足将严重制约我国卫星遥感应用服务，尤其是高分卫星系列的商业化、产业化和国际化发展。因此，有必要通过自建和租用测控站等方式提升高分遥感卫星全球商业应用服务能力。

18.3.4　合作建站项目管理

1）完善国内接收与传输能力。随着我国民用对地观测遥感卫星数量的大幅增多，卫星在轨寿命增长，多颗星同时过站的概率越来越大，现有的接收站在完成接收的压力不断增加。委托方/用户方可考虑入股投资测控公司或与商业测控公司合作进行测控站建设，为高分辨率对地观测卫星提供测控服务。

利用喀什接收站的较大园区规模，和现有的喀什至北京的地面光纤数据传输网络，在喀什接收站扩大天线以及相配套的设备规模。扩充西南接收站，实施配套地面光纤传输专网，提升卫星遥感数据地面高速传输的能力。面对未来 40 颗以上的遥感卫星在轨运行，空间基础设施地面系统按照天地一体化的发展思路，解决多星多任务综合高效规划与调度、全局地面资源管理等问题，形成星地一体化的综合规划与管控能力。

2）加强境外联合建站的能力。从长期发展来看，未来我国还将有更多数量在轨运行的高分对地观测遥感卫星，以满足我国对于全球空间数据的战略需求。为保证我国这一重大战略需求的实施，应尽快统筹规划和开展建设我国针对高分遥感卫星数据的全球接收站网。充分利用并扩充国内对地观测地面接收站的基础设施，扩大境外合作建设高分遥感卫星数据接收站范围。

通过国际合作，利用海外合作对象的地面站富裕资源或地面站闲置设施实现高分数据海外落地。国际合作手段主要包括航天局双边合作、国际市场渠道、资源中心海外建站、海外卫星运营商合作等，从而实现高分卫星海外落地。从目前与我国签订了航天双边协议的国家中，通过国际合作，利用数据交换政策与商业协议，开展与多国的联合建设境外中国对地观测卫星数据地面接收站，建设的境外接收站应具备通过互联网传输到境内接收站骨干节点，从而实现全球范围卫星遥感数据的及时获取。

从海外渠道看，包括商业公司、资源中心、大学与科研院所等。

1）商业公司渠道：委内瑞拉巴马里站、巴基斯坦伊斯兰堡固定站/机动站、苏丹北喀土穆站、乌克兰接收站、马来西亚遥感局地面站。

2）资源中心建站：中国资源卫星应用中心前期基于中巴资源卫星以及环境减灾小卫星星座落地接收的需要，在海外建设了五座地面站：巴西（HJ－1A/1B，CBERS合作互收数据）、肯尼亚CBERS接收站、南非CBERS接收站、新加坡CBERS接收站（新加坡国立大学）、澳大利亚HJ－1A/1B接收站。

3）大学与科研院所：前期通过有关渠道，与泰国农业大学地面站（最初接收HJ－1A，资源中心承建）和香港中文大学霍英东遥感科学馆取得了业务联系。

4）卫星运营商：ADS、MAXAR、21AT等；与卫星运营商进行地面站合作，由于对方自有地面站资源多用于自有卫星的落地接收，故运营商对可占资源的利用性不高。

18.3.5　地面站测控项目管理

1）托管测控模式。用户与商业卫星地面测控系统签署托管测控协议，向测控中心提交卫星总体工程测控和日常业务测控需求，测控中心与用户协商确定具体业务内容，调度测控资源完成测控任务需求，用户不介入测控任务执行过程。

a）介入时机：星箭分离后、在轨交付后均可，按协议执行。

b）持续时间：一般为卫星全寿命周期，按协议执行。

c）服务内容：工程测控、业务测控。

2）备份测控模式。用户与商业卫星地面测控系统签署备份测控协议，向测控中心提交备份测控需求，测控中心与用户协商确定具体业务内容，调度测控资源完成备份测控任务需求，用户自行建设主份测控系统承担日常测控任务。

a）介入时机：星箭分离后、在轨交付后均可，按协议执行。

b）持续时间：一般为卫星全寿命周期，可选择冷备或热备，按协议执行。

c）服务内容：正常情况下承担遥测接收、轨道测量任务，主份测控系统故障后，承接完整的工程测控、业务测控任务，直至主份测控系统恢复。

3）应急测控模式。用户与商业卫星地面测控系统签署应急测控协议，向测控中心提交应急测控需求，测控中心与用户协商确定具体业务内容，调度测控资源完成应急测控任务需求。

a）介入时机：发生在轨异常、碎片碰撞预警等应急事件时。

b）持续时间：一般为卫星全寿命周期，按协议执行。

c）服务内容：正常情况下无任务，当发生在轨异常、碎片碰撞预警等协议规定的应急事件时，承担异常处置、碎片碰撞规避等任务，直至事件结束。

第8部分

附录

附录 A　商业航天风险评估工具表

评价标准——风险发生可能性

评估方式	评估标准	1-极少	2-很少	3-少	4-可能	5-很可能
定量方法	适用于重大灾难事故	几乎不发生	很少发生	偶尔发生	很可能发生	频繁发生
	适用于可以通过历史数据统计出一定时期内风险发生的概率	发生概率 $p<0.01\%$	发生概率 $0.01\%\leqslant p<0.1\%$	发生概率 $0.1\%\leqslant p<1\%$	发生概率 $1\%\leqslant p<10\%$	发生概率 $\geqslant 10\%$

评价标准——风险影响程度

评估方法	评估标准	轻微	轻度	中等	严重	灾难
		1	2	3	4	5
定性方法	从外部环境及企业内部管理等方面	1）基本不影响项目目标的实现 2）不明显的进度拖延	1）汇率风险变化较小或提前锁定汇率，可以达到收入目标 2）项目基本符合客户的目标 3）进度拖延小于半年 4）技术指标的次要部分受到影响 5）在轨运行发生轻度异常、地面站发生轻度故障	1）对项目的实现尚存在某些分歧点，对客户的某些目标不能直接实现 2）项目的某些指标尚达不到标准且可以实现 3）收入按照合同规定基本达成 4）整体进度拖延半年 5）技术指标的主要部分受到影响 6）在轨运行发生非主要异常、地面站发生非主要故障	1）对项目存在较多分歧，无法达到客户要求，可能导致非正常履约，如合同中止或取消发射 2）收入未达到预计 3）客户满意度下降 4）整体进度拖延半年到一年 5）主要技术指标不能实现 6）在轨运行发生关键性异常、地面站发生关键性故障	1）项目发射中止或失败 2）项目风险影响范围大，其风险因素往往无法加以控制 3）汇率风险变化较大，极大影响公司收益 4）整体进度拖延超过一年 5）总体技术方案出现颠覆 6）在轨运行发生灾难性异常、地面站发生灾难性故障 7）客户不能接受成果

风险评价矩阵法

风险影响程度 发生可能性		1	2	3	7	7
		轻微	轻度	中等	严重	灾难
1	几乎不发生	Ⅰ	Ⅰ	Ⅱ	Ⅱ	Ⅲ
2	很少发生	Ⅰ	Ⅱ	Ⅱ	Ⅲ	Ⅲ
3	偶尔发生	Ⅱ	Ⅱ	Ⅲ	Ⅲ	Ⅳ
7	频繁发生	Ⅱ	Ⅲ	Ⅲ	Ⅳ	Ⅳ
7	很可能发生	Ⅲ	Ⅲ	Ⅳ	Ⅳ	Ⅳ

等级	接受原则	处置原则	控制方案	应对部门
Ⅰ级	可忽略	可实施风险管理	可开展日常检查	项目组
Ⅱ级	可接受	宜实施风险管理，采取风险处置措施	宜加强日常管理与监测	项目组
Ⅲ级	不愿接受	应实施风险管理降低风险，且风险降低成本不应高于风险发生后的损失	应实施风险防范与监测，制定风险处置措施	审计监察部
Ⅳ级	不可接受	必须采取风险控制措施降低风险，至少将风险降低到可接受或不愿接受的水平	应编制预警与应急处置方案，或进行方案修正与调整等	风险管理领导小组

航天项目风险识别表

项目名称：

进展阶段	市场开发阶段☐				执行阶段☐		售后服务阶段☐	
参与单位	亚太☐　亚非☐　欧亚☐　美洲☐　航天工程部☐　国际工程部☐							
填写人				填写日期				
编号	风险名称（二级）	发生源位置	风险因素（形成原因）	风险后果	等级		负责单位	备注
					发生可能性	影响程度		
1								
2								
3								
填写说明	1. 按照不同阶段填写							
	2. 风险名称按已有分类框架填写，对不能确定的风险进行描述							
	3. 发生源位置填写里程碑事件或关键点							

航天项目风险清单

项目名称：

进展阶段	市场开发阶段□		执行阶段□	
填写人			填写日期：	
编码	风险名称（二级）	风险等级	风险因素（形成原因）	备注
编制人：			编制日期：	
审核人：			审核日期：	
批准人：			批准日期：	
备注	1. 按照不同阶段填写			
	2. 风险名称按已有分类框架填写，对不能确定的风险进行描述			
	3. 发生源位置填写里程碑事件或关键点			

附录 B 国内商业航天企业名录

（时间截至 2022 年 12 月）

序号	名称	负责人/CEO	经营范围及情况
1	北京星际荣耀空间科技股份有限公司	彭小波	成立于 2016 年 10 月；致力于研发商业运载火箭并提供系统性的发射解决方案，为全球商业航天客户提供更高效、更优质、更具性价比的发射服务，以大幅提升人类自由进出空间的能力
2	天安星控科技有限责任公司	程长川	经营技术服务、技术转让、技术开发
3	零壹空间科技集团有限公司	舒畅	专注低成本小型运载器的研制、设计及总装。三大业务：M 系列商业运载火箭，实现高频、低成本、常态化的微小卫星入轨发射服务；X 系列飞行试验平台，为科研、运输提供运载器解决方案；电子和动力产品配套及定制服务
4	北京中天星控科技开发有限公司	李雪	涉及仿真测控和工业自动化。成立于 2004 年，以定制化服务为核心理念，以成为国内一流定制系统的供应商为目标，以提升用户的科研生产力为己任
5	深圳市翎客航天技术有限公司	胡振宇	成立于 2014 年 1 月，是国内首家从事航天系统产品研发与制造的民营公司，注册地为深圳前海。核心技术团队有 8 人，涵盖航天器总体设计、液体发动机、固体发动机、结构设计、航电、测控等主要专业
6	金海洋航天科技有限公司	蒋放	中国首家民营太空观光探险公司，致力于圆普通人的太空梦想。“太空探险”项目计划：一期目标是在 2016 年年内实现中国“太空边缘跳伞”，2015 年研制成功太空跳伞专用航天服；二期工程实现普通人“太空边缘观光”
7	科创航天	罗澍	成立于 2011 年，通过发射开源的微小卫星，搭建通信网络。微小卫星，质量仅几十千克，运行在太阳同步轨道，寿命周期约 2 年左右，用于通信联网
8	长光卫星技术股份有限公司	宣明	成立于 2014 年 12 月，是我国第一家商业遥感卫星公司。由中国科学院长春光学精密机械与物理研究所、吉林省中小企业和民营经济发展基金管理中心等四个股东单位和 41 名自然人组建而成，总注册资本为 10.33 亿元
9	二十一世纪空间技术应用股份有限公司	吴双	成立于 2001 年 6 月，是从事地理空间数据销售和信息服务的高新技术企业，在北京一号小卫星系统资源的基础上，整合相关遥感信息资源，在遥感图像处理、地理信息系统、卫星导航定位系统、计算机网络等技术的支持下，结合我国国内土地、农业、森林、水资源、环境、灾害、区域城市等领域需求

（续）

序号	名称	负责人/CEO	经营范围及情况
10	北京九天微星科技发展有限公司	谢涛	2015年5月份筹备，7月份签署搭载发射的服务协议，10月份完成种子轮融资，12月份完成第一颗卫星“微星一号”的总体设计，2016年2月完成A轮融资，4月完成样星的研制
11	南京世域天基通信技术有限公司	郭正标	旨在实现万物互联互通，提供下一代空间计算服务的高科技公司，融合5G和天基通信，提供物联网节点接入能力，并且依托天基通信平台开展空间计算、数据应用服务场景
12	北京星途探索科技有限公司	梁建军	成立于2017年，致力于成为世界一流的商业运载火箭发射服务提供商，研发低成本、高可靠、快响应的商业运载火箭，为各种空间载荷提供发射服务
13	华讯股份有限公司	林贤奇	作为“天地一体”卫星宽带网络综合服务商，致力于建设以天地卫星通信、地面无线网络通信及综合应用为主体的“天地一体”化综合服务体系
14	南京鹊迅信息科技有限公司	郭正标	是一家互联网高科技公司，公司位于南京市新城科技园，紫金科技创业特别社区。平台接受南京市建邺区政府、南京团市委、新城科技园扶持
15	深圳光启科学有限公司	刘岩鹏	光启科学（00439.HK）是一家在香港主板上市、专注于颠覆式空间技术的高科技企业，主打产品有“云端号”浮空器、“旅行者”号临近空间飞行器、JETPACK马丁飞行喷射包以及SOLARSHIP太阳能方舟等
16	深圳航天东方红海特卫星有限公司	胡戈锋	2008年10月，中国空间技术研究院、哈尔滨工业大学和深圳航天科技创新研究院共同组建了深圳航天东方红海特卫星有限公司。2010年，深圳航天东方红海特卫星有限公司被正式纳入五院科研生产管理体系
17	上海微小卫星工程中心	垄建村	于2003年9月由中科院和上海市政府共同投资设立的具有独立法人资格的非营利事业单位。工程中心主要从事微小卫星、皮纳卫星及相关技术的科学研究、技术开发和科学实验。工程中心的前身是由中国科学院上海微系统与信息技术研究所、上海技术物理研究所联合上海航天技术研究院、上海电信等单位组成的中国科学院小卫星工程部
18	北京蓝箭空间科技有限公司	张昌武	蓝箭航天是国内领先的航天运输系统创建及运营的商业公司，成立于2015年6月，是国家高新技术企业，国际宇航联合会（IAF）会员。蓝箭航天以国家战略为指引，以市场需求为导向，致力于研制以液氧甲烷作为推进剂的中大型运载火箭系列产品，为全球市场提供高性价比、高可靠性的发射服务。秉承高度集成化、智能化的产品设计和研发理念，蓝箭航天凭借卓越的创新能力及专业技术团队解决产品设计、制造、测试和交付。蓝箭航天是全国首家取得全部准入资质的民营运载火箭企业，并于2018年10月27日完成中国首次民营运载火箭发射

（续）

序号	名称	负责人/CEO	经营范围及情况
19	北京天问空间科技有限公司	丁溯泉	北京天问空间科技有限公司是一家致力于为广大客户提供专业化、市场化、国际化的空间技术咨询和服务的高新技术企业，聚焦航天任务仿真分析、立方星研制与应用、航天信息管理系统和卫星应用等业务领域，组织参与航天科普活动
20	北京航天驭星科技有限公司	赵磊	成立于2016年10月，是我国商业卫星测控领域的开拓者，2017年在宁夏中卫建成国内第一个第三方卫星测控站，2018年取得国家工信部颁发的国内首个第三方卫星测控站电台执照，建成国内首个商业卫星测控指挥中心。截至2019年8月已经为30颗卫星提供了商业测控服务，占据2018年国内第三方商业卫星测控服务市场90%以上。公司专注于为商业卫星提供在轨管理解决方案，业务范围覆盖了地面站建设、测控中心建设、星上通信产品研制、卫星地面应用产品研制、卫星测运控服务、火箭测控服务、卫星在轨碰撞预警服务、遥感卫星定标服务等卫星在轨全系统、全周期技术服务。公司团队均来自我国航天系统内核心单位，专业涵盖卫星设计、制造、地面站研制以及在轨管理等卫星产业链各领域，工作经验丰富。公司拥有低成本、多频段地面站建设技术、地面站组阵技术、星上通信产品设计制造技术、基于互联网的商业卫星测控与数传技术。公司已经建立覆盖国土范围的商业测控网和测控中心，与国内多家公司、机构共享测控资源，并将在南北两极等地建站，提升测控覆盖率
21	北京牧星人航天科技有限公司	李岩松	由我国航天测控网总体设计单位离职人员牵头创建的专业航天测控单位，是我国民营航天测控的技术联盟。公司于2016年11月注册成立，位于北京航天城。北京牧星人航天科技有限公司与国内多个拥有航天测控设备和经验的单位合作，组建了纯民营、独立运行的多频段、多功能航天测控网。公司得到了国内多个大学、测控设备科研单位、卫星研制单位的支持，可以提供卫星测控技术支持、测控服务，以及论证建设应用展示中心/测控站等相关设施
22	中国长征火箭有限公司	刘建	中国长征火箭有限公司是中国航天科技集团公司旗下中国运载火箭技术研究院的子公司，成立于1998年3月27日。中国长征火箭有限公司主要从事航天系统工程、国际贸易、国际商务服务和国际商业运营，是中国运载火箭技术研究院发展航天技术应用产业和现代服务业的国际化平台。2016年10月19日，中国长征火箭有限公司在北京正式揭牌，并举行战略发布会

（续）

序号	名称	负责人/CEO	经营范围及情况
23	中国四维测绘技术有限公司	岳涛	中国四维测绘技术有限公司由国家测绘局于 1992 年创建，是国内测绘行业及地理信息产业的领军企业。中国四维长期致力于地理信息产业的发展，具备甲级测绘资质，在业内拥有较强的权威性与影响力。中国四维测绘技术有限公司是我国地理信息产业的“国家队”和“排头兵”，主要从事卫星导航定位综合信息服务、导航电子地图及动态交通信息服务、航空摄影测量及数据处理、卫星影像等业务。中国四维测绘技术有限公司以地理信息新型服务业发展为指引，倾力建设领先的、稳固的、具有竞争能力的地理遥感影像、电子地图数据和导航定位监控三大基础业务平台，积极拓展功能实用、内容丰富、能够满足不同客户需求的综合应用服务业务，形成了市场主导、关联紧密、协同发展的“天地一体”业务体系。作为国家地理信息产业发展的领军者，中国四维测绘技术有限公司努力开拓市场、精心打造品牌、提供优质服务，致力于打造我国地理信息产业航母企业、国际一流的综合地理信息服务提供商
24	西安小火箭航天科技有限公司	岳增	成立于 2016 年 7 月 26 日。经营范围包括：民用无人机、小型民用航空器航拍、测量及维修（依法须经批准的项目，经相关部门批准后方可开展经营活动）。一般经营项目：无线遥控模型技术服务及器材销售，模型运动技术服务及器材开发、销售，航模、无人飞行表演技术服务，民用无人机器材、小型民用航空器技术服务及研发，农业航空技术、工程航空技术服务，体育赛事组织、策划
25	北京航天泰坦科技股份有限公司	倪金生	创立于 2001 年，是中国航天科工集团公司专门从事空间信息技术服务的高新技术企业，国内最早进入遥感图像处理领域的领军企业之一，先后获得了“测绘资质”“软件企业”“高新技术企业”“质量管理体系”“计算机系统集成”等
26	长沙天仪空间科技研究院有限公司	杨峰	成立于 2016 年，专注于研制面向商业市场的航天系统与载荷，通过微小卫星为国内外的科学家、科研院所和商业公司提供短周期、低成本、一站式的空间科学实验和技术验证服务
27	未来宇航科技研究院	牛旼	是中国首个且目前唯一的商业航天产业服务平台。未来宇航科技研究院汇集了来自政府机构、航天央企、民营企业、高校院所的航天及航天相关应用领域的技术专家和产业专家，关注商业航天和先进制造行业，联合航天上下游产业链企业为客户提供全方位服务，并搭建产教融合、项目孵化和投融资平台，共同为商业航天产业发展提升贡献力量

（续）

序号	名称	负责人/CEO	经营范围及情况
28	航天科工火箭技术有限公司	查雄权	成立于 2016 年 2 月 16 日，总部位于湖北武汉，是国内首家专业提供商业航天发射服务的公司
29	航天长征火箭技术有限公司	李凉海	成立于 1999 年 12 月。公司（七〇四所）是一家集研发设计、系统集成和生产制造于一体的国家高新技术企业。该公司以军工电子信息基础专业技术为依托，持续深化发展传统优势应用专业，稳步开拓新的军事电子特色应用专业和应用领域，在测控通信、卫星导航、精确制导与信息对抗、卫星有效载荷、微波与天伺馈、MEMS 与传感器等专业方向上保持技术领先，不断开拓创新，持续发展
30	北京和德宇航技术有限公司	周大创	于 2007 年 4 月在海淀分局登记成立。公司经营范围包括技术开发、技术推广、技术转让、技术咨询、技术服务等。“和德二号”A/B 卫星是“天行者”星座首批业务星，由北京和德宇航技术有限公司自主设计研制，主要为全球用户提供环境感知、物资监管、应急通信增强、全球船舶和航空器信息采集等服务
31	北京羽寻科技有限公司	李辉	成立于 2015 年 5 月，所属行业为科技推广和应用服务业，经营范围包括技术开发、技术转让、技术咨询、技术服务，企业策划，企业管理咨询，经济贸易咨询，计算机动画设计，承办展览展示活动，销售自行开发的产品
32	珠海欧比特宇航科技股份有限公司	颜志宇	成立于 2000 年 3 月 20 日，是国内具有自主知识产权的高科技企业，公司主要从事于核心宇航电子芯片/系统（SOC、SIP、EMBC）、微纳卫星星座及卫星大数据、人脸识别与智能图像分析、人工智能系统、微型飞行器及智能武器系统的自主研制生产，技术及产品服务于航空航天、工业控制、国土资源、市政工程、智能安防、大众消费等领域。公司是首家登陆深圳证券交易所创业板的 IC 设计公司（2010 年），是我国宇航 SPARC V8 处理器 SOC 的标杆企业、立体封装 SIP 宇航模块/系统的开拓者、人脸识别与智能图像分析技术应用领头羊、卫星星座运营及卫星大数据应用领航者。公司总部位于广东省珠海市高新技术开发区“欧比特科技园”，园区内具备超强的设计生产环境，建设了超净车间、SOC 陶瓷封装生产线、SIP 立体封装生产线、SMT 生产线、数字化电子生产车间、卫星运营控制中心、卫星数据存储与处理中心、卫星大数据应用示范中心等。公司通过了“高新技术企业”和“集成电路设计企业”，首批通过了“双软”认证，是 SPARC 国际协会会员单位、国家 IP 核库高级会员、半导体行业协会会员、珠海南方集成电路设计服务中心特约客户和珠海市软件协会和信息协会理事单位、国家火炬计划项目的先进研制单位、国家“一带一路”倡议的实践单位。子公司广东绘宇智能勘测科技有限公司具有测绘甲级资质；子公司广东铂亚信息技术有限公司通过了 CMMI 三级认证，具有“信息系统集成与服务”一级资质。公司坚持技术创新与行业应用相结合，践行“以客户需求为导向，从系统中来，到系统中去”的业务发展模式，积极落实发展战略部署，加大业务整合力度，扩展产业链，使公司业务从航空航天核心元器件、部件及系统集成逐步延伸到微纳卫星星座运营和卫星大数据服务。公司正朝着成为“一流的商用宇航公司”的宏伟目标而努力奋斗

（续）

序号	名称	负责人/CEO	经营范围及情况
33	上海曼为科技有限公司	冯仑	北京时间2018年2月2日15时51分，酒泉卫星发射中心用长征二号丁运载火箭成功将中国首颗私人卫星、世界首颗全景卫星“风马牛一号”送入太空。“风马牛一号”卫星发起者、御风资本董事长冯仑想用它来实现卫星和手机互动娱乐的结合，探索媒体的新玩法。“风马牛一号”卫星长30cm，质量不到4kg，投入却高达500万元人民币。“风马牛一号”卫星搭载了4K全景摄像头，可以拍摄360°太空高清照片
34	全图通位置网络有限公司	张迪	成立于2016年4月8日，公司是一个高精度位置服务平台，将卫星遥感技术、通信技术、物联网技术、大数据云服务等技术有效融合，构建高精度位置服务平台，提供米级、亚米级、厘米级的高精准位置服务，以满足国家、行业、公众对精准位置服务的需求
35	上海欧科微航天科技有限公司	金泽晖	成立于2014年6月，凭借自身完善的各类资质、优异的技术能力、广泛的市场认可，目前已共计完成25颗涉及通信、导航、遥感等涵盖国家重大航天项目的卫星在轨交付，属于我国商业航天公司领先者。现已为国家遥感三十号01－06组全部18颗卫星交付了数传与广播分发分系统载荷，以及为国家北斗三号工程中6颗M系列中轨道导航卫星交付了全球报文通信载荷。公司目前正在自主建设我国首个天基物联探测系统“翔云”卫星星座，其由数十颗低轨卫星组成，拥有强大的全球数据服务能力。“翔云”卫星星座依托公司自主研发的低成本高可靠商业卫星平台研发，将解决我国目前尚无全球覆盖低轨通信卫星网络的痛点
36	虹云卫星通信有限公司	张瑞	成立于2019年6月17日。公司主要经营卫星传输技术服务，通信产品及电子产品的技术开发和销售，无线通信终端及相关软件产品的设计、技术开发和销售，移动电话机和手机的研发和销售，卫星终端产品的技术开发与销售，国内贸易，经营进出口业务，计算机软件、信息系统软件的技术开发、销售，信息系统设计、集成、运行维护，信息技术咨询，集成电路设计、研发，信息咨询，经济信息咨询，企业管理咨询，商务信息咨询，商业信息咨询
37	航天行云科技有限公司	钱微	公司定位于高端小卫星研发、卫星应用设计和小卫星星座运营。发展目标是构建我国第一个全球覆盖的低轨窄带通信系统（由80颗小卫星构成），为世界范围内各类用户提供单向数据采集、双向信息传输、大数据应用等综合物联网信息服务
38	北京中科宇航探索技术有限公司	杨毅强	成立于2018年，由中国科学院以及国内航天领域领军团队共同发起设立，致力于构建宇航科技探索和宇航运载飞行器研发集成平台，打造中国一流、国际领先的商业航天企业

（续）

序号	名称	负责人/CEO	经营范围及情况
39	中科遥感科技集团有限公司	王晋年	公司由中国科学院遥感与数字地球研究所控股，是在中国科学院与天津市政府2005年签订的院市合作协议指导下，为推进中国科学院遥感与空间信息技术成果转化与产业化，促进空间信息产业发展而成立的高新技术企业。公司以遥感云服务为龙头，高分遥感数据服务为契机，区域综合和大众应用市场为驱动，深化行业应用，是拥有从数据源、处理加工、信息产品生产到区域、行业、大众应用服务产业链的集团公司
40	北京信威科技集团股份有限公司	王靖	成立于1995年，2003年成功上市，2014年9月完成重组，目前集团下属企业40家。信威集团以“自主创新”为己任，以技术、市场、资本相融合，以客户、员工、企业相融合，打造技术研发、产品制造、销售服务、建设运营的完整产业链。主营业务：从事通信网集中监测维护系统，通信网测试仪器仪表硬件、软件的开发、生产及销售
41	北京合众思壮科技股份有限公司	吴玥	成立于1994年10月。公司是中国卫星导航定位领域企业，是中国最早进入卫星导航定位领域的公司之一。技术涵盖GPS、GLONASS、北斗及多系统组合导航定位，主营北斗高精度、北斗移动互联和时空信息应用三大板块，不断深化中国精度、中国位置、中国时间三大时空平台产品的应用。主营业务：从事卫星导航定位产品的研发、生产、销售和服务
42	北京北斗星通导航技术股份有限公司	周儒欣	公司是在2000年伴随着我国北斗导航定位卫星成功发射，立志以推动中国卫星导航定位产业化发展为己任，创建而成的从事卫星导航定位业务的专业化公司。公司的主要业务是基于位置的信息系统应用、卫星导航定位产品供应以及基于位置的运营服务，集研发、生产、销售为一体，服务于导航定位、指挥控制、精密测量、目标监控等军民应用领域
43	北京四维图新科技股份有限公司	岳涛	成立于2002年12月，是中国领先的数字地图内容、车联网及动态交通信息服务、地理位置相关的商业智能解决方案提供商，始终致力于为全球客户提供专业化、高品质的地理信息产品和服务。经过十年多的发展，四维图新已经成为拥有八家全资、八家控股、六家参股公司的大型集团化股份制企业。作为全球第四大、中国最大的数字地图提供商，公司产品和服务充分满足了汽车导航、消费电子导航、互联网和移动互联网、政府及企业应用等各行所需。在全球市场中，四维图新品牌的数字地图、动态交通信息和车联网服务已经获得众多客户的广泛认可和行业的高度肯定。经营范围：数字地图、车联网和动态交通信息、GIS行业应用

（续）

序号	名称	负责人/CEO	经营范围及情况
44	四维世景科技（北京）有限公司	徐丽萍	成立于2012年1月20日。公司由中国四维测绘集团有限公司、美国DigitalGlobe公司、北京四维图新科技股份有限公司共同投资成立的一家以高分辨率卫星影像应用发展为主营业务的高新技术企业。经营范围包括开发卫星数据应用软件，销售自行开发的软件产品，提供技术服务、技术咨询、经济贸易咨询服务
45	北京信威通信技术股份有限公司	王靖	成立于1995年11月，公司是信威通信产业集团核心企业，一直致力于自主知识产权的SCDMA无线通信技术和McWiLL宽带无线接入技术的研发和产业化。公司总部及研发中心位于北京，生产基地设在重庆，深圳设有研发分部
46	高德软件有限公司	董振宁	高德地图隶属于高德软件有限公司。高德是中国领先的数字地图、导航和位置服务解决方案提供商。公司于2002年成立，具备国家甲级导航电子地图测绘和甲级航空摄影的“双甲”资质，其优质的电子地图数据库成为公司的核心竞争力。经过不懈努力和艰辛探索，积累了扎实的技术，构筑了地图行业高壁垒，公司在各项业务取得重大发展的同时成为行业翘楚。除地图导航外，公司旗下高德地图还为用户提供打车、酒店、门票等一站式出行服务，每年为用户节省出行时间超过19.3亿小时，为30多万移动应用提供位置服务。2010年7月1日高德软件登陆美国纳斯达克（Nasdaq：AMAP）。2014年7月18日，高德从纳斯达克退市，成为阿里巴巴集团控股有限公司全资子公司。经营范围包括技术开发、技术转让、技术咨询、技术服务，电子出版物批发、网上销售，测绘服务，设计、制作、代理、发布广告，货物进出口、技术进出口、代理进出口，销售计算机软硬件及外围设备，销售自行开发后的产品，经营电信业务
47	广州海格通信集团股份有限公司	杨海洲	成立于2000年7月20日。公司致力于无线通信、网络通信、卫星通信、卫星导航定位、频谱监测、数字集群等高端产品和技术的研发、制造与服务，拥有先进的测试系统和现代化环境试验手段，积累了成套成熟通信产品制造工艺流程，集结、造就了一支长期从事无线通信、网络通信、移动定位产品研发的高素质专业技术队伍，产品多次荣获国家级、省部级等科技进步奖和新产品奖，产品市场份额逐年提高
48	江苏雷科防务科技股份有限公司	戴斌	公司是一家军工电子信息产品提供商，主要从事雷达系统、遥感测控、卫星导航、数字系统、模拟仿真、安全存储等系统及产品研发，涵盖雷达、导航、航天、通信、电子对抗等多个领域

（续）

序号	名称	负责人/CEO	经营范围及情况
49	中国通信广播卫星有限公司	刘晓东	成立于1984年10月12日。经营范围包括一般许可项目：承包有关卫星通信工程，卫星通信设备的销售和维修服务，提供与业务有关的技术咨询和技术服务
50	深圳亚太航空技术股份有限公司	王乃文	成立于2013年12月。其成立填补了深圳在军用重点型号上没有精密制造企业的空白；同时，亚太公司也是国内唯一一家完成某重点型号关键零部件国产化研制并替代进口，通过技术质量及装机评审，进行量产装机的专业公司。公司在项目研发、质量控制和产品应用等方面，一直以来都得到了空装重点型号部、中航工业防务工程部、几大主机厂所、军事代表室、国务院国防工业办公室、军工处的重视和大力支持。目前，公司通过进口国外先进的生产加工设备、热表处理设备、试验检测设备，已经形成了航空航天结构件、零部件、紧固件等工业基础件的完整制造产业链条
51	中国长城工业集团有限公司	胡忠民	创建于1980年，是中国政府授权的经营商业发射、提供卫星及开展国际空间技术合作业务的唯一商业机构。作为中国航天国际化经营的专业公司，公司致力于中国航天国际化发展，已发展成为航天产品及服务的系统集成商，能够完整地提供商业发射服务、卫星在轨交付、卫星地面测控站建设、卫星应用、项目融资、保险、人员培训及技术转让等整体解决方案，以全方位、一站式的服务满足客户多方位需求，享誉国际宇航界、金融界及保险界。公司在向客户提供卫星应用、新能源、信息电子产品、石油石化装备、新材料等重点领域优质产品的同时，还可以提供国际合作、咨询、展览、物流、国际贸易、工程承包、招投标、电子商务、节能环保等专业化服务
52	中国航天三江集团有限公司	冯杰鸿	公司是一家火箭及特种越野车研制生产商，重点聚焦商业航天、激光产业领域，积极发展特种车及重工装备、能源装备产业，产品有：商业航天、激光装备、天然气装备、特种车和重工装备等
53	四维高景卫星遥感有限公司	岳涛	成立于2016年4月14日。经营范围包括开发基于遥感卫星数据的图形、图像产品，以及相关软件；遥感卫星项目运营；销售自产产品，销售相关软硬件，提供软件、硬件系统集成，技术咨询，技术培训和数据处理服务，在法律法规允许的范围内开展与其经营范围有关的其他经营活动

（续）

序号	名称	负责人/CEO	经营范围及情况
54	北京凯盾环宇科技有限公司	林华	成立于2010年，是国内面向海洋和海事行业的专业产品制造商和服务提供商，拥有自主知识产权的和多项专利技术的技术领先、实力雄厚的海洋技术型企业。公司以IALA行业协会的技术优势为依托，紧随国际领先的行业标准和技术理念，为国内行业客户提供先进的技术产品和服务。业务涵盖水上通信导航、地面及水上卫星定位、海洋测绘、水下工程、卫星通信及导航应用、船载设备、海洋气象观测、行业数据应用服务、海上无人机、新能源、水上智能交通等领域，产品及服务覆盖了海事和海洋行业信息化建设全产业链。公司自主研发生产的北斗差分全球卫星定位系统、北斗航标遥测遥控终端、卫星AIS系统、VHF高速数据传输系统等高效水上通导系统解决方案；此外，公司在海事信息系统集成和大数据应用领域具有雄厚的技术实力，可以为国内用户提供完善的行业应用和服务方案
55	广东科创航天科技有限公司	黄思源	公司是一家以技术为支撑，以建立微小卫星全球组网并服务于大数据和物联网为目标的创业型民营企业。技术成员占比80%，以微小卫星系统关键技术为核心竞争力。目前，已有技术验证卫星KS-1Q在轨正常运行
56	西安中科天塔科技股份有限公司	曹慧涛	成立于2018年，由西安中科光机投资控股有限公司投资的国有控股高新技术企业，覆盖总体设计、软件研发、测控通信、卫星管理和载荷数据处理等专业。通过互联网为用户提供航天器托管、测控站资源管理、航天器控制计算、航天器数据处理与分析以及航天资源访问等服务
57	北京科斯腾达科技有限公司	康健	公司成立于2007年6月，是由中国长城工业集团有限公司（简称长城公司）、国家国防科技工业局重大专项工程中心（简称高分中心）、中国空间技术研究院共同投资成立的一家致力于为全球用户提供高品质、专业化的遥感应用解决方案的高科技（互联网）企业
58	中国伽利略卫星导航有限公司	殷礼明	公司于2004年12月正式成立。公司将积极参与欧洲伽利略系统部署阶段（FOC）的建设，并在今后的系统运营中，力争成为伽利略全球卫星导航系统中国特许运营商 中国伽利略是按照中国政府与欧盟签署的中欧伽利略计划合作协议的总体部署，以中欧伽利略计划中国企业总承包商身份，承担中国参与欧洲伽利略计划中有关空间段、地面段、应用段项目的开发，以及所形成资产的管理和运营。公司主营业务为卫星导航系统专门技术开发，导航应用产品生产、销售和相关服务，运营服务和其他相关服务，进出口业务

（续）

序号	名称	负责人/CEO	经营范围及情况
59	西安翱翔卫星技术有限公司	于晓洲	翱翔星空创业团队，由航天学院在校研究生和青年教师组成，致力于提供微小卫星系统化平台与空间实验服务。在学校研究生创新中心五年的持续支持下，团队目前已经完成系列微小卫星关键组件的开发与试验工作，拥有完善的立方星设计、研发和制造等条件，为国际立方星的设计确立了“中国标准”。正在西北工业大学飞天创客空间进行孵化的翱翔星空创业团队，不断对接市场投资资源，已完成产业公司落地。2018年4月，西安翱翔卫星技术有限公司正式揭牌，并联合发布了“陕西一号”星座计划，一期实现对陕西全境及“一带一路”全域高频度重访遥感
60	哈尔滨工业大学卫星技术研究所	李化义	哈尔滨工业大学于1995年组建了小卫星技术研究团队，开始从事微小卫星技术的研究工作。1997年获得了国家“863计划”重点支持。1998年10月，哈尔滨工业大学卫星技术研究所正式成立，“试验卫星一号”微小卫星也被确定为学校的标志性研究成果。经过6年来的建设和发展，卫星技术研究所已经成为一个以航天器设计理论、方法研究为基础，以航天器新技术开发和工程应用研究为重点，以微小型航天器工程研制为特色的微小型航天器新机理、新技术研发基地和人才培养基地
61	航天东方红卫星有限公司	姜军	公司是由中国航天科技集团公司、中国空间技术研究院共同出资组建的，主要从事小卫星和微小卫星的开发研制、卫星应用工程系统设计和产品开发研制、相关技术成果的对外交流与合作，成立于2001年8月。该公司采用现代的管理手段、灵活的用人机制，拥有丰富的工程研制经验、一流的基础设施、完备的科研生产体系、可靠的质量保障手段，并以中国航天科技集团所具有的人才、技术、资产优势为基础，进行有效的资源优化、重组，引进多元资本，进行产品经营、资本经营、技术经营，实现技术、资本和市场的优化整合，完全满足小卫星及其应用产品的批量化生产和产业化发展的需要

（续）

序号	名称	负责人/CEO	经营范围及情况
62	哈尔滨工大卫星技术有限公司	陈健	哈工大卫星技术有限公司依托哈尔滨工业大学卫星技术研究所核心技术团队，以小卫星生产研制、地面应用系统、遥感数据处理为核心业务，致力于打造具有天地一体化设计、研制、集成和运营服务能力的航天高新技术企业
63	北京理工雷科电子信息技术有限公司	刘峰	于2009年12月25日成立。经营范围包括技术开发、技术转让、技术咨询、技术服务，计算机技术培训，制造卫星导航定位接收机、雷达及配套设备、频谱测量仪器、干扰场强测量仪器（主要零部件在外埠生产），制造工业控制计算机及外部设备、印刷专用设备（限在外埠从事生产活动），加工计算机软硬件，计算机系统服务，销售电子产品，改装汽车制造（含汽车底盘）
64	湖南航升卫星科技有限公司	项军华	公司是一家微纳卫星研发与军民融合技术服务提供商，专注于微纳卫星及其相关技术、产品的研究与开发，为用户提供高品质/低成本的商业微小卫星平台、空间部件、地面设备、卫星实时数据及应用、天基物联网数据及应用等，为客户提供从设计、发射、试验、运营到应用的全过程解决方案和服务
65	航天科工卫星技术有限公司	奚全生	成立后的一年多时间里，全力打造微小卫星研制孵化器
66	南京索尔航天科技有限公司	师丹	成立于2016年11月23日。经营范围包括航天器研发、技术服务，通信设备销售，网上商务咨询、网上贸易代理（不得从事电信增值、金融业务），航空运输代理服务，市场调研，经济信息咨询服务，企业信息咨询，商务信息咨询，知识产权代理，提供劳务服务，包装服务，第二类增值电信业务中的信息服务业务，计算机技术开发、技术服务、技术转让、技术咨询服务

附录C 未来即将发射的星座

序号	卫星/星座名称	运营、研制商	用途	详细用途
1	物联网数据星座	北京国电高科科技有限公司	通信	提供船舶AIS、飞机ADS-B、ARGOS浮标和全球性数据采集和通信服务
2	天行者星座	北京和德宇航技术有限公司	导航增强	基于多传感器能力提供多种卫星应用，为全球提供数据传输、海洋监测、遥感成像、灾害预警等专业化服务，广泛用于海事、林业、电力和环保等行业
3	珠海一号卫星星座	珠海欧比特宇航科技股份有限公司	遥感	卫星空间信息平台，将为国土资源、农林牧渔、环境保护、交通运输、智慧城市、现代金融、个人消费等领域提供高效的卫星大数据产品及服务
4	秦岭小卫星星座	西安航投公司联合西安光机所	遥感	针对秦岭保护、自然资源监测、环境监测等领域提供重访监测
5	云汉号	长沙天仪研究院	科学	云计算服务商UCloud负责其星上数据处理。该卫星通过征集大众的创意需求定制卫星功能，卫星上天以后还会开放分时租赁功能，大众可以通过第三方平台登录预约时段亲自观测天文
6	极光计划	长沙天仪研究院与清华大学天体物理中心联合研制	科学	针对蟹状星云进行X射线偏振探测的科学卫星计划。主要基于光电效应对蟹状星云及内部脉冲星进行2～10keV连续能区X射线偏振探测
7	天格计划	长沙天仪研究院与清华大学天体物理中心联合研制	科学	引力波电磁对应体短γ暴探测与定位的微小卫星星座计划。其科学目的是协同LIGO，寻找引力波暴的电磁对应体
8	低轨物联网星座	北京九天微星科技发展有限公司	通信	通过覆盖全球的低轨通信小卫星星座组网，为分布在全球各地、无地面网络覆盖区域（海陆空天）的物流、重型机械等各类资产提供万物智联的实时卫星通信服务

（续）

序号	卫星/星座名称	运营、研制商	用途	详细用途
9	“银河 Galaxy”卫星星座	银河航天（北京）科技有限公司	通信	由千百颗通信卫星，在500～1200km的近地轨道组成网络星座。星座能无缝扩展地面通信网络，覆盖陆地、航空、海上等全球各个区域。用户可以高速灵活地接入5G网络
10	千乘星座	北京千乘探索科技有限公司	导航	实现对全球任意目标的准实时覆盖及服务能力，基于千乘探索自建的地面服务网络，为全球用户提供快速安全、从空间到用户端的数据融合服务
11	海南一号	中科院三亚遥感所，联合东方红海特和海南微纳星空	遥感	海南小卫星采用30°倾角（轨道与赤道夹角）和500km的圆轨道运行，单星均重50kg，发射后在轨道上的运行速度为7900m/s，约1小时40分钟就可以绕地球飞行一圈，可以实现全天候、高频率的遥感观测
12	吉林一号	长春市长光科技有限公司	遥感	光学遥感卫星星座
13	OKSAT星座	上海欧科微航天科技有限公司	通信	全球数据通信（DCS）卫星星座，面向行业用户、个人用户及军事用户提供不同速率的服务；提供完整M2M、M2P、P2P的数据以及业务解决方案
14	AGI星座	上海欧科微航天科技有限公司	综合	航空监测ADS-B卫星星座，及时有效监控中国民航客机于中国境内外飞行数据，国内领空内外国民航客机，未来通航及无人机监控
15	翔云卫星星座	上海欧科微航天科技有限公司		我国第一座天际物联网星座、低轨卫星通信星座，可以在天空中组建一张无形的网，犹如天空中的WiFi，随时随地在地球上的任何角落都可以连接，无论是物联网还是互联网，无论是智能家电的沟通，还是与人类的沟通，或是与车辆的沟通，都可以让人永不失联

（续）

序号	卫星/星座名称	运营、研制商	用途	详细用途
16	深圳一号	中科遥感（深圳）卫星应用创新研究院、深圳航天东方红海特卫星有限公司、北京遥测技术研究所	遥感	具有聚束模式、条带模式、扫描模式三种成像模式，重访周期短，分辨率高达0.5m，可应用于城市安全及重大工程动态监测、地质灾害动态监测、交通设施养护动态监测、城市三维建模、地理国情监测等多个领域
17	天河工程	青海大学	综合	旨在科学分析大气中存在的水汽分布与输送格局，进而采取人工干预手法，实现不同地域间大气、地表水资源再分配
18	天府号	四川卫星技术总体研究院（哈尔滨工业大学牵头，与中国电子科技集团公司第二十九研究所、电子科技大学合作，正在组建）	综合	将对四川的信息化建设与应用发挥极大作用，届时四川将成为与北京、上海并肩的全国第三大航天产业高地，成都也将成为商业航天产业的第三城
19	“灵鹊”遥感星座	华讯方舟集团、零重力实验室和火箭军工程大学联合设计及研制生产	遥感	光学分辨率优于4m，分别运行在500km高度的太阳同步轨道（SSO）与低地球轨道（LEO）上。星座部署完成后，将形成覆盖全球的高时间分辨率对地观测能力，实现12小时全球覆盖，并对重点区域实现30分钟重访，达到国际先进水平
20	陕西一号	西北工业大学和西安翱翔卫星技术有限公司	遥感	实现对陕西省全境及“一带一路”全域地区高频度、重访遥感，可按照国土资源普查、城市规划、环境监测、灾害预警、农林水利需求提供即时、详细、直观的图像信息
21	国际大学生立方星星座深空探索计划	西北工业大学发起	综合	该计划正是秉承外空命运共同体的理念，将发射10～20颗6U和12U的立方星组成星座，引领全世界高校和研究机构参与，共同开展小行星探测等深空科学探索，助力国际大学生和青年学者实现探索宇宙的梦想

附录D 商业航天项目管理办法

第一章 总 则

第一条 为加强公司项目流程的管理，规范公司各项目的立项、开发以及实施的行为，明确相关部门职责分工，提高工作效率，保证项目实施各环节的规范管理及顺利完成，制定本办法。

第二条 本办法适用于公司与各合作机构、单位的商业航天项目管理。

第三条 项目流程管理遵循项目发起人负总责，流程各项目参与人员职责分明、互相配合、突出效率的原则。

第二章 组织管理

第四条 商业航天项目管理所涉及的主要部门包括业务部门、工程部、财务部、售后服务等。每个项目应成立专门的项目小组，项目小组负责人原则上由项目牵头人担任，项目小组成员由各职能部门的相关人员担任，以明确项目实施过程中的分工。如多个项目出自同一部门，则该部门经理负责总发起，同时组织多个项目的实施。

第五条 工程部作为项目管理的发起人和牵头部门，其主要职能为：

（一）在项目立项期间，协同各区域业务部门，与合作机构和单位进行初步的商务接洽，并形成初步的合作意向交与工程部进行项目可行性评估。

（二）与合作机构和单位以及工程部讨论并确定业务方案，同时准备相关协议。《合作协议》签署后，制定项目实施时间节点，与工程部和区域业务部门讨论业务需求开发进度及与客户联合编制整体策划方案，并与合作方确定策划方案。

（三）待项目完成技术联调和业务测试、确定了业务实施细则后，工程部负责填写“立项申请表”《项目启动会方案》，并负责在项目实施后与合作机构的沟通。

（四）根据项目拓展的实际需要，对项目拓展所需费用进行预估，对需要项目经费的项目，填写“项目费用申报表”提交计划财务部及总经理进行审核。

（五）工程部作为项目执行牵头人，对项目进度进行控制和管理。

（六）在项目立项期间编写《策划方案》，并负责与区域部门详细讨论后确定。

（七）在项目实施期间根据《项目启动会方案》负责宣传资源的整合，并进行项目预宣传。

（八）项目实施后根据《策划方案》具体的时间节点和内容正式对外宣传。

第六条 工程部作为项目执行和管理部门，其主要的职能为：

（一）在区域业务部门与合作机构和单位形成合作意向之后进行项目的可行性评估、项目实施方案的评估，提交《策划方案》，在与区域部门详细商讨后确定《策划方案》。

（二）负责修改、审核双方《合作协议》。

（三）在项目立项后根据区域部门提交的《项目（业务）需求概要》负责项目详细的《项目需求 RFP/SOW》的编写，在与区域部门和技术部详细讨论后确定《项目需求 RFP/SOW》，并填写《需求分解 SOW》交于工程部。明确开发周期。

（四）在项目立项后，如果因市场情况变化、合作单位变化、自身业务需求变化等原因需要对原需求进行变更或细化的，由工程部提交《需求改进》供区域部门对客户意向内容进行调整。

（五）负责与区域业务部门、发展计划部、客户服务等相关部门讨论并编写《项目实施细则》，并与各相关部门确定项目实施后的实施细节、操作流程。

（六）根据项目策划的实际需要，对项目设计所需费用进行预估，对需要项目经费的项目，填写“项目费用申报表”提交计划财务部及发展计划部进行审核。

第七条　法律中心作为项目风险控制部门，其主要职能为：

（一）分析项目存在或潜在的风险因素，研究并提出风险管理建议，以利于项目实施后的风险规避和降低风险。

（二）对项目可能发生的风险以及给公司带来的影响程度进行风险评估，提出风险评估报告。

（三）对《合作协议》以及其实施细则进行合规审核工作，并提出修改意见。

（四）根据项目特点，对其做风险评级工作，研究并提出业务流程、业务参数、人员管理等的判断标准或判断机制。

（五）在业务实施后，对该项目做相应的风险监测并实施持续的监控工作。

第八条　区域业务部门作为项目的开发部门，其主要职能为：

（一）在项目立项时，与合作机构和单位进行业务沟通和相关技术探讨，对业务方案的可行性及实现成本进行探讨和预估，了解技术实现的细节，形成初步的技术方案。

（二）在项目立项后，根据公司《项目需求》组织相关人员进行需求分析，完成项目《需求分析》文档的编写。

（三）完成《需求分析》后，与工程部和区域部门讨论，由工程部根据讨论结果，完成《需求分析》，并共同确认项目开发周期。

对于因需求改进和需求变更引起的项目进度变化，应由相关部门共同确认，并对项目进度进行修改。

（四）由工程部完成项目的需求分析论证，由区域业务部门提交“立项申请表”，并会签完成后，由工程部安排时间，进行项目实施。

第九条　财务部门作为项目实施后的运营和财务处理的具体实施部门，其主要职能为：

（一）在项目立项时，与合作机构和单位进行财务沟通，对项目进行财务分析，形成初步的财务方案。

（二）负责对各部门提交的“项目费用预算表”进行审核，并对相关费用进行列支。

（三）在项目的实施过程中，参与合作机构和单位的《合作协议》讨论和审核。

（四）针对《实施细则》中项目实施后运营参与各部门的讨论和确定。

（五）负责在项目实施前与合作机构和单位的财务结算部门对接，完成账户信息登记等事宜。

第三章　项目启动、立项

第十一条　工程部项目的启动、立项主要是指从与合作机构和单位进行初步商务接洽开始到双方的合作协议正式签署。

第十二条　项目启动、立项基本流程

（一）与合作机构和单位进行初步的商务接洽，形成双方合作意向。

（二）进行项目可行性分析和评估、项目实施方案的评估。

（三）与各部门和合作机构讨论《业务方案》并确定。

（四）《合作协议》的编写、审核及双方的协议签署。

第四章　项目实施

第十三条　工程部项目实施主要是指双方合作协议正式签署之后，双方进入具体项目实施阶段至项目在轨交付完毕。

第十四条　工程部项目实施的基本流程

（一）《项目费用预算》的编写与审核。

（二）项目《项目需求》的编写、修改和定稿。

（三）填写《项目分解结构 SOW》确定开发周期。

（四）项目《策划方案》的编写、修改和定稿。

（五）宣传资源整合，进行项目实施前预宣传。

（六）《项目实施细则》的编写、修改和定稿。

第十五条　工程部项目实施的项目文档

序号	文档名称	责任部门
1	《项目需求》	
2	《项目需求分解 SOW》	
3	《项目整体策划方案》	
4	《项目论证分析报告》	
5	《项目产品保证分析》	
6	《项目实施细则》	
7	《项目费用申报表》	

第五章　项目实施及后续工作

第十六条　工程部项目实施及后续工作主要是指项目申请正式实施及后续的跟踪、宣传工作。

第十七条　工程部项目实施的基本流程

（一）填写“项目立项申请表”《项目启动会方案》，确定正式实施时间和对外宣传时间。

（二）宇航项目根据“项目立项申请表”的具体时间安排实施。

（三）正式对外宣传。

第十八条　工程部项目实施的项目文档

序号	文档名称	责任部门
1	《立项申请表》	
2	《项目启动会方案》	
3	《项目实施细则》	

第六章　项 目 结 束

第十九条　工程部项目结束后各部门的项目负责人应做好项目结束收尾工作。

第二十条　工程部项目小组负责人负责将项目各阶段的重要文档按顺序提供给公司办公室进行归档。办公室应提供项目文档清单。

附录E　项目管理相关表格

监理过程表格

附表E-1　见证情况表

被监造单位：　　　　　　　　　　　　　　　　　　　　　　　　　　编号：

<table>
<tr><td>型号名称/
代号</td><td></td><td>研制
阶段</td><td></td><td>产品名称/
代号</td><td></td></tr>
<tr><td>见证项目</td><td colspan="5"></td></tr>
<tr><td>见证方式</td><td colspan="5">☐ 文件见证　☐ 现场见证　☐ 里程碑见证</td></tr>
<tr><td>见证时间</td><td colspan="2">年　月　日</td><td>见证地点</td><td colspan="2"></td></tr>
<tr><td colspan="3">监造依据/见证依据</td><td colspan="3">见证情况</td></tr>
<tr><td colspan="3"></td><td colspan="3"></td></tr>
</table>

结论或意见：

质量监造人员签字：

年　月　日

附表 E-2　不符合项报告

被监造单位：　　　　　　　　　　　　　　　　　　　　　　编号：

<table>
<tr><td>型号名称/
代号</td><td></td><td>研制
阶段</td><td></td><td>产品名称/
代号</td><td></td></tr>
<tr><td>见证项目</td><td colspan="5"></td></tr>
<tr><td>见证时间</td><td colspan="2">年　月　日</td><td>见证地点</td><td colspan="2"></td></tr>
<tr><td>见证方式</td><td colspan="5">☐ 文件见证　☐ 现场见证　☐ 日常巡视检查</td></tr>
<tr><td>见证情况表
编号</td><td colspan="5"></td></tr>
<tr><td>问题
描述</td><td colspan="5">被监造方负责人确认：　　　　质量监造人员签字：
年　月　日　　　　年　月　日</td></tr>
<tr><td>不符合纠正
情况</td><td colspan="5">被监造方负责人签字：
年　月　日</td></tr>
<tr><td>整改
确认
情况</td><td colspan="5">质量监造人员签字：
年　月　日</td></tr>
</table>

注：被监造方负责人一般为被监造型号产品承研（制）单位授权人员。

附表 E－3　监造记录

被监造单位：　　　　编号：

<table>
<tr><td>型号名称/
代号</td><td></td><td>研制
阶段</td><td></td><td>产品名称/
代号</td><td></td></tr>
<tr><td colspan="3">时间：</td><td colspan="3">地点：</td></tr>
<tr><td colspan="6">被监造型号产品情况：</td></tr>
<tr><td colspan="6">发现问题及处理情况：</td></tr>
</table>

附表 E－4　型号转阶段质量监造意见表

被监造单位：　　　　编号：

<table>
<tr><td>型号名称/
代号</td><td></td><td>研制
阶段</td><td></td><td>产品名称/
代号</td><td></td></tr>
<tr><td>审查依据</td><td colspan="5"></td></tr>
<tr><td rowspan="10">审查
项目
情况</td><td rowspan="7">专项
评审
项目
完成
及结果</td><td colspan="2">□ 元器件专项评审</td><td colspan="2">□ 符合　□ 不符合</td></tr>
<tr><td colspan="2">□ 软件专项评审</td><td colspan="2">□ 符合　□ 不符合</td></tr>
<tr><td colspan="2">□ 工艺专项评审</td><td colspan="2">□ 符合　□ 不符合</td></tr>
<tr><td colspan="2">□ 可靠性与安全性专项评审</td><td colspan="2">□ 符合　□ 不符合</td></tr>
<tr><td colspan="2">□ 技术状态更改控制专项评审</td><td colspan="2">□ 符合　□ 不符合</td></tr>
<tr><td colspan="2">□ 风险识别与分析专项评审</td><td colspan="2">□ 符合　□ 不符合</td></tr>
<tr><td colspan="2">□ 质量问题归零专项评审</td><td colspan="2">□ 符合　□ 不符合</td></tr>
<tr><td>前阶段研制
工作完成情况</td><td colspan="4">□ 符合要求　□ 不符合要求</td></tr>
<tr><td>不符合
事实描述</td><td colspan="4"></td></tr>
<tr><td>结论
或意见</td><td colspan="4">质量监造人员签字：
年　月　日</td></tr>
<tr><td>不符合
纠正
情况</td><td colspan="5">被监造方负责人签字：
年　月　日</td></tr>
<tr><td>整改
确认
情况</td><td colspan="5">质量监造人员签字：
年　月　日</td></tr>
</table>

注：1. 审查项目内容可根据被监造型号产品实际情况进行适当剪裁。

2. 被监造方负责人一般为被监造型号产品承研（制）单位型号质量负责人或其授权人员。

附表 E－5 产品交付质量监造意见表

被监造单位： 编号：

<table>
<tr><td>型号名称/代号</td><td></td><td>研制阶段</td><td></td><td>产品名称/代号</td><td></td></tr>
<tr><td>审查依据</td><td colspan="5">☐ 验收大纲 ☐ 验收细则 ☐ 合同 ☐ 质量管理体系文件</td></tr>
<tr><td rowspan="3">审查项目情况</td><td colspan="5">1. 交付验收程序、组织管理与要求的符合性
☐ 符合要求 ☐ 不符合要求
2. 最终检验结果与要求的一致性
☐ 符合要求（除____超差特许外） ☐ 不符合要求
3. 按合同或验收大纲交付的产品数据包
☐ 符合要求 ☐ 不符合要求
4. 产品研制总结报告（或设计质量分析报告、产品生产质量总结报告）
☐ 符合要求 ☐ 不符合要求
5. 产品履历书和产品证明书
☐ 符合要求 ☐ 不符合要求
6. 超差/偏离特许审查
☐ 符合要求 ☐ 不符合要求
7. 质量问题归零情况
☐ 符合要求 ☐ 不符合要求
8. 其他</td></tr>
<tr><td colspan="5">不符合事实描述：</td></tr>
<tr><td colspan="5">结论或意见：
质量监造人员签字：
年 月 日</td></tr>
<tr><td>不符合纠正情况</td><td colspan="5">被监造方负责人签字：
年 月 日</td></tr>
<tr><td>整改确认情况</td><td colspan="5">质量监造人员签字：
年 月 日</td></tr>
</table>

注：被监造方负责人一般为被监造型号产品承研（制）单位产品质量负责人或其授权人员。

附表 E-6 型号出厂质量监造意见表

被监造单位： 编号：

<table>
<tr><td>型号名称/代号</td><td></td><td>研制阶段</td><td></td><td>产品名称/代号</td><td></td></tr>
<tr><td>审查依据</td><td colspan="5"></td></tr>
<tr><td rowspan="3">审查项目情况</td><td colspan="5">1. 专项评审项目及完成情况
☐ 元器件专项评审 ☐ 软件专项评审
☐ 技术状态更改控制专项评审 ☐ 可靠性与安全性专项评审
☐ 质量问题归零专项评审 ☐ 风险分析与控制专项评审
☐ 其他评审：
2. 出厂评审应具备条件
☐ 已按研制技术流程完成出厂前所规定的全部工作
☐ 已完成出厂评审报告编写
3. 备查文件审查情况
☐ 符合要求 ☐ 不符合要求
4. 研制过程监造建议跟踪落实情况
☐ 已落实 ☐ 未落实
5. 出厂评审报告
☐ 符合要求 ☐ 不符合要求
6. 其他</td></tr>
<tr><td colspan="5">不符合事实描述：</td></tr>
<tr><td colspan="5">结论或意见：
质量监造人员签字：
年 月 日</td></tr>
<tr><td>不符合纠正情况</td><td colspan="5">被监造方负责人签字：
年 月 日</td></tr>
<tr><td>整改确认情况</td><td colspan="5">质量监造人员签字：
年 月 日</td></tr>
</table>

注：被监造方负责人一般为被监造型号产品承研（制）单位型号质量负责人或其授权人员。

附表 E-7　技术状态更改控制质量监造意见表

被监造单位：　　　　　　　　　　　　　　　　　　　　　　　　　　　编号：

<table>
<tr><td>型号名称/代号</td><td colspan="2"></td><td>研制
阶段</td><td></td><td>产品名称/代号</td><td></td></tr>
<tr><td colspan="2">更改类别</td><td colspan="5"></td></tr>
<tr><td colspan="2">更改内容
（更改前状态、
更改后状态）</td><td colspan="5"></td></tr>
<tr><td colspan="2" rowspan="3">审查
项目
情况</td><td colspan="5">技术状态更改控制五条要求执行情况：</td></tr>
<tr><td colspan="5">不符合事实描述：</td></tr>
<tr><td colspan="5">结论或意见：

质量监造人员签字：
年　　月　　日</td></tr>
<tr><td colspan="2">不符合
纠正
情况</td><td colspan="5">被监造方负责人签字：
年　　月　　日</td></tr>
<tr><td colspan="2">整改
确认
情况</td><td colspan="5">质量监造人员签字：
年　　月　　日</td></tr>
</table>

注：被监造方负责人一般为被监造型号产品承研（制）单位型号产品技术负责人或其授权人员。

附表 E－8　质量问题归零质量监造意见表

被监造单位：　　　　　　　　　　　　　　　　　　　　　　　　　　　编号：

<table>
<tr><td>型号名称/代号</td><td></td><td>研制阶段</td><td></td><td>产品名称/代号</td><td></td></tr>
<tr><td rowspan="3">审查项目情况</td><td colspan="5">报告编写的规范性、报告签署符合性以及归零双五条要求执行情况：</td></tr>
<tr><td colspan="5">不符合事实描述：</td></tr>
<tr><td colspan="5">结论或意见：

质量监造人员签字：
年　月　日</td></tr>
<tr><td>不符合纠正情况</td><td colspan="5">被监造方负责人签字：
年　月　日</td></tr>
<tr><td>整改确认情况</td><td colspan="5">质量监造人员签字：
年　月　日</td></tr>
</table>

参 考 文 献

[1] 孙为钢. 致知商业航天 [M]. 北京：中国宇航出版社，2018.

[2] 齐国生. 太空资源 [M]. 北京：中国宇航出版社，2016.

[3] 中国国家标准化管理委员会. 航天项目管理：GB/T 32451—2015 [S]. 2016.

[4] 张保庆，吴勤，张梦湉，赵天. 航天发展新动力：商业航天 [M]. 北京：中国宇航出版社，2017.

[5] 中国航天工业科学技术咨询有限公司. 天基丝路智联全球 [M]. 北京：人民日报出版社，2017.

[6] 中国航天基金会. 2020 世界航天发展报告 [C]. 国防科技工业科学技术委员会宇航与深空领域组，2021.

[7] 李一军，闫相斌，芦鹏宇. 航天产业效益评价理论与方法 [M]. 哈尔滨：哈尔滨工程大学出版社，2009.

[8] 曲艳娟，赵臻，张文浩，王玮. 商业航天产品保证方法和实施途径的探索 [J]. 中国管理信息化，2022，25 (11)：153 - 156.

[9] 朱磊，洪炎，沈沫洋，石俞磊，闫颜. 基于流程优化的航天项目研制管理新模式探索 [J]. 军民两用技术与产品，2022 (01)：4 - 7.

[10] 代健，康登榜，张嵩. 我国商业航天标准体系构建与标准化发展模式探索 [J]. 中国航天，2021 (05)：22 - 26.

[11] 郭夏锐，王琼，王齐. 国内商业卫星在轨交付总承包合同风险及对策 [J]. 中国航天，2020 (02)：43 - 46.

[12] 邵旭东，孟超，赵霁月，唐昭，马吉阳. 商业运载火箭敏捷化项目管理研究 [J]. 企业改革与管理，2020 (02)：22 - 24.

[13] 孙涛，特日根. 影响遥感应用项目管理的关键因素探讨 [J]. 中小企业管理与科技 (下旬刊)，2020 (01)：44 - 45.

[14] 林松. 运载火箭“顺风车”商业发射服务的任务遴选及定价问题研究 [D]. 南京：南京航空航天大学，2018.

[15] 李存金，武玉青，王粉丽. 美国、俄罗斯和欧洲重大航天项目管理模式特征分析 [J]. 航天工业管理，2015 (02)：33 - 37.

[16] 汤玉杰，李龙龙，刘畅，肇启明. 商业航天本质是体系化创新 [C]. 第七届中国 (国际) 商业航天高峰论坛论文集，2021.

[17] 聂小亮，王静，赵辉，张宇光，张宇. 商业航天型号科研生产管理模式研究 [J]. 航天工业管理，2021 (02)：8 - 12.

[18] 邵旭东，孟超，赵霁月，唐昭，马吉阳. 商业运载火箭敏捷化项目管理研究 [J]. 企业改革与管理，2020 (02)：22 - 24.

[19] 宋永生，李铎，陈劭睿. 商业航天测控管理 [J]. 数字通信世界，2019 (07)：29.

[20] 刘天航. 商业航天风险成因及规避机制研究 [D]. 北京：北京化工大学，2019.

[21] 沈耀平. 中国商业航天国际化发展面临的法律问题研究与法治航天建设展望 [D]. 上海：华东政法大学，2018.

[22] 吴晗玲，王端志，张晓晖，赵崇斌，王迪. 荷兰太空创新解决方案公司的发展与启示 [J]. 航天工业管理，2018 (01)：52 - 56.

[23] 盛英华，吴佳林，王玮. SpaceX 发展之路——互联网模式下的商业航天 [J]. 张江科技评论，2022 (03)：32 - 35.

[24] 朱磊，洪炎，沈沫洋，石俞磊，闫颜. 基于流程优化的航天项目研制管理新模式探索 [J]. 军民两用技术与产品，2022 (01)：4 - 7.
[25] 李刚. 当传统航天遇到商业航天：航天海鹰卫星运营演绎传承与创新 [J]. 卫星与网络，2020 (12)：48 - 52.
[26] 曹梦，蓝天翼. 对我国商业航天发射服务的思考和建议 [J]. 卫星应用，2019 (02)：17 - 19.
[27] 吴明. X集团商业航天产业商业模式创新研究 [D]. 武汉：华中科技大学，2017.
[28] 毕星. 项目管理 [M]. 上海：复旦大学出版社，2000.
[29] 詹姆斯 刘易斯. 项目经理案头手册 [M]. 雷晓凌，译. 北京：电子工业出版社，2001.
[30] 戚安邦. 项目管理学 [M]. 天津：南开大学出版社，2003.
[31] Harold Kerzner. 应用项目管理 [M]. 北京：电子工业出版社，2003.
[32] 罗伯特 威索基，等. 有效的项目管理 [M]. 北京：电子工业出版社，2002.
[33] 白思俊. 现代项目管理：上、中、下册 [M]. 北京：机械工业出版社，2002.
[34] 斯坦利 波特尼. 如何做好项目管理 [M]. 北京：企业管理出版社，2001.
[35] Mike Peterson. 步步为“赢”管理项目 [J]. 管理知慧，2002 (130)：42 - 44.
[36] 米尔顿 罗西瑙. 成功的项目管理 [M]. 北京：清华大学出版社，2004.
[37] 邱菀华，杨敏. 项目价值管理理论与实务 [M]. 北京：机械工业出版社，2007.
[38] 卢有杰. 现代项目管理学 [M]. 北京：首都经济贸易大学出版社，2004.
[39] 万寿义. 现代企业成本管理研究 [M]. 大连：东北财经大学出版社，2004.
[40] 龚春林. 关于工程项目成本控制若干问题的探讨 [J]. 经济师，2007 (4) ：289 - 290.
[41] 江小金. 理想的实现——项目管理方法与理念 [M]. 北京：人民出版社，2003.
[42] 邱苑华. 现代项目管理导论 [M]. 北京：机械工业出版社，2002：8 - 9.
[43] 项目管理协会. 项目管理知识体系指南 [M]. 3版. 北京：电子工业出版社，2007：7 -8.
[44] 邱苑华. 现代项目风险管理方法与实践 [M]. 北京：科学出版社，2003：22.
[45] 戚安邦. 项目管理学 [M]. 天津：南开大学出版社，2003.
[46] Health and Safety Executive. Five steps to Risk Assessment [M]. UK，1999.
[47] PMI Standard Committee. A Guide to The Project Management Body of Knowledge [M]. PMI，2004.
[48] PMI Standard Committee. Project Management Book [M]. PMI，2000.
[49] Albert Lesterl. Project Planning and Control [M]. Butterworth - Heinmam，2002.
[50] Harvey Maylo. Project Management [M]. New York：Prentice Hall，1999.
[51] Wh1tty，S. Jonathan. A . Memetic Paradigm of Project Management [J]. International Journal of Project Management，2005.
[52] Wh1tty，S . J . and Schulz，M . F . The impact of Puritan ideology on aspects of project management [J]. International Journal of Project Management，2007.
[53] Denney，Richard，Succeeding with Use Cases：Working Smart to Deliver Quality [M]. Boston：Addison-Wesley，2005.
[54] Cooper，Robert G，Portfolio Management for New Products [M]. Boston：Addison - Wesley，1998.
[55] P Quitas，P Lafrere，G Jones. Knowledge management：a strategic agenda [J]. Long Range Planning. 1997，30 (3).
[56] Alea M. D. Fairchild . Knowledge management metrics via a balanced scorecard methodology [C]. Proceedings of the 35th Hawaii International Conference on System Sciences，Maui，Hawaii，USA，2002.

[57] Project Management Institute. The PMI Project Management Fact Book [M]. 2nd ed. Upper Darby, PA, USA : Project Management Institute, 2001.

[58] J PM Network. The view of inside the profession [J]. 1997 (9).

[59] Ward J L. Project Management Terms [M]. Arlington, Virginia, USA : International, 2000.

[60] Kashiwagi, Dean T. The construction delivery system of the information age [J]. Automation in Construction, 1999, 8 (8).

双曲线一号火箭射前检查

双曲线一号遥一运载火箭发射成功

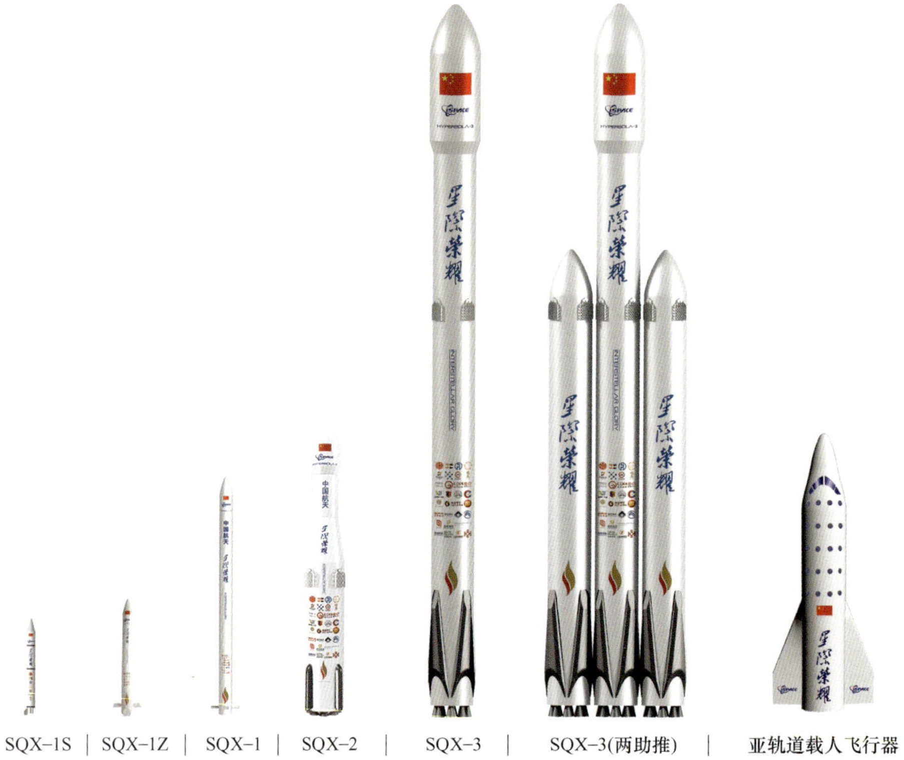

双曲线火箭型

长征十一号火箭 2022 年首发

Ariane_5_ECA

联盟 2 - 1a 火箭发射图

猎鹰 9

联盟号火箭准备发射

宇宙神

质子号

快舟一号甲运载火箭

谷神星一号运载火箭